39

PNL: LA NUEVA TECNOLOGÍA DEL ÉXITO

Equipo de formadores de *NLP Comprehensive*

PNL
la nueva tecnología
del éxito

Steve Andreas y
Charles Faulkner, eds.

COAUTORES:
Steve Andreas, Charles Faulkner, Kelly Gerling,
Tim Hallbom, Robert McDonald, Gerry Schmidt,
Suzi Smith

EDICIONES URANO

Argentina - Chile - Colombia - España
México - Venezuela

Título original: *NLP, The New Technology of Achievement*
Editor original: William Morrow & Co., Inc., Nueva York
Traducción: David Sempau

© 1994 *by* NLP Comprehensive
© 1998 *by* EDICIONES URANO, S.A.
    Aribau, 142, pral. - 08036 Barcelona
    info@edicionesurano.com

ISBN: 84-7953-221-1
Depósito legal: B. 31.295-98

Fotocomposición: Autoedició FD, S.L. - Muntaner, 217 - 08036 Barcelona
Impreso por Romanyà Valls S.A. - Verdaguer, 1 - 08786 Capellades (Barcelona)

Impreso en España - *Printed in Spain*

Toda tecnología suficientemente avanzada
es indistinguible de la magia.

ARTHUR C. CLARKE

Índice

Agradecimientos

Es frecuente imaginarse al heroico autor o autora enfrentándose en solitario a sus propias palabras. Hoy, sin embargo, sabemos que son necesarias muchas manos y muchas mentes, reconocidas o no, para completar cualquier cosa. Este libro empezó como un proyecto para realizar una serie de cintas de audio para la compañía Nightingale-Conant.[1] A lo largo del camino, se han incorporado al mismo seis autores y especialistas en edición de libros, así como gran número de colaboradores. Son muchas las personas a quienes dar las gracias. En particular, desearíamos empezar por expresar nuestro reconocimiento a Richard Bandler y John Grinder, quienes desarrollaron en conjunto inicialmente la PNL, así como a sus colaboradores Leslie Cameron-Bandler, Judith DeLozier, Robert Dilts y David Gordon. El Equipo de Formación de *NLP Comprehensive,* quiere también expresar su agradecimiento a Steve y Conirae Andreas, cofundadores de *NLP Comprehensive,* cuyo trabajo como editores, autores y maestros, constituyó para muchos de nosotros la motivación inicial para explorar este nuevo mundo. Han sido nuestros guías y mentores y nos sentimos honrados por haber colaborado con ellos. Otros miembros del Equipo de Formación de *NLP Comprehensive,* aun sin haber participado directamente en la presente obra, nos han proporcionado mucha inspiración y sentido con sus enseñanzas y su ejemplo. Son Lara Ewing, Gary Faris, Tom Best y Tamara Andreas. Mientras estés leyendo, podrías olvidar que los libros no aparecen por arte de magia. Sabemos que no es así. El trabajo de algunas personas consiste en conseguir que las cosas se hagan y en desbrozar el camino para que fluyan las palabras de los autores. De entre ellas, queremos dar las gracias especialmente a

Lisa Jackson, directora general de *NLP Comprehensive,* pues su esfuerzo fue fundamental para que esta obra llegue hoy a tus manos. Por parte de Nightingale-Conant, deseamos expresar nuestro agradecimiento a Mike Willbond, Subdirector de Publicaciones, a Georgene Cevasco, productora de audio, y a Maitreyee Angelo, productora de vídeo, por sus esfuerzos de colaboración con *NLP Comprehensive.* Si bien en los créditos de esta obra figuran dos editores, debemos también nuestra gratitud a Sue Telingator, nuestra «editora interna» en Nightingale-Conant, así como a Will Schwalbe, director editorial en William Morrow & Company, y a Karen Cooper por su trabajo en la última revisión hasta altas horas de la noche. Finalmente, queremos expresar nuestro pleno agradecimiento a los millares de practicantes de PNL, a quienes enseñamos mientras preparábamos este material. Fueron nuestro apoyo más incondicional, nuestros críticos más duros y nuestros guías más expertos.

Es frecuente que muchas personas, al conocer por primera vez la PNL, se preocupen por el posible buen o mal uso que de esta tecnología pudiera hacerse. Somos conscientes del increíble poder de la información contenida en este libro y, por ello, recomendamos prudencia en el aprendizaje y puesta en práctica de estas técnicas.

1

Cambia tu mente

La mayor revolución de nuestra generación consiste
en el descubrimiento de que todo ser humano puede,
mediante un cambio en sus actitudes mentales internas,
modificar los aspectos externos de su vida.

WILLIAM JAMES
Eminente psicólogo estadounidense

Entra en el mundo del cambio

Este libro cambiará tu vida. Lo sabemos. Lo que vas a leer cambió ya las nuestras. Somos los formadores y consultores de *NLP Comprehensive,* una organización dedicada a ayudar a las personas a utilizar sus ilimitados recursos internos. Los relatos de los cambios personales que leerás en los siguientes capítulos tienen como protagonistas a personas reales. En muchos casos, para estos cambios se necesitó la misma cantidad de tiempo que emplearás tú en leer su testimonio. Estas transformaciones, que incluyen sustituir miedo por confianza, desesperación por deseo y preocupación por el pasado por acción orientada a objetivos, son los resultados de técnicas específicas que se pueden aprender. Las hemos enseñado a consejeros, consultores, entrenadores, gerentes, ingenieros, atletas, empresarios, ejecutivos y padres; a toda persona interesada en un cambio personal y profesional eficaz. Colectivamente, hemos editado o escrito casi una docena de libros clave sobre esta tecnología transformadora, así como producido más del triple de dicha cantidad en programas de audio y vídeo.

A lo largo de los últimos diez años, a través de nuestros libros, cintas y sesiones de entrenamiento, hemos presentado esta nueva posibilidad de vida a más de un millón de personas, en escenarios que van desde la sala de juntas de una empresa hasta la pequeña escuela, desde auditorios abarrotados hasta la habitación de un hospital para el tratamiento del cáncer.

Sin embargo, no fue así como empezamos. Probablemente partimos de modo muy similar a como has hecho tú, con poco más que nuestro sincero deseo y la esperanza en que el cambio deliberado era posible. Pasamos años buscando, en los campos de la psicología y el desarrollo personal, el modo de implementar un cambio que funcionara. Desde la educación universitaria hasta la escuela de la dura realidad, desde los caros seminarios de formación hasta el autoexamen silencioso, valoramos lo que encontramos por los resultados que podía producir.

Algunos de nosotros dedicamos, antes de encontrarlas, más de una década a la búsqueda de las claves del cambio real y permanente. Nuestros motivos eran tanto personales como profesionales. Deseábamos ayudar a nuestros clientes a trascender las dificultades del pasado y sus limitaciones autoimpuestas, de modo que pudieran avanzar en la aventura de sus vidas. Queríamos influir en las líneas básicas de las empresas y de quienes trabajan en ellas, para incrementar la productividad, los beneficios y la satisfacción profesional de las personas. Y queríamos algo para nosotros mismos. Como generadores de cambio, buscábamos técnicas que pudieran hacer aún mejores a los profesionales capacitados y convertir lo bueno en excelente. Queríamos, para nuestra propia satisfacción, pasar de solucionar problemas a crear nuevas posibilidades. Nunca dudamos de que podíamos ser, hacer, tener y mejorar más. Estamos igualmente seguros de que tú también puedes.

Hoy, más que en cualquier otro momento de la historia de la humanidad, son muchas las propuestas, nuevas y viejas, para mejorar el potencial del hombre, para incrementar sus posibilidades. Algunas son muy conocidas, se conocen bajo nombres tales como actitud mental positiva, visualización, afirmaciones, trabajo con el niño interior, determinación de objetivos y poder personal. Quizás en algún momento u otro hayas incluso probado una o varias de ellas. Si tu experiencia coincide con la nuestra, te habrán servido en algunas ocasiones, con resultados verdaderamente espléndidos, mientras que en otras simplemente no funcionaron. Cuando fue así, por más que deseases o necesitases que funcionaran, no lo hacían. Fue esta clase de resultados erráticos lo que nos movió a seguir buscando con creciente profundidad las verdaderas raíces del cambio. Sabíamos que habíamos recorrido parte del camino. Deseábamos conseguir resultados sólidos. Aspirábamos a descubrir qué era lo que marcaba la diferencia entre una solución ocasional o temporal y un cambio profundo y permanente. Queríamos llegar a ser capaces de facilitar deliberadamente el cambio transformador, así como de enseñar a otros cómo hacerlo.

Creando cambio

Antes de guiarte hacia la creación de nuevas posibilidades de pensamiento, sentimiento y acción para ti mismo y para aquellos a quienes amas, desearíamos presentarnos brevemente para que conozcas qué hacemos y cómo trabajamos.

Steve Andreas, licenciado en Filosofía y Letras, cofundador de *NLP Comprehensive,* formador, autor e innovador en PNL, escucha atentamente mientras una mujer describe el modo en que emerge de vez en cuando un vergonzoso incidente del pasado. Relata cómo este recuerdo recurrente ha condicionado sus sentimientos y sus elecciones vitales. Steve la interrumpe amablemente para preguntarle cómo desearía ella que fuesen las cosas. La mujer se ilumina al hablar sobre la idea de una nueva carrera y una vida diferente. Él formula entonces algunas preguntas poco usuales, primero sobre la primera experiencia y luego sobre la segunda. Cuando menos, ella las considera poco corrientes. Nadie le había preguntado hasta entonces si sus recuerdos eran en blanco y negro o en color. La guía entonces por lo que podría parecer una simple visualización, sólo que al final sus ojos se inundan de lágrimas, no de pena, sino de alegría. Se siente liberada de su pasado. No han transcurrido más de treinta minutos. Ha quedado liberada de su memoria negativa.

Charles Faulkner, monitor, autor y experto modelador, acaba su entrevista con el mejor asesor financiero de la compañía. He aquí a un hombre cuyas opiniones y decisiones mueven cada día millones de dólares. Charles señala las notas que ha ido tomando en la pizarra. En un lenguaje de imágenes, palabras y sentimientos, describe los detalles de la estrategia del ejecutivo en términos fáciles de comprender. Los demás miembros del equipo empiezan a darse cuenta de que pueden emplear los mismos pasos para incrementar espectacularmente sus propias capacidades de decisión. El resto de la mañana todos se dedican a aplicar estas nuevas capacidades a una gran variedad de problemas y oportunidades.

Kelly Gerling, doctor en Filosofía, monitor empresarial y promotor de liderazgo, estudia la escena mientras entra en la sala. Puede leer tensión y desesperación en las caras que ve. La dirección de la compañía está en apuros. El consejo de administración se encuentra paralizado desde hace varias semanas. Para empezar, Kelly pide a todos los ejecutivos su opinión sobre la situación. Mientras escucha sus preocupaciones, los interroga sobre sus valores. El ambiente de la sala empieza a cambiar, nadie les había hablado así antes. Perciben un cambio inminente. Dos días después, están diseñando un nuevo plan estratégico. Un año más tarde, los valores que surgieron de aquella reunión se han extendido a toda la compañía, han mejorado la moral, y la han transformado de nuevo en líder de mercado.

Tim Hallbom, Máster en Ciencias Sociales, monitor, autor e investigador en métodos de salud, ha aprendido de Robert Dilts, innovador de PNL, que las reacciones alérgicas son comparables a una fobia del sistema inmunitario. Si bien no existe un peligro exterior real, la reacción del sistema inmunitario es tan fuerte que constituye por sí misma un peligro. Cuando Tim menciona este extremo ante los participantes de un seminario, uno de ellos comenta que es alérgico prácticamente a todo. Resulta que es tan alérgico a tantos alimentos, que cada semana se gasta doscientos dólares en una dieta especial. Aplicando el procedimiento de Robert Dilts para reducir las reacciones alérgicas, Tim le guía en la neutralización de los desencadenantes responsables de sus alergias. Mediante un proceso extremadamente cuidadoso y conservador, el participante descubre en los días que siguen que todas sus alergias se han evaporado. No volverá a sufrirlas. Varios años después y tras miles de casos resueltos favorablemente, Tim participa en investigaciones clínicas oficiales en Vail, Colorado, en una instalación médica habilitada para comprobar científicamente esta nueva terapia.

Robert McDonald, Máster en Ciencias, monitor, autor y sanador, opina que las conexiones más profundas de nuestra vida son las relaciones personales. Esto mismo es lo que quisiera creer la angustiada pareja que tiene delante de él. Uno tras otro, Robert los sondea. Les ayuda a discernir las insatisfacciones de sus sueños y a recrear lo que los unió en primer lugar. Les ayuda a continuación a abandonar literalmente los viejos patrones de dependencia mutua y a adquirir un nuevo sentido de totalidad dentro de sí mismos y por sí mismos. Finalmente, los invita a participar en un ritual de sanación en el que unen su plenitud individual en una relación viva y amorosa. Las lágrimas inundan los ojos de Robert, así como los de ambos miembros de la pareja. Su matrimonio no sólo sobrevivirá; florecerá.

Gerry Schmidt, doctor en Filosofía, maestro, monitor y psicoterapeuta, aguarda discretamente a que el elegante ejecutivo recupere la compostura. Ha transcurrido más de un año desde que su automóvil colisionara con otro que lo abordó por el lado ciego. Sin embargo, no puede evitar el pánico cada vez que ve a un vehículo aproximarse por el mismo ángulo. Sabe que su reacción no es racional y ha venido a la consulta por recomendación

de un amigo. Gerry le pregunta dónde sucedió, cómo sería el
accidente visto desde el otro lado de la calle, o desde un coche al
otro extremo de la manzana, o desde el helicóptero de tráfico.
Pronto, ambos se ríen de lo sucedido y, sin saber muy bien por
qué, el ejecutivo se encuentra bromeando sobre lo ocurrido. Tras
esta única sesión de no más de una hora, conduce tranquilamente hasta su casa. Sus miedos jamás volverán.

Suzi Smith, Máster en Ciencias, monitora, autora e investiga-
dora en métodos de salud, se veía a sí misma como esposa,
madre, maestra y monitora empresarial. Sin embargo, nunca se
le ocurrió que se convertiría en una autoridad internacional en
un nuevo campo, y el hecho de que sea así no le parece natural.
Al buscar las raíces de este sentimiento, se encuentra con una
experiencia muy anterior. Se da cuenta de que sus sentimientos
se corresponden con los de una estudiante adolescente, no muy
segura de sus conocimientos. Esta no es ciertamente su situación actual. Puesto que esta sensación limitadora no haría más
que impedirle comunicar los importantes descubrimientos que
tanto ella como sus colegas han realizado, decide cambiarla.
Recupera el recuerdo de momentos de confianza y competencia
y literalmente utiliza estas cualidades para transformar el viejo
recuerdo de la niñez en una inagotable fuente de recursos. El
proceso no ha durado más de diez minutos.

Puede que estos relatos parezcan exagerados, poco proba-
bles o incluso milagrosos. También pensábamos así nosotros
cuando escuchamos por primera vez relatos semejantes. Hoy,
tras más de diez años como practicantes, monitores, consultores
y consejeros en PNL, sabemos, gracias a miles de experiencias
personales parecidas, que el cambio rápido, profundo y perdu-
rable es una realidad. Como coautores de este libro, sabemos
que la PNL desafía los límites convencionales de lo posible. Parece tan grandiosa e improbable que algunos tendrán así una
excusa para no profundizar en ella.
Sin embargo, si examinamos los cambios acaecidos en este
siglo, veremos que la invención del aeroplano y del automóvil

no tienen más de cien años. La idea de enviar voces y música sin cables a través del espacio, fue considerada absurda y, por lo tanto, no merecedora de una seria investigación. Sin embargo, fue inventada la radio. La medicina moderna, con su cirugía y sus fármacos, tiene menos de 75 años. La televisión, que ha transformado indudablemente nuestra era, tiene menos de 50, mientras que los ordenadores personales no tienen ni tan siquiera 20. Pocos son conscientes de que Sigmund Freud, el padre de los conceptos de yo, superyó y ello, así como del complejo de Edipo, empezó a publicar sus teorías el año 1900. Mientras que nadie conduciría un coche del 1900, al menos cada día, son muchos los que piensan que la psicología ha cambiado poco desde Freud. Les sorprendería saber que, en realidad, ha habido en psicología muchas revoluciones que han modificado nuestras ideas sobre el cerebro, incrementando nuestras posibilidades de cambio.

Cambio o dolor

Todos nosotros hemos intentado cambiar nuestras mentes en una u otra ocasión. ¿Cuál fue la última vez que intentaste dejar de pensar en algo, abandonar un hábito o transformar un sentimiento incómodo? Sea por falta de motivación, impaciencia, sentimiento de aislamiento o simplemente por el deseo de un mayor éxito, en un momento u otro todos hemos deseado ser diferentes. Todos hemos ansiado cambiar.

Quizás hayas tomado incluso la decisión consciente de cambiar, la hayas formulado por escrito e incluso hayas hablado de ella a algún amigo. Buscaste algunos libros y cintas sobre el tema, o quizá te apuntaste a algún club. Unos meses después, los libros estaban a medio leer, las cintas se habían extraviado y tus amigos, si realmente lo eran, intentaban no sacar el tema a colación. Si tu experiencia fue similar a la nuestra, a pesar de tus buenas intenciones y de tu sincero deseo de ser diferente, seguías atascado en tus viejos hábitos de siempre.

Quizá, por el contrario, tuviste un éxito brillante y alcanzaste incluso los objetivos marcados. Pero entonces tuviste que presenciar con espanto cómo las cosas volvían lenta pero inexorablemente a ser como antes. Esta es la experiencia que aguarda a muchas personas cuando se trata de perder peso o de cambiar de estilo de vida. Y para más inri, si tratabas de redoblar tus esfuerzos y lo intentabas con más ahínco, comprobabas que, cuanto mayor empeño ponías en tu transformación, más esquiva y frustrante resultaba.

Algunos de nosotros nos damos cuenta de que este fenómeno está en clara contradicción con el mundo en que vivimos. Después de todo, alrededor de nosotros los cambios se suceden a increíble velocidad. Vemos cómo nuevos productos convierten a los anteriores en obsoletos, a velocidad cada vez mayor. Nuestros hijos juegan con videojuegos que apenas comprendemos. Descubrimos que necesitamos formación adicional simplemente para seguir desarrollando los trabajos de siempre. Oímos decir que el cambio es la única constante en la vida, que está presente en todas partes. Podemos verlo y creer en él, excepto cuando se trata de nosotros. Y no entendemos entonces qué es lo que sucede. ¿Somos nosotros el problema? ¿Es realmente tan difícil cambiar lo que queremos?

Si te detuvieras un instante y contemplases tu vida desde una perspectiva ligeramente distinta, comprobarías que siempre has estado cambiando. Después de todo, empezaste como un bebé que pesaba tan sólo unos pocos kilos, luego te convertiste en niño, más tarde en adolescente y después en adulto. Tanto si te das cuenta de ello como si no, tu apariencia física cambia, de forma sutil o evidente, año tras año. Te gustaban la mermelada, los caramelos, las muñecas, las motos o alguna otra cosa más que nada en el mundo, y aunque todo ello te siga gustando, otras cosas en las que ni tan sólo habías pensado se han convertido en más importantes. A lo largo de los años, de la bicicleta a las juergas del viernes por la noche o a las entradas para el boxeo, tus intereses han ido cambiando. Incluso recientemente hay cosas que has cambiado con facilidad. Se trataba de ocasiones en las que ni siquiera pensabas en ello. De pronto, sin más, te dabas cuenta de que estabas haciendo algo de modo distinto.

Simplemente dejaste de comer algo o de vestirte de cierto modo. Quizá desarrollaste un nuevo interés o una nueva afición. No pensaste en ello. Fueron tus amigos quienes te comentaron tu propio cambio. «Ah, sí», contestaste, «cambié de opinión.»

Todo método de cambio realmente eficaz deberá explicar por qué experimentamos en algunas ocasiones una tremenda dificultad para cambiar y, asimismo, por qué cambiamos en otras ocasiones con absoluta facilidad.

Si reflexionamos sobre ello, el cambio no es algo que requiera mucho tiempo, ocurre en un instante. Quizá te ponías nervioso ante grupos de personas, hasta que un buen día dejó de suceder. Te pasaste años frente al televisor, hasta que de pronto decidiste pasear o hacer deporte. Encontraste tiempo para volver a la escuela, o dedicaste un empeño adicional a tu promoción profesional. Quizá te preocupaste por ello durante semanas, meses, o años, para darte cuenta después de que la situación había cambiado.

Cuando sabemos cómo hacer algo, hacerlo debería ser fácil. Después de todo, no nos quejamos de que nuestro coche arranque con facilidad cada vez que giramos la llave de contacto, o de que el mando a distancia seleccione sin fallar el canal de televisión que queremos ver. Visto así, resulta casi perverso que se nos anime a medir la importancia del cambio personal por el grado de dificultad, el sufrimiento o el tiempo necesarios para conseguirlo. Resulta un buen ejemplo del lema «No hay beneficio sin sacrificio». Como si todo lo doloroso de nuestras vidas nos hubiera aportado algún beneficio. Si más dolor comportara más beneficio, nos dedicaríamos a buscarlo en lugar de evitarlo. Si el sufrimiento y el esfuerzo prolongado constituyesen el camino real hacia el éxito, iríamos todos andando a trabajar y seguiríamos utilizando el lápiz y la diligencia. El dolor es un signo de que ha llegado la hora de cambiar. Si tocamos con la mano una superficie demasiado caliente, la retiramos de inmediato. El dolor es señal de que nuestros planteamientos son pobres, nos indica que debemos hacer algo distinto. Un esfuerzo prolongado para alcanzar el éxito sin conseguirlo, sólo puede significar que lo que estamos haciendo no sirve, y que ha llegado el momento de hacer algo más, cualquier cosa. En ese momento hay que comprender que el dolor, el esfuerzo, el sufrimiento y la espera significan que hay que cambiar de planteamiento; son un complemento opcional del proceso de cambio, y resulta fácil abandonarlos.

Software (programas) para el cerebro

Recientemente, el ordenador ha centrado la atención, tanto de científicos como de psicólogos, como modelo de nuestro cerebro. Si nuestro cerebro es comparable a un ordenador, nuestros pensamientos y acciones equivaldrían a sus programas, a su software. Si fuésemos capaces de cambiarlos, del mismo modo que substituimos o actualizamos un programa informático, obtendríamos inmediatamente cambios positivos en nuestro funcionamiento. Conseguiríamos mejoras inmediatas en el modo en que pensamos, sentimos, actuamos y vivimos.

La comparación con el ordenador explica también por qué el cambio resulta a veces tan difícil. Ninguna cantidad de voluntad, deseo o esperanza actualizará nuestro software. De nada servirá tampoco enfadarse o introducir una y otra vez las mismas viejas instrucciones. Lo que necesitamos es añadir nuevas instrucciones a nuestros programas, justo allí donde son necesarias. En el caso del ordenador, el correspondiente manual de instrucciones que acompaña al software explicará cómo hacerlo. Con los seres humanos, la cosa se complica. Como expresó un monitor de PNL: «Los seres humanos son los únicos superordenadores que pueden ser producidos, o más bien reproducidos, por personal no cualificado... Además, vienen sin manual de instrucciones». O, al menos, así era hasta ahora.

Lo que te ofrecemos aquí es el manual del software de tu cerebro. Probablemente tengas un ordenador en tu trabajo o en casa. Si es así, tendrás instalados en él varios paquetes de software, que podrían incluir un tratamiento de textos, una hoja de cálculo, un programa de dibujo, un programa de edición, utilidades e incluso algunos juegos. Si un vendedor de informática intentara convencerte de que necesitas una máquina independiente para cada programa, lo mandarías a paseo.

Sin embargo, esto es precisamente lo que la mayoría de personas hacen inadvertidamente consigo mismas. Aprenden a hacer algo bien –vender, gestionar, motivar, solucionar problemas, dibujar, delegar, lo que sea– y después de algún tiempo piensan: «Esto es para lo que sirvo». Desarrollan un área de competencia, tras lo cual simplemente no saben cómo cambiar sus programas mentales para desarrollar otras áreas. Si tu ordenador no pudiese trabajar con el tratamiento de textos y la hoja de cálculo, lo harías revisar inmediatamente. Las personas, por el contrario, empiezan a buscar excusas cuando se ven incapacitadas para cambiar de programa mental. Llegarán incluso a afirmar que carecen del talento suficiente, que tienen un cuerpo inadecuado o que su perfil de personalidad o su signo del zodíaco no son los adecuados. A nadie se le ocurre pensar, en cambio, que el aspecto, la configuración o la fecha de fabricación de un ordenador limite automáticamente su capacidad para utilizar determinados programas. Las limitaciones se encuentran básicamente en los programas (software), no en el ordenador (hardware).

Como dice Wilson van Dusen, doctor en Filosofía y anterior jefe del servicio de psicología del Hospital Estatal de Mendocino en California: «He estado observando el escenario de la psicoterapia desde los tiempos en que la voz dominante era la de Freud. Más tarde, la psicoterapia breve no duraba más que unos seis meses. Ahora disponemos de curas en PNL de treinta e incluso de cinco minutos. Sin embargo, lo importante no es la velocidad por sí misma, sino que eso nos indica que nos estamos acercando al verdadero diseño de las personas». Para cambiar lo que queremos, necesitamos cambiar el modo en que estamos diseñados para el cambio.

Consideremos lo que podrías conseguir si tuvieses acceso al manual de instrucciones de tu cerebro. En los siguientes capítulos, aprenderás cómo:

- Hacer funcionar tu superordenador –tu cerebro– tal como fue diseñado.

- Cambiar tus pensamientos, acciones y sentimientos, cuando y como quieras.
- Cambiar tus hábitos en menos de una hora, aunque hayas luchado por ello durante años.
- Ser como siempre quisiste ser: confiado en tiempos de crisis, tenaz y motivado cuando realmente importe, así como sensible y receptivo con aquellos a quienes amas y ante los regalos de la vida.

Seguramente has pasado por momentos en los que todo funcionaba, todo cuanto hacías salía bien, simplemente «fluía». Y por otros, en cambio, en los que las piezas se negaban a encajar y todo cuanto hacías te salía mal. Con la PNL aprenderás a convertir a voluntad estas «piezas que no encajan» en «flujo». Habrás notado seguramente que hay personas que logran las cosas con facilidad. Aprenderás cómo estudiar a estos expertos en la consecución de objetivos, para hacer más accesibles para ti y para otros sus poderosos programas mentales. Nuestra búsqueda de la esencia del cambio nos ha conducido desde los sueños voluntaristas y las buenas intenciones, hasta una tecnología transformadora específica y poderosa. Se trata de un planteamiento que ofrece un conjunto de habilidades tan precisas como un programa y tan familiares como un viejo amigo. Te permitirá cambiar lo que desees cambiar, preservando lo que valga la pena conservar. Su nombre es Programación Neurolingüística, o PNL.

PNL en acción

En definitiva, la PNL te permite tener el tipo de experiencia que quieres. Desde hace ya años, los monitores y practicantes de PNL han enseñado cómo aliviar traumas, crear sentimientos más positivos, cambiar hábitos de toda una vida, resolver conflictos internos y construir nuevas creencias, a menudo en menos de una hora. En este libro aprenderás algunos de los métodos más populares utilizados por los profesionales de PNL para conseguir estos y otros cambios.

En primer lugar, conocerás los presupuestos o principios básicos de la PNL. Descubrirás cómo funciona tu cerebro y cómo puedes facilitar el cambio. Luego aprenderás y practicarás técnicas específicas de PNL, de modo que puedas crear los cambios que desees y necesites a lo largo de toda tu vida.

Con la práctica de la PNL conseguirás:

- Tomar las riendas de tu propia motivación.
- Crearte un futuro apasionante y el camino personal para llegar a él.
- Construir relaciones más sólidas y ampliar la capacidad de persuasión.
- Superar pasadas experiencias negativas que quizá te bloquean.
- Mejorar el concepto que tienes de ti mismo e incrementar tu autoestima.
- Crear una actitud mental sólida y positiva.
- Conseguir un mejor acceso a tu rendimiento óptimo.

Al mismo tiempo, aprenderás muchas de las características de los realizadores natos, los mapas mentales que los convierten en triunfadores. Te guiaremos paso a paso por medio de programas específicos para aprender y utilizar dichas características. Descubrirás cómo emplear la PNL para acelerar tu capacidad para aprender cualquier nueva habilidad que desees. Este amplio abanico de posibilidades de aplicación de la PNL constituye a veces un concepto difícil de entender para algunas personas. Se preguntan: «¿Cómo es posible aplicar los mismos métodos para negociaciones, culpabilidad, autoestima, miedo al público, planificación estratégica, motivación, reacciones alérgicas y excelencia humana?». Funciona simplemente del mismo modo que la electricidad, que alimenta gran variedad de aparatos, como ordenadores, teléfonos y equipos de música. La electricidad es básica en todos ellos, del mismo modo que el cerebro lo es para cualquier logro humano. La PNL está en la vanguardia del desarrollo humano, pues enseña los fundamentos del funcionamiento del cerebro. Con independencia de cualquier situación, la PNL te muestra cómo hacer más, tener más y ser más.

Para que puedas ampliar y profundizar tu aprendizaje y tu cambio, en cada capítulo encontrarás ejercicios mentales, lo que Albert Einstein denominó «experimentos del pensamiento», que te ayudarán a dominar técnicas específicas de PNL. Estos ejercicios han funcionado ya literalmente con millones de personas. También lo harán contigo, a condición de que los utilices realmente. Sabemos mejor que nadie que vivimos en una era de saturación de información. Algunas personas experimentarán la tentación de hojear los ejercicios para ver si son interesantes. No es un mal comienzo, pero deberás ponerlos en práctica si realmente quieres resultados. La PNL es una clase de experiencia. Lo que haces y cómo lo haces marca la diferencia, de modo que cuando sigas los ejercicios, hazlo deliberada, atenta y concienzudamente. Escoge una hora del día en la que sepas que vas a poder dedicarles todo el tiempo y concentración necesarios. Imagina realmente las situaciones que sugerimos y sigue con atención nuestras instrucciones. En la mayoría de casos, estos «ejercicios mentales» no te ocuparán más de diez o veinte minutos. Para conseguir los mejores resultados, quizá te resulte de ayuda que un amigo te lea un ejercicio y te guíe a través de él. Recuerda que no se trata de pruebas de una sola vez. Cuantos más beneficios desees obtener de este libro, más importante te será aplicar sus técnicas en cada momento de tu vida cotidiana.

2

¿Qué es la PNL?

Al principio veía la PNL como una rutilante estrella inaccesible.
Más adelante empecé a verla como una maga profunda y misteriosa.
Ahora es como una amiga fiel y leal, sin cuya compañía
no alcanzo a entender cómo podía vivir.

GERRY SCHMIDT
Monitor de NLP Comprehensive

¿Qué es la PNL?

PNL es el estudio de la excelencia humana.

PNL es la capacidad de ser lo mejor de ti mismo más a menudo.

PNL es el potente y práctico acceso al cambio personal.

PNL es la nueva tecnología del éxito.

PNL son las siglas de Programación Neurolingüística. Este término, que suena a alta tecnología, es meramente descriptivo. «Neuro» se refiere a nuestro sistema nervioso, los circuitos mentales de nuestros cinco sentidos, a través de los cuales vemos, oímos, olemos, gustamos y palpamos. «Programación» es un término tomado del campo de la informática para sugerir que nuestros pensamientos, emociones y acciones no son más que simples programas, que pueden ser cambiados mediante la actualización de nuestro «software» mental. «Lingüística» hace referencia a nuestra habilidad para utilizar el lenguaje, así como al modo en que palabras y frases específicas reflejan nuestros

29

mundos mentales. Se refiere también al «lenguaje silencioso» de posturas, gestos y hábitos que revelan nuestro modo de pensar, nuestras creencias y mucho más.

Aprende a modelar la excelencia

Para entender mejor el modo en que la PNL nos ayuda a modelar la excelencia humana, echemos un vistazo a los inicios del esquí moderno. Hasta los años cincuenta, la mayoría de personas opinaban que esquiar era ante todo una cuestión de talento natural. Te ataban a un par de esquís y te decían que no debías permitir que se cruzaran, que descendieras tras un esquiador más experto y que intentaras hacer lo mismo que él o ella hiciera. Si lo conseguías sin demasiadas caídas o huesos rotos y además te gustaba, se consideraba que eras un buen candidato a esquiador, incluso que habías nacido para ello.

Sucedió entonces algo que cambió por completo esta manera de pensar. Como señala el profesor Edward T. Hall, autor de *The Silent Language,*[1] se filmaron películas de 16 mm en blanco y negro de varios esquiadores expertos en los Alpes. Un grupo de investigadores estudió estas filmaciones fotograma por fotograma, fraccionando los armoniosos movimientos del esquí en lo que denominaron «islas», unidades mínimas de comportamiento. Al estudiar el esquí mediante este procedimiento descubrieron que, si bien los esquiadores filmados tenían estilos muy distintos, todos ellos usaban las mismas «islas». Cuando se mostraron estos principios a esquiadores medios y principiantes, mejoraron inmediatamente. Todos podían perfeccionar su estilo, imitando lo que los esquiadores natos hacían de modo natural. La clave consistió en identificar la esencia de sus habilidades, los movimientos aislados que hacían de un esquiador un maestro, de modo que otros los pudieran aprender a su vez. En PNL, esta esencia se denomina modelo.

Al aplicar el mismo principio en PNL, lo hacemos extensivo a cada parte de la experiencia de la persona. Quizá desees mejorar tus relaciones, o eliminar una ansiedad, o ser más competiti-

vo en el mercado. Los movimientos clave no se encuentran en
este caso en los músculos, sino en tus pensamientos, tus palabras, tus imágenes, tus emociones, e incluso en tus creencias.
Los especialistas en PNL estudian a los máximos realizadores en
cada área de la experiencia humana para descubrir sus fórmulas
para el éxito, proporcionándote una herramienta insustitui-
ble para que aprendas cómo hacer lo mismo, cómo seguir literalmente el modelo de quienes han triunfado, a pesar de las dificultades con las que te enfrentas cada día. Los ejemplos siguientes te demostrarán cómo el modelo con PNL puede significar
una enorme diferencia.

Imagínate a un padre que grita a su hija o hijo con la intención de motivarle. Cuando el niño se haya convertido en adulto,
quizás habrá internalizado esta poderosa y negativa forma de
motivación y habrá aprendido, con toda seguridad, a hablarse a
sí mismo en un duro lenguaje negativo. Aunque consiga motivarse, el precio serán todas las malas emociones que estas palabras negativas estimulan. Mediante la PNL, se aprende a cambiar este comportamiento interno y a utilizar, en su lugar, el
mismo tipo de motivaciones positivas y buenas emociones que
utilizan los atletas famosos y los inventores creativos.

Un ejecutivo se encuentra profundamente dividido ante una
importante decisión, se siente en conflicto e inseguro de su capacidad. Empleando la PNL para cambiar su estado mental por el
de aquellos que saben tomar buenas decisiones, responderá
mucho más positivamente. Antes habría pensado: «¿Debería
hacer esto? No estoy seguro. No debo fallar, no debo perder otra
oportunidad». Ahora se formula preguntas orientadas a conseguir información, que le conducen a la toma efectiva de decisiones y a un mejor rendimiento, preguntas como: «¿Qué necesito
saber para tomar esta decisión?» o «¿Cuáles son los beneficios
más importantes y cómo puedo evaluarlos?».

Una atleta famosa decide competir en un nuevo deporte.
Si bien lo había practicado un poco en la escuela, lleva años

sin hacerlo. Para prepararse, revive mentalmente los momentos más brillantes de su deporte actual. Al sentir la gloria y la energía de estos momentos, relaciona estas emociones con el nuevo deporte. Practica físicamente sus rutinas y ensaya mentalmente sus líneas fundamentales. En la primera competición asombra a los comentadores deportivos, que alaban su talento natural. Se alegra de haber trabajado con seriedad e inteligencia.

Todo cuanto hicieron estas personas fue resultado de sus hábitos mentales. Todo cuanto has aprendido a hacer es igualmente fruto de tus hábitos mentales. Desde cómo te despiertas, cómo vas al trabajo y cómo trabajas, hasta qué distracciones prefieres, eres una criatura de hábitos, una persona con patrones de conducta. Todos lo somos. ¿Qué comida prefieres? ¿Qué camino sueles seguir para volver a casa? ¿Empiezas por arriba o por abajo cuando te vistes por la mañana? De hecho, estudios universitarios en psicología han descubierto que el comportamiento humano está hecho casi por completo de hábitos. Estos hábitos o patrones resultan muy útiles. Además de permitirnos hacer gran cantidad de cosas sin tener que pensar en ellas, constituyen la base para crear nuevos hábitos y para reconocer situaciones atípicas. Sin embargo, el inconveniente surge cuando intentamos cambiarlos. El hombre que seguía una estrategia de motivación mediante una voz negativa, la consideraba natural y apropiada porque estaba acostumbrado a ella. Ni tan sólo sabía que fuera posible otra fórmula. El ejecutivo sabía que su estrategia fallaba en determinadas situaciones, pero no sabía cómo cambiarla. La joven atleta sabía que podía utilizar sus viejos hábitos para desarrollar otros nuevos. Sabía que si imaginaba vívidamente que tenía un nuevo hábito, su cerebro empezaría de modo natural a crear los correspondientes caminos mentales y físicos.

Con la PNL podrás cambiar tus pensamientos, emociones y comportamientos, añadiendo además otros que serán tan sistemáticos y regulares como los anteriores, sólo que mucho más satisfactorios.

Empecemos: Algunos cambios rápidos y sencillos con PNL

Los ejercicios de PNL son como experimentos del pensamiento, ejercicios mentales, juegos en los que tu mente será el laboratorio o el terreno de juego. Piensa en ellos como en una oportunidad de probar algo nuevo, de hacer las cosas de un modo distinto y divertido. He aquí algunos sencillos ejercicios que te proporcionarán una idea de cómo funciona.

¿Te has montado alguna vez en una montaña rusa o en alguna otra atracción? Tómate unos instantes para recordar alguna ocasión concreta en que lo hiciste. Imagina luego que la ves desde una distancia considerable, por ejemplo sentado en un banco del parque de atracciones. Desde esta nueva perspectiva, puedes verte a ti mismo montado en la atracción. Analiza cómo te sientes al verte desde este punto distante. Pásate ahora a tu asiento en la atracción, siente tus manos aferradas a la barandilla que hay frente a ti. Mira hacia abajo, siente cómo desfila rápidamente la escena, nota la vibración, escucha el griterío alrededor de ti. Nota cómo te sientes al experimentar el viaje. Estar montado en la vagoneta, sentir sus sacudidas, es una experiencia muy distinta a la de imaginar que te ves desde la distancia a ti mismo en la atracción.

Estas dos experiencias tan distintas tienen estructuras mentales diferentes. Estar montado en la atracción es vinculante y excitante, lo que en PNL denominamos «asociado». Verlo desde la distancia es relajante y distante o «disociado». Descubrirás a través de este libro que cada experiencia que vivimos tiene estas y muchas otras estructuras experienciales específicas. Descubrir estas diferencias y saberlas utilizar es fundamental en PNL. Si deseas emocionarte con algo tendrás que involucrarte, tanto física como mentalmente, metiéndote *dentro* de la experiencia. Con la PNL aprenderás a hacerlo exactamente donde y cuando quieras. Por otro lado, todos hemos vivido situaciones en las que nos hubiera venido muy bien algo de objetividad y distanciamiento mental. *Saliendo* de este tipo de experiencias y de las intensas emociones que generan, podremos lograr fácilmente más recursos y mayor creatividad para tratarlas. Llegar a ser capaces de utilizar deliberadamente estas «estructuras de experiencia» mentales, constituye uno de los objetivos de este libro. Considera lo siguiente por un momento. Si fueras capaz de asociarte a todas las experiencias agradables que has tenido en tu vida y, al mismo tiempo, disociarte de todas aquellas que resultaron desagradables, disfrutarías de las emociones de todas tus experiencias positivas y, simultáneamente, de la perspectiva de todos tus errores. Considera la diferencia que ello representaría para la calidad de tu vida. Si te das cuenta de cuán poderoso y positivo podría resultar, es que estás empezando a percibir lo que la PNL te ofrece.

Para el siguiente experimento mental, tómate un par de minutos para despejar la mente de tus preocupaciones actuales. Para conseguirlo, relájate físicamente. Recorre tu cuerpo localizando las zonas tensas. Relájalas directamente, o ténsalas primero aún más, para relajarlas acto seguido.

Piensa ahora en una experiencia muy agradable, en algún momento específico de tu vida que realmente desearías revivir ahora mismo. Cuando consigas un recuerdo específico agradable, nota cómo te sientes. Deja ahora que la experiencia se acerque a ti, que se haga mayor, más brillante y llena de color. ¿Cómo te sientes ahora? ¿Se han intensificado quizá tus emociones? Deja ahora que la experiencia se aleje, que se haga pequeña y se desdibuje, hasta una distancia en la que tenga aproximadamente el tamaño de un sello de correos. ¿Cómo te sientes ahora? Finalmente, permite que la experiencia recupere sus características originales.

En la mayoría de personas, las emociones agradables se intensifican notablemente a medida que la experiencia se acerca, y disminuyen sensiblemente cuando se aleja. El cómo y el porqué es fundamental para la PNL, así que lo analizaremos en detalle en los siguientes capítulos. De momento, queremos dejar sentado un punto concreto. La mayoría de personas jamás ha imaginado que pudieran cambiar tan fácilmente sus emociones sobre las cosas, especialmente mediante un proceso tan sencillo como el de modificar las características de sus imágenes mentales. Pueden imaginar que cambian de vestido, de coche, e incluso de trabajo o de ciudad en la que viven, pero la mayoría ni tan sólo habrá considerado jamás que pudiera modificar deliberadamente su mente. Si deseas sentir tus recuerdos positivos con mayor intensidad, acércalos al ojo de tu mente. Si quieres que los recuerdos difíciles pierdan intensidad, aléjalos de ti.

Puedes hacer lo mismo con cada aspecto de tu vida. Si existe un problema recurrente, tienes la facultad de alejarlo mentalmente de ti. Puesto a cierta distancia, te dejará más «espacio» mental. Desde esta nueva perspectiva, podrás relajarte y pensar en él con mayor claridad mental. Casi todos nosotros podemos encontrar más y mejores soluciones con emociones neutrales que si nos sentimos atrapados y presionados. En el lado positivo, cuando haya algo que desees, acerca su imagen, para que se convierta en una parte más vívida y apasionante de tu vida. Casi todas las técnicas de visualización enfatizan reiteradamente la importancia de mantener en mente los sueños y los objetivos. Con la PNL adquirirás la habilidad de hacerlo rápida y fácilmente. Hemos visto un par de ejemplos. Se trataba de dos de los modos en los que tu cerebro «codifica» tus experiencias, tan sólo un par de los elementos básicos de PNL que pueden marcar la diferencia en tu vida.

Llegados a este punto, algunas personas dirán: «Me cuesta visualizar. ¿Podré utilizar la PNL?». La respuesta es SÍ. La PNL emplea los cinco sentidos: vista, oído, olfato, gusto y tacto. La investigación en PNL descubrió, hace más de una década, que la mayoría de personas ha desarrollado algún sentido más que los otros. Por ejemplo, quizá siempre te gustó dibujar, o tomar fotos, u ordenar bellos objetos. En este caso, te resultará fácil evocar imágenes mentales. Si en cambio te gustan los libros, las palabras, la conversación o la música y eres sensible a lo que las personas dicen y al tono de su voz, quizá te resulte más fácil y natural evocar imágenes mentales sonoras que visuales. Los atletas natos perciben con facilidad sus movimientos y las sensaciones de sus músculos. Quizá notes fuertes emociones al entrar en una habitación donde hay otras personas. Ello indicaría que tu sentido emocional está más desarrollado que tus otros sentidos.

A medida que leas este libro, quizá te des cuenta de que en cada ejercicio se enfatiza algún sentido en particular. No es por casualidad. En primer lugar, lo leerán personas que han desarrollado sus sentidos de forma desigual, y queremos ofrecer algo que se perciba como «natural» desde cualquier forma de pensar y entender. En segundo lugar, es importante que aprendas a apreciar y desarrollar cada uno de tus sentidos, de modo que consigas acceder mejor aún a tus «recursos internos».

Por ejemplo, concentrémonos en el lenguaje, una de las bases de la Programación Neurolingüística, la que utiliza el sentido del oído. Prácticamente en cualquier conversación oirás expresiones como «No te preocupes» o «No pienses en ello». Detengámonos por un instante a considerarlas. Si te dicen: «No pienses en ese gran oso negro», ¿qué es lo que sucede de inmediato en tu mente? A pesar de lo que acabas de oír, lo primero que acude a tu mente es la imagen de un gran oso negro. Lo mismo ocurre cuando te dicen: «No pienses en ese problema». Nuestro cerebro simplemente no sabe cómo traducir las cosas a lenguaje negativo. Para saber en qué *no* debe pensar, primero debe pensar en ello.

Todos conocemos padres y jefes que, tratando de ayudar, nos dicen lo que *no* debemos hacer. Lo que están haciendo, sin saberlo, es dirigir nuestra atención exactamente en la dirección en la que *no* querían que fuese. Algunos ejemplos serían: «No te preocupes por el carácter de ese cliente», «No te asustes», «No creo que seas tonto» y «Ni se te ocurra pensar que te despediremos». Utilizar lenguaje negativo con nosotros mismos es algo que hacemos también asiduamente. Nos decimos: «No pensaré más en ello», pero lo hacemos. Otros ejemplos que nos resultan familiares incluirían: «No lo volveré a hacer», «No me cabrees» y «No comas dulces antes de dormir», por citar sólo algunos. Tendemos a pensar en lo que no queremos hacer, para hacerlo acto seguido.

El término «Programación», en la expresión Programación Neurolingüística, está relacionado con el hecho de que podemos cambiar nuestros pensamientos o programas de lo que son, a lo que quisiéramos que fuesen. En el caso del lenguaje negativo, podemos tomar nuestros pensamientos negativos y reformularlos en positivo. En lugar de decir lo que no queremos, podemos decir lo que sí queremos. Inténtalo. Piensa en una declaración negativa que te hayas estado repitiendo a ti mismo y pruébalo ahora mismo, intenta convertirla en una afirmación positiva. En lugar de repetirte: «No te preocupes», prueba por ejemplo a decirte: «Presta atención a las oportunidades». O «¿Cuál sería el mejor modo de prepararme para este reto?» o «¿Qué me gustaría sentir?». No tan sólo es más agradable, sino que además reorienta el cerebro y te prepara para recibir más de aquello que deseas, pues centras tu atención en las cosas positivas que quieres que sucedan.

Simplemente aplicando los tres rápidos y sencillos conceptos expuestos en esta sección, comprobarás que puedes emplear la PNL para llenar tu vida de comportamientos más positivos y de mayor éxito. Primero, convierte lo que quieres hacer y aquello en lo que piensas en una afirmación positiva. Segundo, incrementa la vivencia mental de lo que quieres hacer, para que aumente su atractivo para ti. Y tercero, asóciate a estos comportamientos de éxito y ensáyalos mentalmente, vívelos en tu mente hasta que te sean familiares y te resulten naturales. Este planteamiento de programa paso a paso es una de las características fundamentales de la PNL. Como enfoque práctico orientado al cambio, la PNL es una tecnología práctica para la transformación personal.

Nuevos principios mentales

Llegados aquí, es probable que resulte ya claro que la PNL se basa en principios muy distintos a los de la psicología tradicional. Mientras que la psicología clínica convencional se ocupa principalmente de describir dificultades, catalogarlas e indagar sus causas históricas, la PNL se interesa por *cómo* nuestros pensamientos, acciones y emociones trabajan en conjunto, aquí y ahora, para producir nuestras experiencias. Basada en las ciencias modernas de la biología, la lingüística y la información, la

PNL considera en primer lugar los nuevos principios sobre el funcionamiento de la mente/cerebro. Estos principios o asunciones reciben la denominación de Presuposiciones PNL. Si las pudiésemos resumir en una frase, sería: *Las personas funcionan perfectamente*. Nuestros pensamientos, acciones y emociones específicas producen constantemente resultados específicos. Podremos sentirnos satisfechos o no con estos resultados, pero si repetimos los mismos pensamientos, acciones y emociones, obtendremos idénticos resultados. El proceso funciona, pues, a la perfección. Si aspiramos a obtener resultados distintos, deberemos cambiar los pensamientos, acciones y emociones que intervienen en el proceso. Una vez que comprendemos específicamente cómo creamos y mantenemos nuestros pensamientos y emociones, resulta sencillo cambiarlos por otros más útiles o, si los encontramos mejores, enseñarlos a otras personas. Las presuposiciones PNL son la base para hacer precisamente esto.

Las presuposiciones PNL

• *El mapa no es el territorio.*
  Nuestros mapas mentales del mundo no son el mundo. Respondemos a nuestros mapas, más que directamente al mundo real. Es más fácil actualizar los mapas, especialmente en lo relativo a emociones e interpretaciones, que intentar cambiar el mundo.

• *Toda experiencia tiene una estructura.*
  Nuestros pensamientos y recuerdos tienen su propio patrón. Cuando modificamos dicho patrón o estructura, nuestra experiencia cambia automáticamente. Podemos, pues, neutralizar los recuerdos dolorosos y enriquecer aquellos que nos resulten útiles.

• *Si una persona puede hacer algo, cualquier otra puede aprender a hacerlo.*
  Podemos aprender el mapa mental de un realizador y hacerlo nuestro. Demasiadas personas piensan que determinadas cosas son imposibles, y ni siquiera lo han intentado. Haz como si todo fuese posible. Cuando exista algún límite físico o ambiental, el mundo de la experiencia te lo hará saber.

La mente influye el cuerpo y despue
los efectos del psicosometicos enfluyen la
mente.

¿Qué es la PNL?   39

- *Mente y cuerpo son partes del mismo sistema.*
Nuestros pensamientos influyen de forma instantánea en la tensión muscular, la respiración y las emociones. Y todo ello a su vez afecta a nuestros pensamientos. Aprendiendo a cambiar cualquiera de estos aspectos, aprendemos a cambiar el otro.

- *Las personas están dotadas de todos los recursos que necesitan.*
Las imágenes mentales, las voces interiores, las sensaciones y las emociones son los elementos básicos de nuestros recursos físicos y mentales. Podemos emplearlos para construir cualquier pensamiento, emoción o habilidad que queramos, y aprovecharlos después en nuestras vidas allí donde queramos o donde más los necesitemos.

- *No puedes NO comunicarte.*
Estamos *constantemente* comunicando, al menos no verbalmente. Las palabras son a menudo la parte menos importante de la comunicación. Un suspiro, una sonrisa o una mirada, son comunicación. Incluso nuestros pensamientos son comunicaciones con nosotros mismos, que se revelan a otros a través de nuestros ojos, nuestros tonos de voz, nuestras posturas y nuestros movimientos corporales.

- *El significado de tu comunicación es la respuesta que obtienes.*
Los demás reciben lo que decimos y hacemos a través de sus propios mapas mentales del mundo. Cuando alguien entiende algo distinto de lo que hemos dicho, tenemos una oportunidad de comprobar que la comunicación es aquello que se recibe. Prestar atención a cómo es recibida nuestra comunicación nos permitirá ajustarla, de modo que en la próxima ocasión resulte más clara.

- *Bajo todo comportamiento subyace una intención positiva.*
Incluso los comportamientos nocivos, agresivos y desconsiderados tuvieron en su origen un propósito positivo. Chillar serviría para ser reconocido. Golpear, para alejar el peligro. Esconderse, para sentirse seguro. En lugar de condonar o condenar tales acciones, podemos separarlas de la correspondiente intención positiva de la persona, de modo que se puedan añadir a ésta nuevas opciones actualizadas y más positivas, que cumplan la intención inicial.

- *Las personas se deciden siempre por la mejor opción disponible.*
  Cada uno de nosotros tiene su propia y única historia personal. Con ella hemos aprendido qué hacer y cómo hacerlo, qué
  querer y cómo quererlo, qué valorar y cómo valorarlo,
  qué aprender y cómo aprenderlo. Esta es nuestra experiencia.
  Desde ella debemos elegir todas nuestras opciones, al menos
  hasta que se añadan otras nuevas y mejores.
- *Si lo que haces no funciona, haz otra cosa. Haz cualquier otra
  cosa.*
  Si sigues haciendo lo que siempre has hecho, seguirás obteniendo lo que siempre obtuviste. Si deseas algo nuevo haz
  algo nuevo, especialmente cuando existen tantísimas alternativas.

Cuando aprendemos algo nuevo, mostramos una fuerte tendencia a tratar de convertirlo en algo que ya conocemos. Si la PNL
no fuera más que un nombre distinto para algo que ya conoces,
resultaría fácil de explicar y no habría nada nuevo que aprender.
La PNL, sin embargo, *es* algo nuevo, una nueva forma de ver el
cerebro y el comportamiento humano. La PNL plantea nuevas
preguntas, que estimulan nuevas respuestas. La PNL parte de nuevos supuestos, que crean nuevas posibilidades. Para estudiar eficazmente los patrones de la excelencia humana, los principios o
las presuposiciones PNL se dan como ciertos, y no porque hayan
sido demostrados, sino porque otorgan a quien los tiene en mente
un grado mucho mayor de libertad de elección y de oportunidades. En los próximos capítulos examinaremos cada uno de dichos
principios con mayor detalle y profundidad. Veamos acto seguido
cómo la aplicación de algunos de ellos nos puede conducir a nuevas y profundas maneras de generar cambio.

Mapas, mente, emociones y cambio

La primera presuposición PNL es: *El mapa no es el territorio*. Esta
frase fue acuñada por el matemático polaco Alfred Korzybski,
quien no se cansaba de repetir que un mapa de carreteras o la

carta de un restaurante pueden ser de ayuda para encontrar el camino o escoger lo que vamos a comer. Sin embargo, ambas cosas son bien distintas de la ruta que seguiremos o del primer plato que nos servirán. Podemos ver este principio en acción cuando observamos a las personas que van en coche cada mañana hacia sus lugares de trabajo. A su debido tiempo, hace meses o años, cada conductora o conductor estudió el correspondiente mapa, probó distintos itinerarios y seleccionó el más adecuado para ir y volver de su trabajo. Desde entonces, todos ellos han estado recorriendo el mismo camino cada día. Mientras tanto, la red viaria ha ido experimentando modificaciones y mejoras. A menos que los conductores se hayan tomado el tiempo necesario para actualizar su «mapa» mental, existirán forzosamente discrepancias entre éste y el territorio real. Ello tendrá relativamente poca importancia hasta el día en que la ruta habitual esté en obras, pues en ese momento los conductores que no hayan actualizado su información se verán atrapados en el correspondiente atasco, sin tener ni idea de las alternativas a su alcance. Los conductores que dispongan en cambio de un mapa más reciente y completo, que refleje diversas rutas alternativas, habrán tomado el desvío anterior y estarán tranquilamente en camino.

Otra forma de apreciar la importancia de esta presuposición consiste en experimentarla directamente. Tómate unos minutos para realizar el siguiente ejercicio. Recuerda que cuanta más atención le dediques, más completos serán los resultados.

Todos hemos sufrido desengaños en nuestra vida por aquellas expectativas que después resultaron que no eran el «gran negocio» que nos habíamos imaginado. Mucha gente dice a menudo que «han cambiado con el tiempo», pero no ha sido la duración del tiempo lo que las cambió. Lo que cambió fue *cómo* recordaron lo pasado. Cuando realizas el Ejercicio 1, el código mental —tu mapa para esa experiencia— es diferente porque tú lo has cambiado deliberadamente. Saber cómo hacer esto significa que no tienes que esperar a que cambien tus sentimientos. Lo puedes hacer ahora mismo.

Ejercicio 1
Música de película[2]

En el presente ejercicio aprenderás a modificar un recuerdo desagradable. Resulta muy adecuado para los problemas cotidianos de baja y media intensidad.

1. *Observa la película del problema-situación.* Empieza imaginando alguna dificultad cotidiana. Recuerda, por ejemplo, algún momento en que te hayas sentido decepcionado o incómodo, en que las cosas no te fueran muy bien. Escoge algún hecho real del pasado. A medida que piensas en este suceso específico, observa qué imágenes y qué sonidos vienen a tu mente mientras contemplas la película que se desarrolla ante tus ojos. Cuando acabe, observa cómo te sientes.

2. *Selecciona un tema musical.* Escoge ahora algún tema musical que no se corresponda con las emociones que has experimentado al contemplar la película. Tu recuerdo es probablemente sombrío y pesado, de modo que elige algún tema ligero y alegre, como música de circo o de dibujos animados. Algunas personas prefieren música para bailar, mientras que otras se inclinan por música descaradamente teatral u operística, como la obertura de Guillermo Tell, popularmente conocida como el tema musical de las series de radio y televisión de *El Llanero solitario*.

3. *Repite la película con música.* Cuando hayas seleccionado tu música, deja que suene fuerte y claro en tu mente mientras empiezas a ver la película de nuevo. Deja que la música suene hasta el fin de la película.

4. *Comprueba los resultados.* Rebobina ahora la película hasta el principio. Proyéctala sin la música y observa tu nueva respuesta. ¿Han cambiado tus emociones? En muchos casos, el incidente del pasado se vuelve ridículo o cómico. En otros, el efecto de las emociones desagradables se ve muy disminuido o al menos neutralizado. Si las emociones resultantes no son aún satisfactorias para ti, combina distintas clases de temas musicales con tu película, hasta que encuentres la que te dé el mejor resultado.

Esta clase de cambio demuestra que *el mapa no es el territorio*. No hiciste más que cambiar uno de tus mapas mentales, actualizándolo y ofreciéndote a ti mismo nuevos caminos alternativos. Este cambio es asimismo una demostración de la presuposición PNL que afirma que *toda experiencia tiene una estructura*. Antes del ejercicio, la estructura o patrón de tu recuerdo incluía una escena seria, con emociones fuertes. Al añadir una música que no encajaba, cambiaste tanto la estructura original que tus emociones sobre el recuerdo cambiaron también.

Antes de pasar al ejercicio siguiente, repite el Ejercicio 1 al menos con otros tres recuerdos desagradables de distinto tipo. Experimenta con diferentes temas musicales, hasta que des con los que mejor te funcionen para cada tipo de recuerdo.

Dedica ahora un momento a recordar alguna de estas experiencias transformadas. Descubrirás que te produce una emoción diferente y más positiva. Con esta nueva emoción empezarás espontáneamente a pensar en cosas distintas que dirías o harías ahora si se presentara de nuevo la misma clase de situación. Las emociones nuevas constituyen a menudo un medio poderoso para desbloquear la creatividad en una situación difícil. Veamos a continuación cómo conseguirlas de otro modo.

Ejercicio 2
El marco del cuadro

1. *Piensa en un problema-situación.* Piensa en otra experiencia embarazosa o en alguna dificultad cotidiana. Cuanto más recurrentes sean las situaciones y emociones que evoques, más rápidamente iluminarán tu vida los cambios que te ofrece la PNL. En caso de que no hayan cambiado o disminuido por completo las emociones negativas en el ejercicio anterior, utiliza de nuevo la misma situación.

2. *Obsérvate en una instantánea.* Recorre rápidamente la película del incidente, pero en esta ocasión selecciona alguna instantánea de la misma, como si fuera un fotograma, que resulte para ti particularmente representativa de la experiencia. Mientras la miras, comprueba si te estás viendo a ti mismo, cuando eras más

joven, en aquella ocasión, como si estuvieras viendo una foto tuya tomada durante aquel acontecimiento. En caso contrario, empieza a retroceder con el ojo de tu mente de modo que puedas ver cada vez más parte de la escena, hasta que te veas a ti mismo, más joven, vistiendo las ropas que llevabas en aquella ocasión. Contempla el conjunto como un observador distante.

3. *Añádele un marco.* Con esta imagen en tu mente, considera qué clase de marco le pondrías. ¿Preferirías un marco de ángulos rectos o uno redondeado? ¿Quizá oval? ¿Muy ancho? ¿De qué color? Quizás prefieras un marco de acero, o tal vez uno antiguo, dorado y con elaboradas incrustaciones. Una vez seleccionado el marco, añádele una luz de museo.

4. *Conviértela en un cuadro o un retrato.* ¿Cómo podríamos transformarla ahora en algo más artístico? Podrías imaginarla como la obra de algún famoso fotógrafo, o quizá de algún pintor como Renoir o Van Gogh. Coge ahora tu recuerdo enmarcado y cuélgalo entre otros en las paredes de la galería privada de tu mente.

5. *Comprueba los resultados.* Concédete una pausa para despejar tu mente... Respira. Piensa ahora en ese incidente que tan embarazoso te resultaba. Probablemente, tus emociones habrán cambiado. En caso contrario, repite el ejercicio con diferentes estilos de pintura o fotografía así como con distintos tipos de marco, hasta que des con la combinación que produzca los mayores cambios satisfactorios en tus emociones.

Algunas personas inmediatamente quieren saber cuánto tiempo durarán los cambios. Haz la prueba ahora. Inténtalo de nuevo dentro de una hora. Anota en tu agenda comprobarlo la semana que viene o dentro de un mes. Descubrirás que el cambio de tus pensamientos es permanente. Ello se debe a que para cambiarlos empleaste el mismo procedimiento que utiliza tu cerebro para codificar la información. Además, podrás cambiarlos cada vez que decidas hacerlo.

Observa que no forzaste ningún cambio. No estuviste repitiendo ninguna afirmación durante semanas. Tampoco trataste de utilizar tu fuerza de voluntad. En lugar de todo ello, utilizaste tu cerebro de acuerdo con su diseño funcional. Estás empezando a aprender algunos de los códigos mentales de la PNL... los elementos básicos de pensamientos, emociones, acciones y creencias.

Lo que cambiaste no es más que algún incidente menor, sin embargo, te habrías sentido mal de haber pensado en él hace tan sólo unos minutos. Ahora ha cambiado; para siempre. En lo sucesivo, cada vez que pienses en ello te sentirás con más recursos de una forma natural y automática. Ya dispones de una técnica rápida para transformar cualquier recuerdo doloroso del pasado, de modo que no vuelva a molestarte. Como hiciste con el ejercicio anterior, aplícalo ahora a distintas clases de recuerdos. Experimenta con diferentes tipos de marco y otras perspectivas artísticas.

Siempre hemos tenido la capacidad de cambiar nuestros sonidos e imágenes internos, de embellecerlos y combinarlos con otros recuerdos, pero para la mayoría de nosotros era algo accidental e inconsciente. Antes de la PNL, nadie había descubierto el modo de utilizar *sistemáticamente* esta capacidad de mejorar nuestras emociones, nuestros pensamientos y la calidad de nuestras vidas.

La próxima vez que te moleste un incidente o un recuerdo estarás en condiciones de verlos desde una nueva perspectiva, no mediante el deseo o la esperanza, sino por medio de una acción deliberada destinada a cambiar tu modo consciente o inconsciente de pensar en él. Visionando un recuerdo como una película con música animada, poniéndolo dentro de un marco o convirtiéndolo en un retrato o una fotografía, podrás arrojar una luz nueva y más positiva sobre él. Mediante la PNL puedes hacer lo mismo con todas tus dificultades, utilizando tu cerebro de modo creativo para superar los retos de la vida.

Tutores y modelos de excelencia

No debería sorprendernos que a lo largo de la historia muchas personas hayan utilizado algunas de las presuposiciones PNL para impulsarse hacia el gran éxito. Anthony Hopkins, ganador de un Óscar, debe su carrera al actor galés Richard Burton, al que conoció cuando tenía quince años. «Tuvo una gran influencia en mi vida –dice Hopkins– puesto que simplemente decidió ser actor y lo fue. Yo me dije, Dios, cómo me gustaría hacer lo mismo.»[3] La anécdota del encuentro del presidente Bill Clinton con J. F. Kennedy a los dieciséis años constituye otro buen ejemplo. En el mundo de los negocios, la práctica de tomar como modelo a algún líder de la industria tiene una larga tradición y un nombre propio: «tutoría». Muchos ejecutivos noveles compran la misma marca de traje y corbata y toman la misma bebida que su exitoso jefe, en un esfuerzo por obtener algunas pistas sobre cómo puede ser dicha persona. Algunos van más lejos, pues cuentan los mismos chistes e incluso copian gestos y modos de hablar. Con todo ello pretenden meterse «bajo la piel del experto», para descubrir qué es lo que marca la diferencia. El «experto» entra a menudo en el juego, contando relatos de viejas batallas y sugiriendo líneas de estudio o acción.

Manteniendo en mente las dos presuposiciones PNL –el mapa no es el territorio y toda experiencia tiene una estructura–, meterse en la piel de otro adquiere un nuevo y profundo significado. En lugar de limitarnos a copiar su indumentaria e imitar sus gestos, podemos dedicar nuestras energías a descubrir su mapa mental. En lugar de estudiar simplemente lo mismo que él o ella estudiaron, se trata de apreciarlo como ellos lo apreciaron. Puesto que la experiencia tiene una estructura, ésta será el mapa real y específico del realizador modelo, algo que puede ser descubierto, copiado, puesto en acción y transmitido a otros.

Piensa en la presuposición PNL: *si una persona puede hacer algo, cualquier otra puede aprender a hacerlo*. Se trata de uno de los aspectos más apasionantes de la PNL. Significa que puedes aprender motivación, persuasión, confianza, propia estima, resolución, creatividad y muchas otras habilidades, del mismo modo que aprendiste a conducir, a utilizar un ordenador, a esquiar o a jugar al tenis. El éxito tiene su propia estructura. Al aprender los elementos de excelencia que caracterizan a los triunfadores más notables del mundo, puedes aprender a crear el mismo tipo de logros para ti.

Las personas están dotadas de todos los recursos que necesitan

Quizá pienses que algunas personas son más listas, más felices o tienen más talento que las demás; que disponen de mayor número de recursos naturales o que llevan ventaja en la vida. Es posible. No hay duda de que algunas personas han conseguido un envidiable equilibrio entre sus recursos propios y sus oportunidades. Como ocurre con Michael Jordan y el baloncesto o con Eric Clapton y la guitarra, nos encontramos con personas que han sabido alcanzar la excelencia de sus recursos internos. Sin embargo, si analizamos en detalle estos recursos, veremos que se componen de imágenes, sonidos, habilidades físicas motrices y emociones.

Recuerda los dos ejercicios que acabas de hacer. En el primero de ellos, tenías registrados en tu mente los sonidos de un tema musical. No sabías que te pudiera ser de utilidad para aquel problema-situación, ni se te había ocurrido jamás combinarlos de aquel modo. Sin embargo, hacerlo se convirtió en una poderosa herramienta para el cambio. En el segundo, barajaste toda suerte de marcos y estilos artísticos de pintura y fotografía. Una vez más, no eras consciente de lo poderosos que eran estos recursos, ni de que podías combinarlos con cualquier recuerdo desagradable. En realidad, disponías ya de los recursos. Lo único que hizo la PNL fue enseñarte a utilizarlos.

Cada imagen, sonido o emoción constituyen un posible recurso para algo determinado. Nuestro cerebro nos ofrece la capacidad de proyectar imágenes mentales. Independientemente de lo borrosas o claras que sean al principio, las podemos transformar en visiones fuertemente motivadoras. Todos tenemos la capacidad de escuchar sonidos interiores. Por ejemplo, podemos escuchar nuestra voz interior y las voces conocidas de amigos, maestros o padres. Si bien muchas personas emplean este enorme recurso para criticarse a sí mismas, una voz interior positiva puede ser una gran ayuda para mantener nuestra confianza y nuestro rumbo. Puede convertirse en un elocuente orador y un gran motivador. En el mundo de la PNL, talento y recursos internos son crucialmente diferentes. Lo que denominamos «talento» no es más que un conjunto de recursos que han sido combinados, secuenciados y practicados hasta convertirlos en una habilidad automática. Todos tenemos la oportunidad de convertir nuestros recursos internos en talentos, para alcanzar la excelencia en aquello que amamos de la vida. La PNL nos enseña cómo hacerlo.

Una imagen o un sonido internos pueden realmente constituir un recurso. En el siguiente ejercicio, titulado «El círculo de excelencia», te pediremos que recuerdes alguna ocasión en la que hayas experimentado un fuerte sentimiento íntimo de seguridad. Escoge un recuerdo fuerte, vibrante, con cuya rememoración disfrutes. Al revivir intensamente esta experiencia de seguridad y confianza, sacarás a la luz el correspondiente recurso interno. Te enseñaremos luego cómo crear un catalizador especial de recuerdos, de modo que puedas acceder a la correspondiente emoción siempre que desees o necesites hacerlo.

En *NLP Comprehensive* ensayamos frecuentemente nuevas técnicas y posibilidades, para conseguir un cambio más completo. Puesto que no las hemos experimentado antes, sabemos que la primera vez distará mucho de ser perfecta. Tenemos un dicho para recordárnoslo: «Todo cuanto valga la pena hacer, vale la pena hacerlo mal... la primera vez». Si no obtienes el éxito con este ejercicio, o lo obtienes tan sólo parcialmente, repítelo prestando mayor atención a cada paso. Es tan importante el ritmo como dedicar al ejercicio una completa atención.

Ejercicio 3
El Círculo de Excelencia

¿Qué podrías lograr si tuvieras más seguridad cuando la necesitaras? ¿Qué emociones positivas del pasado desearías experimentar, si pudieras transferirlas del momento de tu vida en que ocurrieron a cualquier momento en que las necesitaras? Esto es exactamente lo que el Círculo de Excelencia te permitirá hacer.

   1. *Revive la seguridad.* Levántate y transpórtate a algún momento del pasado en el que te sentiste absolutamente seguro

y confiado. Revive plenamente dicho momento, viendo lo que viste y escuchando lo que escuchaste.

2. *El Círculo de Excelencia*. Mientras sientes crecer en ti la seguridad, imagina un círculo de color alrededor de tus pies. ¿De qué color lo quieres? ¿Te gustaría que emitiera además una especie de zumbido como muestra de su poder? Cuando el sentimiento de seguridad esté al máximo, salta fuera del círculo, dejando esta sensación de seguridad dentro de él. No es una petición corriente, pero puedes hacerlo.

3. *Selecciona pistas*. Imagina ahora algún momento futuro, en el que puedas necesitar este mismo sentimiento de seguridad. Ve y oye lo que estará sucediendo allí, inmediatamente *antes* de que quieras sentirte seguro. El sonido de la puerta de tu jefe, el teléfono de tu mesa o la voz de alguien presentándote antes de que des una conferencia, podrían ser algunas de las pistas.

4. *Vincúlalo*. Tan pronto como las pistas estén claras en tu mente, vuelve a entrar en el círculo y experimenta de nuevo los sentimientos de seguridad y confianza en ti mismo. Imagina que se desarrolla la situación futura con estos sentimientos bajo tu control.

5. *Comprueba los resultados*. Sal otra vez del círculo, dejando dentro de él la sensación de seguridad. Fuera del círculo, tómate un momento para pensar de nuevo en este acontecimiento futuro. Descubrirás que acuden automáticamente a ti los sentimientos positivos. Ello significa que te has preprogramado para el suceso. Te sientes mejor en él, aun antes de que haya sucedido. Cuando suceda realmente, te encontrarás respondiendo con mayor seguridad, de modo natural.

En el Paso 1, es importante revivir plenamente la experiencia, de modo que tus emociones sean intensas. Imagina que te encuentras de nuevo en aquella situación. Colócate en la misma postura y utiliza los mismos gestos.

En el Paso 2, deberás tomarte el tiempo necesario para crear una imagen del Círculo de Excelencia adecuado para ti, y vincularlo después al sentimiento de confianza del Paso 1. En ocasiones, resulta de ayuda entrar y salir del Círculo de Excelencia varias veces, para generar dicho sentimiento y asegurarse de que la imagen del círculo se ha convertido en el adecuado catalizador de emociones positivas.

En el Paso 3, deberás cerciorarte de que las pistas escogidas son las adecuadas, para ser detectadas justo antes de que desees disponer de tu sentimiento de seguridad. Si las pistas llegan demasiado tarde, estarás ya en camino de sentirte mal antes de que tengas tiempo de desencadenar tu sentimiento de seguridad. Esto es fácil de solucionar, sólo tienes que buscar y utilizar otros indicadores más precoces.

En el Paso 4, deberás entrar en tu círculo tan pronto como detectes las correspondientes señales, de tal modo que el sentimiento de seguridad se active antes de que lo necesites realmente. De esta manera, estarás vinculando tu Círculo de Excelencia con las mismas pistas que indicaban habitualmente un problema-situación.

En el Paso 5, comprobarás si la conexión que has establecido es sólida. En caso afirmativo, las pistas desencadenarán automáticamente las emociones positivas de tu Círculo de Excelencia. En caso contrario, retrocede y busca el eslabón débil para poder reforzarlo.

Cuando aplicas la PNL, llevas la iniciativa. Decides por ti mismo cómo quieres reaccionar ante los acontecimientos de tu vida. En este caso, tomaste los sentimientos de seguridad experimentados en el pasado y los vinculaste a una situación futura que quizá te intimidaba. Puedes repetir el proceso con cuantos acontecimientos futuros quieras, con tantos sentimientos distintos como desees. Es más, el Círculo de Excelencia no sirve tan sólo para problemas. Puedes escoger algo que ya hagas bien y mejorarlo.

Supongamos que eres ya capaz de hacer presentaciones sistemáticas y bien organizadas, pero te han dicho que en algunas ocasiones resultan algo secas. No necesitas en este caso mayor confianza sino algo de diversión, sentido del humor y vivacidad, que te ayuden a que tus presentaciones sean aún mejores. Utiliza el Círculo de Excelencia para perfeccionarlas, del mismo modo que lo empleaste para superar dificultades.

Si en algún momento tuviste algún recurso, aunque fuera tan sólo durante un segundo, lo tienes para siempre. Empleando el Círculo de Excelencia, podrás utilizar dicho recurso del modo que quieras, cuando quieras. Ante cualquier situación, podrás decidir qué sentir y cómo responder. Podrás vivir tu vida con resolución. Estás en posesión de todos los recursos internos que puedas desear o necesitar.

Si lo que haces no funciona, haz otra cosa

¿Cómo es posible que afirmemos que las personas están dotadas de todos los recursos que necesitan, cuando hay tantas que no son felices? Cuando las cosas fallan, la mayoría de personas siguen haciendo, normalmente con mayor intensidad, lo que siempre han hecho y nunca les ha funcionado. Recuerda, no obstante, que las limitaciones no se encuentran en el territorio, sino en nuestros mapas. Si quieres ver el mismo paisaje, sigue por la misma carretera. Pero si lo que *quieres* es algo diferente, *haz* algo distinto. Analizar por qué no llegas adonde quieres llegar, o lo que para el caso es lo mismo, por qué llegas adonde quieres llegar, no servirá de nada. Por más porqués que descubras, seguirás por el mismo viejo camino de siempre. Concéntrate por el contrario en *cómo* consigues o cómo no consigues llegar adonde quieres y a lo que quieres. Con la PNL, podrás mejorar y enriquecer tus mapas mentales, así como descubrir lo que marca la diferencia entre éxito y fracaso, entre bueno y magnífico, entre logro y plenitud.

Breve historia de la PNL

La historia de la PNL es la historia de una asociación atípica, que generó una sinergia inesperada y que a su vez desembocó en un mundo de cambio. A principios de los años setenta, el que iba a ser uno de los fundadores de la PNL, Richard Bandler, era un estudiante de matemáticas de la Universidad de California en Santa

Cruz. En un principio, se dedicó básicamente a la informática. Inspirado por un amigo de la familia, que conocía a muchos de los terapeutas innovadores de aquellos días, decidió estudiar psicología. Tras analizar cuidadosamente a varios de aquellos conocidos terapeutas, Richard descubrió que, repitiendo por completo sus patrones de comportamiento personal, podía conseguir resultados positivos con otras personas. Este descubrimiento fue la base para el revolucionario enfoque conocido en PNL como el Modelado de Excelencia Humana. Más tarde conoció al doctor John Grinder, profesor asociado de lingüística y otro de los futuros fundadores de la PNL. La trayectoria de John Grinder era tan especial como la de Richard. Su facilidad para los idiomas, para imitar acentos e interesarse por los comportamientos culturales se había perfeccionado durante su permanencia en las Fuerzas Especiales del Ejército de Estados Unidos en Europa, durante los años sesenta, y más tarde como miembro de los servicios de Inteligencia en la misma área. El interés de John por la psicología estaba en sintonía con el objetivo primordial de la lingüística: descubrir la gramática oculta del pensamiento y la acción.

Al comprobar la semejanza de sus intereses, decidieron combinar sus respectivas habilidades en informática y en lingüística, junto con su capacidad para copiar el comportamiento no verbal a fin de desarrollar un nuevo «lenguaje para el cambio».

Al principio, Richard Bandler dirigía los martes por la noche un grupo de terapia Gestalt con estudiantes y vecinos. Tomando como modelo al iconoclasta fundador de dicho método, el psiquiatra alemán Fritz Perls, Richard llegó incluso a copiar su barba, su hábito de fumar cigarrillos en cadena e incluso su inglés con marcado acento alemán. Los jueves por la noche Grinder dirigía otro grupo, utilizando los patrones verbales y no verbales que había visto emplear a Richard el martes anterior. Fueron eliminando sistemáticamente lo que consideraban aspectos sin consecuencias directas de dichos patrones (por ejemplo, el tabaco y el acento), hasta que descubrieron la esencia de las técnicas de Perls, la diferencia que le distinguía de otros terapeutas menos eficientes. Había nacido una nueva disciplina: el Modelado de Excelencia Humana.

Animados por su éxito pasaron a estudiar a Virginia Satir, una de las grandes fundadoras de la terapia familiar, así como al filósofo pionero y pensador sistémico Gregory Bateson. Richard recopiló sus originales descubrimientos en su tesis doctoral, que se publicaría más tarde como el primer volumen de *The Structure of Magic* [La estructura de la magia]. Bandler y Grinder se habían convertido en un equipo, cuyas investigaciones proseguían con gran intensidad.

Lo que les separaba de las múltiples escuelas de psicología alternativa que proliferaban en California por aquel entonces, era su búsqueda de la esencia del cambio. Al estudiar a personas con diversas dificultades, se dieron cuenta de que toda persona que sufría alguna fobia pensaba en lo que la asustaba como si le estuviera ocurriendo en aquel preciso instante. Al estudiar a personas que habían superado sus fobias, descubrieron que pensaban en sus experiencias fóbicas como si las presenciaran en otras personas, algo parecido a contemplar un parque de atracciones desde la distancia. Basándose en este sencillo pero profundo descubrimiento, Bandler y Grinder decidieron enseñar sistemáticamente a los pacientes de fobias a experimentar sus miedos como si los estuvieran observando en otra persona distante. Las emociones fóbicas desaparecían instantáneamente. Se había hecho un descubrimiento fundamental en PNL: El *cómo* pensamos sobre algo determina el cómo lo experimentamos.

A medida que buscaban la esencia del cambio en los mejores maestros que podían encontrar, Bandler y Grinder se preguntaban qué era lo que había que cambiar en primer lugar, qué era lo más importante que modificar y por dónde había que empezar. Sus habilidades y su creciente reputación les facilitaron pronto el acceso a algunos de los mejores ejemplos de excelencia humana, incluyendo al doctor Milton H. Erickson, fundador de la Asociación Estadounidense de Hipnosis Clínica, ampliamente reconocido como el más famoso hipnotizador médico del mundo.

El doctor Erickson era tan original como lo pudieran ser Bandler y Grinder. En la década de los años veinte era un joven fuerte y sano, hijo de unos granjeros de Wisconsin, pero a los 18 años se vio afectado por la poliomielitis, que perjudicó su capa-

cidad de respirar, lo que le condenó a permanecer durante un
año dentro de un pulmón de acero, en la cocina de su granja. Lo
que podría haber sido el equivalente de una sentencia de cárcel
para cualquier otro, permitió a Erickson, fascinado por el comportamiento humano, observar cómo se respondían, consciente
o inconscientemente, los unos a los otros sus amigos y familiares. Fue construyendo comentarios destinados a provocar reacciones o respuestas tardías en quienes le rodeaban, lo que le permitió perfeccionar sus habilidades de observación y lenguaje.

Suficientemente recuperado como para salir del pulmón de
acero, volvió a aprender a andar observando cómo lo hacía su hermana pequeña. Si bien aún necesitaba muletas, realizó una expe-
dición a campo traviesa en canoa antes de incorporarse a la facultad, donde obtuvo el título de medicina y más tarde el de
psicología. Las experiencias y dificultades personales de la juventud le hicieron extraordinariamente sensible a la sutil influencia
del lenguaje y el comportamiento. Mientras estudiaba medicina se
sintió seriamente interesado por la hipnosis, campo en el que pro-
fundizó mucho más allá del movimiento del péndulo y la monótona inducción al sueño. Se dio cuenta de que, cuando determinados pensamientos y emociones atravesaban las mentes de sus
pacientes, éstos entraban brevemente en estado de trance de
modo natural, lo que podía ser utilizado para inducir en ellos
estados de hipnosis. En sus últimos años se le conoció como el
maestro de la hipnosis indirecta, alguien que era capaz de inducir
un profundo trance simplemente relatando historias.

En la década de los años setenta, el doctor Erickson era ya
bien conocido entre los profesionales de la medicina, y de él se
habían escrito incluso varios libros. Sin embargo, muy pocos de
sus estudiantes eran capaces de continuar su trabajo o conseguir
sus resultados. A menudo se le denominaba «el sanador herido», ya que muchos de sus colegas consideraban que sus sufri-
mientos personales eran la razón de que se hubiera convertido
en un experto terapeuta de fama mundial.

Se dio la circunstancia de que, cuando Richard Bandler le
telefoneó para concertar una entrevista, el doctor Erickson aten-
dió personalmente el teléfono. A pesar de que Bandler y Grinder

disponían de una carta de presentación de Gregory Bateson, Erickson contestó que era un hombre muy ocupado, a lo cual Bandler respondió: «Algunas personas, *doctor Erickson,* saben cómo *encontrar tiempo*», y puso gran énfasis en «doctor Erickson» y en las dos últimas palabras. La respuesta de Erickson fue: «Vengan *cuando quieran*», destacando asimismo las dos últimas palabras. Si bien la falta de credenciales en psicología de Bandler y Grinder era una mácula ante los ojos del doctor Erickson, quedó intrigado por el hecho de que aquellos jóvenes hubieran sido capaces de descubrir lo que había pasado inadvertido para tantos otros investigadores. Después de todo, uno de ellos acababa de hablarle utilizando uno de sus propios descubrimientos sobre lenguaje hipnótico, conocido ahora como «orden incrustada». Al enfatizar «doctor Erickson, encontrar tiempo», Bandler había creado una frase separada dentro de la frase mayor, con el efecto de una orden hipnótica.

Bandler y Grinder se desplazaron, pues, al domicilio-consulta del doctor Erickson en Phoenix, Arizona, para aplicar su técnica recientemente desarrollada de modelado a las habilidades del afamado hipnotizador. La combinación de la legendaria habilidad del doctor Erickson para la hipnosis con la técnica de modelado de Bandler y Grinder, sentó la base para una explosión de nuevas técnicas de terapia. El trabajo con el doctor Erickson confirmaba que habían descubierto un nuevo método para comprender y reproducir la excelencia humana.

Por aquel entonces, las clases y las sesiones de noche de Bandler y Grinder atraían a un creciente número de estudiantes, ávidos de aprender la nueva tecnología del cambio. En los siguientes años algunos de ellos, incluyendo Leslie Cameron-Bandler, Judith DeLozier, Robert Dilts y David Gordon, iban a hacer importantes contribuciones personales. Este nuevo planteamiento para la comunicación y el cambio empezó a difundirse de boca en boca por todo el país. Steve Andreas, un reputado terapeuta Gestalt, dejó de lado su trabajo para estudiar a fondo la nueva técnica. La PNL le pareció pronto un descubrimiento tan importante que decidió, junto con su esposa y socia Connirae Andreas, grabar y transcribir las conferencias y seminarios de Bandler y Grinder. Su primer libro, *Frogs into Princes,* iba a convertirse en el primer best-séller de PNL. En 1979 aparecía en la revista *Psychology Today* un largo artículo sobre PNL titulado «Gente que lee a gente». La PNL estaba en órbita.

Hoy en día, la PNL está en el núcleo de muchas propuestas sobre comunicación y cambio. Popularizadas por Anthony Robbins y John Bradshaw, entre otros, algunos aspectos de la PNL se han abierto camino en cursos de ventas, seminarios de comunicación, clases y conversaciones. Cualquiera que hable de Modelar la Excelencia Humana, ponerse en estado, establecer sintonía, crear un futuro apasionante o sobre cuán «visual» es, está empleando términos y conceptos de PNL. Nos encanta que, por fin, la PNL se conozca mejor, pero la cuestión es que un conocimiento fragmentario puede resultar peligroso o absolutamente inútil. Conocer algo acerca de Modelar la Excelencia Humana es bien distinto –y mucho menos– que ser capaz de hacerlo. Saber un poquito de PNL es muy diferente a poder hacerla tuya. Esta es la razón por la que escribimos este libro.

Repasemos lo que has aprendido

La PNL es el estudio de la excelencia humana. Es un proceso para emular los patrones mentales de pensamientos, acciones y emociones de realizadores humanos auténticos, como nosotros. Quienes han desarrollado la PNL aprendieron el modo de reconducir la experiencia interna de modo tan fácil y elegante gracias a que partieron de algunos principios fundamentales, que constituyen la base de la Programación Neurolingüística.

Las presuposiciones PNL

- El mapa no es el territorio.
- Toda experiencia tiene una estructura.
- Si una persona puede hacer algo, cualquier otra puede aprender a hacerlo.

- Mente y cuerpo son partes del mismo sistema.
- Las personas están dotadas de todos los recursos que necesitan.
- No puedes NO comunicarte.
- El significado de tu comunicación es la respuesta que obtienes.
- Bajo todo comportamiento subyace una intención positiva.
- Las personas toman siempre la mejor opción disponible.
- Si lo que haces no funciona, haz otra cosa. Haz cualquier otra cosa.

Cuando comprendemos específicamente el modo en que creamos y mantenemos nuestros pensamientos y emociones, resulta fácil enseñarlo a otras personas o, en caso de descubrir mejores formas, cambiarlas por otras más útiles. En este capítulo has aprendido a:

- Disociarte de tus experiencias negativas y asociarte a las positivas.
- Aumentar o disminuir la importancia de cualquier imagen mental.
- Dirigir tus pensamientos hacia donde quieres ir, en lugar de hacia donde no quieres que vayan.
- Neutralizar emociones negativas relacionadas con acontecimientos pasados, mediante las técnicas de la música de película y del marco del cuadro.
- Crearte más recursos mediante tu Círculo de Excelencia, para utilizarlos en el futuro cuando y donde quieras o los necesites.

En alguna medida, todos somos soñadores. No podemos evitar soñar y desear. Es algo natural, que llevamos en nuestra naturaleza, que forma parte de lo que somos y que ha conducido a nuestra especie desde las cavernas a la Luna. Soñamos y aspiramos a ver nuestros sueños convertidos en realidad. Por esto queremos liberar nuevas formas de realizar nuestros sueños.

T. E. Lawrence de Arabia escribía en sus memorias: «Todos soñamos, pero no del mismo modo. Quienes sueñan de noche en los polvorientos rincones de sus mentes, se despiertan de día para descubrir que fue en vano. Los verdaderamente peligrosos son quienes sueñan despiertos, ya que quizá representen sus sueños a plena luz del día, convirtiéndolos en realidad».

Quizá no hayas pensado en ello, pero tu teléfono, el televisor, el CD, el lavavajillas, la nevera y el microondas, por no mencionar el inodoro y la ducha, partieron del sueño de alguien. Es gente que ha transformado nuestro mundo, algunos de ellos vivieron en nuestro tiempo. Cuando aspiras a convertir el más simple de tus sueños en realidad, debes cambiar cosas y enfrentarte seguramente al statu quo, a aquel estado mental que dice: «Las cosas ya están bien como están». Cuando traes algo nuevo a tu mundo, quizá disturbes rutinas y levantes expectativas. Estás exigiendo a ti mismo y a los demás ser diferentes.

Un modo de ayudar a los demás a adaptarse a tus sueños y a cambiar consiste en invitarles a acompañarte. Los seres queridos, los compañeros de trabajo y la familia podrán así ver lo que estás haciendo y probablemente querrán ser parte de ello. Quizá les cueste preguntar si te pueden acompañar. Si te acompañan en el viaje, es más probable que deseen que éste prosiga. Cuanto mayor es la elección de la que disponemos, más elección y flexibilidad estamos dispuestos a aceptar en los demás. La PNL es algo para compartir y practicar *con* otras personas, no *sobre* ellas.

La PNL crea un entorno favorable para el cambio personal. Si la utilizas, cambiará tu vida. Empieza por solucionar los problemas por los que acudiste a la PNL, para pasar después a crear nuevas aventuras en tu vida y nuevas posibilidades para ti. Lejos de limitarse a ser un medio para un fin, la PNL te permite vivir deliberadamente como partícipe en la creación del mundo que realmente quieres.

3

Motívate

Lo que se extiende detrás y delante de nosotros
carece de importancia si lo comparamos
con lo que reside en nuestro interior.

RALPH WALDO EMERSON

La importancia de estar motivado

Como dice el consultor en motivación y autor de best-séllers
Anthony Robbins: «Hay dos cosas que motivan a las personas
al éxito: la inspiración y la desesperación». En el lado de la inspiración está sin duda el doctor Edwin Land, inventor de la
fotografía instantánea y fundador de la compañía Polaroid. Su
hija pequeña deseaba ver su propia foto inmediatamente después de que se la hicieran, por lo que preguntó a su padre por
qué era necesario tanto tiempo para revelar las fotos. Esto ins-
piró al doctor Land a incorporar el proceso de revelado en la
propia película. De modo similar, Bill Gates y Paul Allen, fundadores de Microsoft, intuyeron el futuro de la informática al
ver el anuncio de un «kit» de montaje de un PC en la revista
Popular Mechanics. Bill llamó incluso a su madre para decirle
que quizá no la llamaría por teléfono en los próximos seis
meses, ya que iba a preparar un programa informático que IBM
quería comprar. Se trataba del programa que ahora conocemos
como MS-DOS.

En el lado de la desesperación como motor de motivación está el mismo Anthony Robbins. Como vendedor de aspiradoras y director de seminarios de salud, Tony había disfrutado del éxito financiero tan sólo para ver cómo se esfumaba después. Al ver su vida reducida a un apartamento de 35 m² en Venice Beach, California, y a tener que lavar los platos en la bañera, no fue ciertamente el buen sabor que le había dejado el éxito, sino el mal sabor de su situación en aquel momento lo que le movió a cambiar, a formarse en PNL y a darle la vuelta a su vida. Cher, la famosa actriz ganadora de un Óscar, constituye otro buen ejemplo de la desesperación como motivación. Al llegar a los cuarenta hizo inventario de sus éxitos y comprobó que eran más bien escasos, de modo que decidió cambiar su futuro. Ya sea en científicos, actores, atletas u hombres de negocios, la motivación debida a la inspiración positiva y a la desesperación negativa marcan una diferencia tremenda en la vida de todo el mundo.

¿Cuál es la razón de que algunas personas deban pasarlo tan mal para motivarse? Se podría pensar que el éxito, el logro y la realización de los mayores sueños propios es algo tan atractivo, tan irresistiblemente hermoso, que nadie tendría que experimentar la menor dificultad para motivarse. Sin embargo, para la mayoría de las personas echar a andar es todo un problema. Los grandes realizadores dicen que hace falta motivación para alcanzar los propios objetivos, pero ¿qué entienden por motivación? La realidad es que la motivación no es ninguna fórmula secreta que sólo puedan comprar algunas estrellas del deporte o algunos oradores brillantes. En realidad, no es más que una sencilla estrategia mental que tú mismo puedes aprender y utilizar; algo de lo que puedes disponer cuando quieras.

Hay momentos concretos en los que desearíamos sentirnos motivados. Son distintos de aquellos en que *no* deseamos estarlo. Aunque esto no tiene mucho sentido, basta con recordar que hay algunas cosas hacia las que nos sentimos muy motivados y que en realidad no son muy recomendables. ¿Qué decir cuando queremos comer más chocolate o ese tercer trozo de pizza, o comprar algo que realmente no queremos ni necesitamos? Ahí es donde necesitamos una estrategia de procrastinación o, dicho de otro modo, una estrategia de motivación para aquellas ocasiones en las que no nos sentimos dispuestos a *hacer* algo, pero quisiéramos verlo *hecho*. Queremos los resultados, pero el proceso se nos hace cuesta arriba. Si pensamos por ejemplo en hacer la colada, pagar las facturas o sacar la basura, no nos sentiremos muy animados a hacerlo y, sin embargo, queremos que se haga. Cuando el jefe te pide para mediodía un informe sobre un asunto tan aburrido que te duermes con él, no sientes deseos de hacerlo, sino de que esté hecho. Cuando pensamos que debemos hacer ejercicio y que eso significa sudor, dolor, constancia y cansancio, desearíamos haber acabado antes de empezar. No siempre deseamos vernos envueltos en el proceso de hacer algo, pero sí queremos el resultado final. Para estas ocasiones necesitamos una estrategia de motivación, y eso es lo que la PNL nos puede proporcionar.

¿Cómo funciona la motivación?

Hay un par de estilos personales de motivación. Descubrirás cuál es el tuyo por tu rutina al levantarte por la mañana. Estás en la cama y suena el despertador. «Oh, no», te dices a ti mismo, «déjame dormir un poquito más». Y le das al interruptor. Cuando vuelve a sonar el despertador, una voz repite en tu interior: «Es hora de levantarse». Tu cerebro empieza quizás a mostrarte imágenes de ti mismo vistiéndote a la carrera y quedándote sin desayuno... Pero la cama está tan calentita, se está tan bien, que te dices: «No pasa nada, me puedo poner la ropa de ayer y, además, ¿quién necesita desayunar?». De modo que le vuelves a dar al botón.

Unos minutos después vuelve a sonar el despertador. Esta vez la voz interior te dice: «¡Tienes que LEVANTARTE, vas a llegar TARDE y vas a tener verdaderos problemas!». Tu cerebro empieza a mostrarte en esta ocasión imágenes de ti mismo llegando tarde al trabajo y dándole explicaciones al jefe. Sin embargo, te dices que puedes conducir un poco más rápido para llegar a tiempo, así que ¡a dormir!

Cuando la alarma suena de nuevo, la voz te dice: «¡¡¡ES HORA DE LEVANTARSE. TIENES QUE LEVANTARTE!!!». Tu cerebro empieza a mostrarte imágenes de tus clientes, que esperan impacientes y amenazan con irse. En tu imaginación, tu jefe te grita y te amenaza con despedirte. Cuando estas imágenes mentales se han vuelto lo suficientemente grandes, brillantes, próximas y estridentes, te rindes: «Está bien, está bien, ya me levanto». Por fin estás motivado. Lo has conseguido elaborando escenarios de aquello que *no deseas*.

Existe otro tipo de motivación. ¿Te has despertado alguna vez en un lugar de veraneo, plenamente consciente de que estabas de vacaciones? Al abrir los ojos, empezaste a pensar en lo que harías a lo largo del día. Las vívidas escenas mentales de las espléndidas y maravillosas oportunidades que te esperaban te sacaron de la cama como un potente imán. La única pregunta era: «¿Qué haré primero?». ¡En ningún momento te planteaste la cuestión de si levantarte o no! Del mismo modo, habrá habido ocasiones en las que te habrás levantado para trabajar, pensando en las grandes cosas que harás durante el día. Pensabas en cómo hacer las cosas que te llevarían hacia lo que realmente deseabas, con mayor satisfacción y sensación de logro, competencia y seguridad. Veías imágenes de ti mismo haciendo estas cosas y avanzando hacia las correspondientes recompensas. Veías el modo en que ese día conectaría con el siguiente, conduciéndote hacia lo que realmente deseabas de la vida.

Descubre tu dirección de motivación

La PNL ha descubierto que estos dos tipos de motivación funcionan de modo muy distinto, con direcciones y resultados muy diferentes. Estos dos elementos clave de la motivación se denominan en PNL Direcciones de Motivación. Esta dirección puede *acercarnos* a lo que queremos o *alejarnos* de lo que no queremos. La Dirección de Motivación es un programa mental que afecta al conjunto de nuestras vidas. En el aspecto biológico o físico, todos desarrollamos motivaciones en ambas direcciones: para *alejarnos* del dolor, de la incomodidad y el estrés, y *acercarnos* al placer, la comodidad y la relajación. Son maneras muy distintas de motivarse, ambas útiles en diferentes ocasiones. Después de todo, existen lugares peligrosos, acciones perjudiciales y pensamientos negativos de los que vale la pena alejarse, del mismo modo que hay lugares agradables, personas que te animan y te apoyan y pensamientos positivos, hacia los que conviene acercarse. Todos utilizamos ambas direcciones en alguna medida. Lo que resulta fascinante es que acabemos especializándonos en una u otra dirección de motivación. Nos sentimos motivados para acercarnos a imágenes de éxito, placer y logros, o para alejarnos de imágenes de pérdida, dolor y fracaso.

La investigación en PNL ha puesto de manifiesto que las personas tienden a emplear el mismo programa mental de motivación en situaciones muy distintas. En el caso, por ejemplo, de la persona que no se levanta de la cama hasta que ve la imagen mental de su jefe reprendiéndole y amenazándole con despedirle, la Dirección de Motivación será alejarse del dolor, la incomodidad y las consecuencias negativas de las amenazas de su jefe. Es muy posible que esta persona se mueva en la misma dirección en muchas otras áreas de su vida. Pensará, por ejemplo, que el momento de hacer una pausa es cuando se siente cansada. Al escoger sus amistades, se inclinará probablemente por aquellas personas que no sean molestas. Probablemente no intentará ninguna promoción profesional hasta que su trabajo le resulte absolutamente insoportable. Se *aleja* de lo que no quiere.

La otra Dirección de Motivación posible consiste en moverse hacia lo que se quiere: placer, recompensas u objetivos. A la persona, por ejemplo, que se despierta ávida de empezar el día, le faltará tiempo para saltar de la cama y salir en busca de sus sueños. Se preguntará: «¿Qué puedo hacer hoy? ¿Qué oportunidades se me presentarán para acercarme a lo que realmente quiero y deseo en la vida?». Esta clase de persona empleará el mismo tipo de motivación para decidir el mejor momento para hacer una pausa en el trabajo y descansar. Quizá sea aquel que le permita charlar con un amigo, o que lo haga como recompensa por haber concluido alguna tarea. Para escoger a sus amistades, buscará probablemente personas que le estimulen. En el trabajo o profesión, se promocionará para salir al encuentro de una mejor oportunidad. Se *acerca* a lo que desea.

En primera instancia, al comparar las estrategias de motivación de *acercarse a* y *alejarse de,* tal vez la primera parezca mucho más atractiva. Probablemente, las personas con motivación de *acercarse* a digan: «Hay una vida mejor que vivir. Imagina lo que quieres y sal a buscarlo». Consideremos, sin embargo, lo siguiente: cuando la temperatura de la habitación resulta desagradable, haces algo para cambiarla. Cuando alguien pronuncia medias verdades e insinuaciones, intervienes. He aquí dos ejemplos de motivación *alejarse de* en acción. Si tienes éxito en el mundo de los negocios, quizá se deba a la pobreza en que creciste. Si el recuerdo de aquellos duros tiempos te motiva para seguir luchando por una calidad de vida superior, es que has sacado un buen provecho de tu motivación *alejarse de.*

Los beneficios de la motivación *acercarse a* resultan más aparentes. Las personas que se mueven hacia objetivos y recompensas están muy valoradas en nuestra sociedad. Si echas un vistazo a las ofertas de empleo de los periódicos, encontrarás anuncios que solicitan personas con iniciativa, automotivación, ambición e imaginación; en otras palabras, con motivación *acercarse a.* Esta demanda de individuos con «motivación acercarse a» hace que muchos candidatos simulen ser lo que no son, lo cual no es bueno para nadie. Si examinamos las ventajas de ambas direcciones de motivación, veremos que la orientación *acercarse a* está más centrada en los objetivos, mientras que la orientación *alejarse de* lo está hacia la identificación y resolución de problemas.

Los efectos de la Dirección de Motivación

Ambos modelos de motivación presentan ventajas e inconvenientes, límites y exageraciones. Algunas personas, por ejemplo, se sienten tan motivadas a *acercarse a* sus objetivos que no llegan ni siquiera a pensar en los problemas con los que se puedan encontrar o para qué dificultades deberían prepararse. Esta mentalidad de «pisar el pedal a fondo» constituye un rasgo en los empresarios jóvenes. Como consecuencia, deben pasar por la «escuela de la dura realidad», tropezar algunas veces y maniobrar alrededor de diversos escollos, antes de darse cuenta de la importancia de evitar las dificultades, ya sea que lo hagan ellos mismos o que contraten a quien lo haga por ellos. En el otro extremo se encuentran quienes están tan motivados a *alejarse de* que experimentan demasiado terror para intentar nada. Suelen involucrarse tanto en el problema que intentan resolver que pueden olvidar por qué lo están haciendo.

Llegados a este punto, probablemente habrás empezado a preguntarte cómo es tu motivación, esperando que sea *acercarse a*. Recuerda, sin embargo, que se puede alcanzar mucho éxito desde cualquiera de las dos orientaciones. Mientras que la motivación *acercarse a* es la más comúnmente apreciada en las personas con éxito, la motivación *alejarse de* puede también convertirte en un triunfador.

Martin Zweig, famoso y muy apreciado agente de Bolsa, maneja más de mil millones de dólares en valores. Sus libros y comentarios son conocidos por inversores de todo el mundo. Pues bien, el doctor Zweig emplea la motivación *alejarse de* para minimizar sus riesgos. Se marca un límite para las pérdidas que quiere «encajar» y, si llega a él, se retira. Tiene claros sus límites y los respeta, lo que le ha hecho muy rico.

La eficaz estrategia del doctor Zweig pone de manifiesto las tres cosas que cualquiera que se sirva de la Dirección de Motivación *alejarse de* debe tener en cuenta. Primero, cuando alguien se aleja de algo lo hace porque teme experimentar malestar, miedo o dolor, que constituyen poderosos incentivos para la acción. Sin embargo, cuanto más se aleja del problema o de la fuente de malestar, menos importancia les atribuye. Como resultado de ello, las personas que siguen una estrategia de motivación *alejarse de* pierden mucha de su motivación cuando la «amenaza» es percibida cada vez más lejos, hasta que el problema o la amenaza se presentan de nuevo. La motivación *alejarse de* es a menudo cíclica; tiende a haber altibajos:

de la motivación elevada se pasa a la ausencia total de motivación, y vuelta a empezar.

Segundo, puesto que las personas sujetas a esta dirección de motivación se alejan del desasosiego, el malestar o el dolor, no prestan mucha atención al lugar hacia el que se dirigen. «De la sartén al fuego» es una expresión que describe fielmente lo que a menudo sucede cuando se presta demasiada atención a los problemas. La atención se centra en lo que no se quiere, en lugar de en lo que sí se quiere. Dicho de otro modo, estas personas no ven adónde van, porque siguen mirando hacia donde han estado. Es lo que se conoce como «conciencia de pobreza».

Tercero, quienes emplean una motivación *alejarse de* deben prestar atención a su nivel de ansiedad o estrés. Estas personas suelen sufrir mucho dolor y preocupación antes de sentirse motivadas para actuar. Si permiten que los niveles de estrés o de ansiedad sean demasiado elevados antes de empezar a actuar, su salud y su bienestar se verán afectados. En algunas profesiones se considera una cualidad trabajar bien bajo presión, aunque en realidad se podrían tomar las mismas decisiones con mucho menos estrés. La tensión alta y las jaquecas son algunos de los resultados de ir almacenando estrés antes de ponerse a actuar.

En lugar de ello estas personas podrían aprender a reaccionar antes, con niveles de malestar más bajos y con mucho menos estrés, como hacen el doctor Zweig y muchas otras personas habituadas a tomar decisiones. Después de todo, ¿cuán fuerte tiene que sonar el teléfono para que quede claro que hay que atenderlo? ¿Hasta qué punto debe ser incómoda una silla para que nos decidamos a cambiarla? Todo ello depende de nuestra sensibilidad. Los realizadores desarrollan su sensibilidad hacia las personas y su entorno para disponer de la máxima flexibilidad de acción, moviéndose mientras aún pueden escoger, antes de que el malestar o el dolor les obliguen a ello. Son conscientes de que la clase de motivación que emplean afecta a su calidad de vida. Saben cómo responder a los contratiempos en sus inicios, motivándose hacia lo que desean de la vida y manteniéndose alerta sobre los problemas y situaciones que desean evitar.

Afortunadamente, con la PNL podemos aprender a utilizar tanto la motivación *alejarse de*, como la motivación *acercarse a*. Sabemos que el dolor, el estrés y el malestar son opcionales. Si lo deseas, puedes conseguir la máxima motivación con el mínimo malestar y el máximo placer.

Cómo pueden los directivos implementar la Dirección de Motivación

Puesto que tanto la motivación *alejarse de* como la motivación *acercarse a* son importantes, podemos echar mano de ambas para motivarnos deliberadamente. También las podemos emplear para motivar a otras personas. Esta comprensión resulta de especial interés para gerentes y jefes de personal. En su trabajo y a través de las palabras y patrones de reacción de las personas, pueden darse rápidamente cuenta de cómo se motivan éstas. Hay quienes se motivan mejor con premios, bonos, incentivos y elogios. Trabajarán duro si saben que pueden ganar un viaje a las Bahamas, un coche nuevo o la aprobación de un superior en el que confían. Hablan de objetivos y te dicen lo que quieren conseguir. Un buen gerente sabrá que con este tipo de persona debe utilizar la motivación *acercarse a* objetivos, recompensas y primas.

Para aquellos cuya motivación es *alejarse de,* estas mismas recompensas significan sin embargo bien poco. Como gerente te dirás: «A pesar de todo lo que les ofrezco, siguen igual». Te sentirás frustrado y gritarás: «O producís u os largáis». Quizá prefieras expresar en voz suave, pero seria, tu preocupación por la inminente posibilidad de algún despido. De pronto, empiezan a trabajar como locos y a producir como nunca antes lo habían hecho. Has descubierto que su motivación es *alejarse de,* que lo que les motiva es evitar las situaciones negativas o desagradables. Producen para que no les llamen la atención, para evitar el malestar.

Antes de que esto pueda sonar a justificación pseudocientífica de sentencias como «La letra con sangre entra» o «No hay

beneficio sin perjuicio», permítasenos añadir que obligar continuamente a las personas a *alejarse de* situaciones desagradables
previamente planeadas puede acabar entumeciendo su respuesta, como ocurre con los desgraciados caballos de feria obligados
a dar más y más vueltas. Existe también el peligro de apretar
demasiado, en cuyo caso estas personas se *alejarán* por completo de la situación, físicamente si pueden o, cuando menos, mentalmente.

Un modo mucho más útil y productivo de emplear la Dirección de Motivación *alejarse de,* consiste en ponerla en práctica
para solucionar los problemas. Muchas de estas personas son
excelentes solucionadores de problemas. Su mismo lenguaje lo
refleja. Son de esas personas que te dicen: «Perdone, pero creo
que ahí tenemos un problema». Cuando ven un problema, tienen que resolverlo. Cuando consiguen solucionar un problema
especialmente complicado, experimentan una relajación emocional, un «ahh» interior, o un «eureka».

En el otro extremo, las personas con motivación *acercarse a*
van en dirección a objetivos. Lo encontrarás igualmente refleja-
do en su lenguaje, cuando dicen cosas como: «Mi objetivo es la
riqueza, o el reconocimiento, o marcar la diferencia». Al acercarse a sus objetivos, experimentan un éxtasis emocional, un «sí»
interior.

Utiliza la Dirección de Motivación en la planificación

Si eres gerente, parte de tu trabajo consiste en entender ambos
modelos de motivación, y saber motivar a tu gente en consecuencia. He aquí un modelo de planificación estratégica que
podrás utilizar con grupos y equipos de personas en los que par-
ticipen ambos tipos de motivación. Recuerda que sus Direcciones de Motivación son opuestas, de modo que tenderán a discutir si no les proporcionas la adecuada guía y dirección.

Supongamos que deseas que tu equipo plantee su organización o un objetivo común como grupo. Mientras expones lo que
deseas, busca entre el grupo a las personas que responden de

forma positiva a tu mensaje. Los miembros con motivación *acercarse a* serán probablemente los que asientan con la cabeza o se involucren rápidamente en la discusión, aportando sugerencias y apuntando posibilidades. No pasará mucho tiempo antes de que algún miembro del equipo con motivación *alejarse de* intervenga para decir: «Esto no funcionará», o algo parecido, y enumerará sus razones. Es muy importante que escuches respetuosamente, señalando después que la capacidad para resolver problemas será de gran importancia más avanzado el proceso, pero que en este momento resulta prematuro hablar de ello.

Recuerda que las presuposiciones PNL afirman que *las personas toman siempre la mejor opción disponible,* y que *bajo todo comportamiento subyace una intención positiva.* Con este miembro del equipo que planteó la objeción estás viendo estas presuposiciones en acción. La historia personal de esta persona y su Dirección de Motivación natural le exigen señalar el error de tu planteamiento o del de los restantes miembros del equipo, antes de que las cosas se vuelvan más difíciles o penosas. Mientras que tú quizás experimentes sus observaciones como un jarro de agua fría sobre la chispa de una idea que empieza a brillar, él está percibiendo un futuro incendio incontrolable que hay que atajar ahora mismo. Su intención es positiva, al igual que la de cualquier otro miembro que presente objeciones. Están participando en el trabajo del grupo, sólo que se adelantan un poco a los acontecimientos.

Tu función como gerente consiste en sugerir un plan mejor. Deja primero que los soñadores sueñen a placer. Permite que «quienes se marcan objetivos» expresen sus visiones más ambiciosas explorando los límites de lo posible, de modo que «quienes solucionan los problemas» tengan algo que solucionar. Podrías incluso sugerir que se dividan en dos grupos de trabajo, centrados en sus intereses o capacidades más fuertes: objetivos y sueños por un lado, evitación de dificultades y resolución de problemas por otro. Con estos dos grupos en distintos lugares de la sala o alrededor de la misma mesa, invita a los motivados por *acercarse a* a que expliquen y desarrollen su sueño u objetivo, insistiendo en que el grupo con motivación *alejarse de* permanezca en silencio tomando cuidadosamente notas de los aspectos negativos, de modo que ningún posible problema quede sin detectar.

Cuando el grupo con motivación *acercarse a* haya finalizado su exposición, dales las gracias. También ellos han tomado la mejor opción disponible, con la mejor intención. Añade después que podemos escoger entre dejar que el mercado y la competencia nos indiquen los puntos débiles de su planteamiento, o bien pedir al equipo de solucionadores de problemas que lo hagan ellos ahora, de modo que podamos construir entre todos un plan verdaderamente sólido, capaz de enfrentarse a todo.

La función del grupo con motivación *acercarse a* consiste en imaginar hacia dónde ir, mientras que la del grupo motivado por *alejarse de* consiste en analizar lo que nos lo podría impedir, identificar los problemas potenciales y ayudar a formular soluciones. Combinando ambas Direcciones de Motivación, utilizas secuencialmente la planificación hacia arriba y hacia abajo. Cuando tu gente haya aprendido este patrón, la comunicación entre ambos grupos se basará en la mutua apreciación de sus respectivos estilos y motivaciones, lo que potenciará la contribución del talento y los recursos de todos los miembros del equipo. Las buenas empresas y los buenos gerentes combinan efectivamente ambas tendencias, ya que saben que ambas son cruciales para el éxito, como lo es la secuencia: primero *acercarse a*, luego *alejarse de*.

Utiliza la Dirección de Motivación en la comunicación

Sin embargo, si lo que necesitas es transmitir una breve instrucción, te resultará más eficaz invertir la secuencia. Todos nosotros nos encontramos cada día con la necesidad de dar instrucciones a alguien. Puede ser algo tan sencillo como abrir el garaje o cómo queremos que se prepare un informe, o tan importante como los últimos comentarios sobre una presentación ante un cliente. Los años de observación sobre otras personas y sobre nosotros mismos nos han enseñado que, muy a menudo, tende-

mos a declarar primero lo que queremos y luego lo que no queremos. Por ejemplo: «Gira el pomo de la puerta del garaje a
fondo a la derecha, pero sin sacudidas y sin tirar de él». Lo
mismo ocurre en la oficina cuando algún superior bienintencio-
nado nos dice: «Necesito el informe mañana. No te preocupes si
no está perfecto, no es para presentarlo a ningún cliente».
Recuerda el impacto de las afirmaciones negativas que comentá-
bamos en el capítulo anterior. Tendemos a centrar nuestra atención, e incluso a hacer, aquello de lo que se nos advierte negati-
vamente. Cuando la parte negativa se encuentra al final de la
frase tendemos a recordarla con mayor intensidad, concentran-
do nuestra mente en lo que no hay que hacer, en lugar de sobre
lo que hay que hacer.

Si te parece que le damos mucha importancia a un pequeño
aspecto del lenguaje, tómate unos momentos para analizar las
siguientes afirmaciones. Léelas como si te las estuviera diciendo
alguien a quien respetas. Observa las diferentes reacciones que
ambas producen en tus emociones y tu actitud.

«Esta vez, vamos a hacerlo dentro del plazo y ajustándo-
nos al presupuesto previsto; de modo que nada de grandezas,
proyectos estrella, ni cambios de última hora, ¿de acuerdo?»
«Esta vez, nada de grandezas, proyectos estrella, ni cambios de última hora. Vamos a hacerlo dentro del plazo y ajus-
tándonos al presupuesto previsto, ¿de acuerdo?»

Si eres como la mayoría de personas, la segunda declaración
te resultará más atractiva y positiva que la primera. La diferencia
crucial estriba en que en la primera declaración te han dirigido
primero a acercarte al objetivo, para dejarte después frente a los
problemas que resolver, mientras que en la segunda te los han
planteado en primer lugar y luego te han orientado a acercarte al
objetivo.

Este patrón fundamental de comunicación se repite en todos
los niveles de la sociedad. En los debates presidenciales de 1992,
el por entonces presidente George Bush pasó primero revista a
lo que había hecho por el país durante su mandato, para enu-

merar después lo que no había hecho o los errores que había cometido. No es que estemos sugiriendo que fuera tan sólo esto lo que le costara la reelección, pero ¿puedes imaginar qué clase de sentimientos dejó este procedimiento en las mentes de millones de electores y telespectadores? Esto resulta aún más significativo si comparamos el lenguaje de Bush con el del candidato independiente Ross Perot. Como quizá recuerdes, el señor Perot no tenía ningún reparo en decir lo mal que estaban las cosas y lo mucho que podían empeorar. ¿Cómo podíamos soportar escucharle? Porque siempre nos dejaba con una afirmación de acción positiva. Siempre encontraba el modo de decir: «Estados Unidos está en dificultades y lo que hay que hacer es ponernos manos a la obra para arreglar las cosas». La impresión que dejó en las mentes de los electores fue de este modo bien distinta a la de su contrincante.

Aunque seguramente no te presentarás a la presidencia de Estados Unidos, es indudable que generas determinadas impresiones en las personas con las que te encuentras cada día. Podrás sacar el máximo partido del conocimiento de la Dirección de Motivación simplemente reformulando tus comentarios en el siguiente orden: primero negativo, luego positivo. Declara primero lo que no quieres, para señalar luego lo que sí quieres. Algunas personas insisten en no querer ni formular, ni tan sólo tener, ningún pensamiento negativo. Ello nos parece admirable, pero al mismo tiempo irreal, ya que constituye el mejor modo de no conseguir jamás una respuesta negativa correctora. Siempre que hablas de algo en el sentido de que no es lo que deseabas, ya sea una comida, un encuentro, una película o un CD, estás ofreciendo respuestas negativas correctoras, que son indispensables para marcar con claridad las diferencias entre lo que *no* quieres y lo que *sí* quieres. Secuenciarlas te ayudará a conseguir las experiencias que deseas vivir.

La mayoría de la gente con la que tratamos prefiere utilizar la Dirección de Motivación *alejarse de* a la de *acercarse a*. Si este es tu caso, incluir esta nueva orden en la comunicación contigo mismo significará una gran diferencia. Empezar con el habitual comentario negativo para, a continuación, seguir de forma deliberada con un objetivo positivo hace que termines todos tus pensamientos con una dirección *acercarse a,* lo cual te proporcionará un mayor equilibrio.

Por otro lado, si estás entre las personas que gravitan de modo natural en el sentido de la Dirección de Motivación *acercarse a,* adoptar este patrón de comunicación te ayudará a ampliar tus resultados con la mayoría de personas con las que te relaciones. Puesto que la mayoría de personas necesitan inicialmente descubrir lo que no quieren para motivarse, puedes empezar por ahí para pasar acto seguido a ayudarles y ayudarte, proponiendo objetivos hacia los que avanzar.

La influencia de los valores sólidos

Llegados a este punto, dispones ya de una buena visión sobre lo que es la Dirección de Motivación y sobre el modo en que las personas la utilizan para motivarse. Existe otro factor que actúa a modo de sobrealimentador en la motivación de las personas. Se trata de sus valores. Tienen una importancia suprema, pues son las varas de medir de nuestras vidas. Aquello que valoramos determina lo que la vida significa para nosotros, qué acciones emprenderemos y si nos *acercaremos a* o nos *alejaremos de.*

Como ya señalamos antes, la Dirección de Motivación significa, en el aspecto físico, alejarnos del dolor y acercarnos al placer. Es importante señalar aquí como punto crucial que cuando las personas pierden la conexión con sus valores, pierden también su motivación. Todos conocemos seguramente algún buen ejemplo de ello. Se trata de personas tan desconectadas de sus valores, que se pueden pasar horas seguidas delante del televisor cambiando continuamente de canal, esperando encontrar algo que las distraiga o divierta. Con demasiada frecuencia podemos descubrirnos a nosotros mismos funcionando con el piloto automático, sin tener ni idea de qué se ha hecho del tiempo perdido.

Entre las verdaderas autoridades en el tema de cuán preciosa es la vida y de la importancia de los valores permanentes se encuentran los ciudadanos de edad avanzada. Si interrogas a alguna de estas personas que han vivido ya la mayor parte de sus vidas sobre lo que es realmente importante para ellas, ninguna te responderá: «Desearía haber visto más televisión» o, «Debería haber pasado más tiempo preocupado». Antes, al contrario, a menudo reflexionan sobre la importancia de no perder el contacto con la familia y los amigos. Relatan con deleite los desafíos, las aventuras y los triunfos de sus vidas. Si de algo se lamentan, pocas de ellas lo hacen de lo que han hecho, sino más bien de lo que *no* llegaron a hacer. En resumen, te dirán que dejaron con demasiada frecuencia que su tiempo se les escurriera entre los dedos. Nunca llegaron a identificar sus valores más importantes, ni mucho menos a dedicar sus esfuerzos a satisfacerlos. En lugar de ello, malgastaron su tiempo en búsquedas menores. Su experiencia puede ayudarnos a hacer mejores elecciones.

¿Puede realmente ser cuestión de elección conectar con nuestros valores? Recordemos la presuposición PNL: *Si una persona puede hacer algo, cualquier otra puede aprender a hacerlo.* ¿Existen en el mundo personas totalmente consagradas a satisfacer sus valores? Por supuesto que sí. Se trata, pues, de una simple cuestión de descubrir y copiar el modo en que estos expertos utilizan ya sus cerebros. El ejercicio de PNL que vas a realizar te mostrará cuáles son tus valores más importantes. Conectará asimismo tus valores con tus acciones, de modo que puedas dedicar tu tiempo a conseguir lo que realmente quieres.

Ten a mano algo con que escribir y papel donde anotar las respuestas a las siguientes preguntas:

- ¿Cuáles son mis objetivos?
- ¿Qué es importante para mí?

Tus respuestas pueden incluir un éxito profesional, un estilo de vida que desees para ti y tu familia, unas vacaciones, un nuevo trabajo, una oportunidad o una relación. Sea lo que sea, piensa en ello ahora. Ponlo en tu mente, incluso si se trata de varios objetivos. Cuando lo hayas hecho, aunque algunos aspectos no estén muy claros, formúlate estas tres preguntas sobre cada objetivo:

- ¿Qué es para mí lo importante de este objetivo?
- ¿Qué es lo que valoro o aprecio en él?
- ¿Qué significado tiene para mí este objetivo?

En ocasiones acudirá a tu mente alguna palabra como libertad, reto, aceptación, relación o seguridad. En otras quizá la respuesta revista el aspecto de una frase como «conseguir lo que se daba por imposible», «ponerme a prueba», «crear algo nuevo», o «hacer del mundo un lugar mejor». Sea lo que fuere, estas palabras expresan tus valores internos. Si no vives según ellos, si no los satisfaces, experimentarás desasosiego, vacío o algo peor, aunque exteriormente parezcas un triunfador. Los valores dan la medida del significado que la vida tiene para nosotros. Todos nuestros objetivos, sueños y anhelos no son más que vehículos para satisfacer nuestros valores. Si sueñas con un nuevo hogar para tu familia, probablemente tendrás en mente algunos valores. Querrás que la casa tenga un número determinado de habitaciones, que esté en determinado tipo de barrio y tenga cierto estilo. Los valores satisfechos por tus criterios incluirán probablemente espacio suficiente para todos, lujo, tranquilidad, e incluso un sentimiento interior de logro y éxito. Los mismos valores emergerán de nuevo cuando pienses en cambiar de coche o incluso de trabajo. Son lo que todos empleamos para medir nuestros deseos, logros y éxitos.

Nuestros valores influyen en nuestra motivación. Si no tenemos valores sólidos, tendremos poca motivación. Si nuestros valores son fuertes, nuestra motivación lo será también. Con la PNL es posible influir en ello muy directamente. Cuando piensas en cualquier experiencia, utilizas una o más de las modalidades sensoriales: visual, auditiva, cinestésica, olfativa y gustativa. Para la mayoría de las personas, utilizarlas todas o casi todas para pensar en alguna experiencia resulta mucho más motivador que emplear tan sólo una imagen, una palabra o un sonido. Al pensar en una experiencia empleando muchas modalidades, ésta parece más real y la respuesta será más fuerte.

Piensa si no por un instante en la palabra limón, o preséntate una rápida imagen de un limón y analiza tu reacción. Visualiza ahora una rica imagen en tres dimensiones del mismo limón e imagina que lo cortas en dos con un afilado cuchillo. Escucha el sonido de la hoja al cortar, observa cómo gotea algo de jugo, y aspira el aroma del limón recién cortado. Extiende tu mano ahora para alcanzar una de las mitades y acercarla lentamente a tu boca, para probar su sabor. Escucha el sonido de tus dientes mordiendo la jugosa pulpa y siente cómo el ácido sabor llega a toda tu boca. Analiza de nuevo tu reacción. ¿Estás salivando algo más que cuando tan sólo tenías una palabra o una breve imagen de un limón ante la que reaccionar? Seguro que sí. ¿Qué tal si imaginas ahora unas hermosas, rojas y sabrosas frambuesas?

El modo en que piensas sobre una experiencia determinará que tu respuesta sea fuerte o débil. Apliquemos ahora esta constatación a descubrir cómo piensas sobre tus experiencias más valiosas.

Ejercicio 4
Identifica qué es lo que convierte una experiencia en apasionante

El presente ejercicio te ayudará a descubrir el modo en que tu cerebro «codifica» imágenes para incrementar tu motivación, haciéndolas tan potentes que te sientas naturalmente impulsado a dar los pasos necesarios para conseguirlas. Es importante que prestes la máxima atención a este ejercicio.

1. *Experiencia fuertemente motivada*. Piensa en alguna tarea que te resulte verdaderamente atractiva y apasionante. No se trata de buscar algo que sea divertido por sí mismo, sino algo que realmente quieras hacer por las enormes recompensas que te reporta. Cuando piensas en ello, lo encuentras atractivo y apasionante. Lo importante es que tú lo encuentres atractivo y que sea algo que realmente hagas. Cuando experimentes su atrac-

ción, observa la imagen en tu mente, como lo haría un director de cine. Fíjate en los aspectos cinematográficos: el decorado, la iluminación, el sonido. Lo ves todo con tanta claridad que podrías convertirlo en una película llena de rico y vívido detalle. Una vez que lo hayas hecho, deja temporalmente a un lado esta atractiva experiencia.

2. *Estado separador.* Inspira, exhala y mira alrededor de ti.

3. *Experiencia neutra.* Imagina ahora algo que no te importe en absoluto, como un vaso de papel, un lápiz o un folio. Cuando lo hayas seleccionado, obsérvalo en tu mente. Experimenta la sensación de la absoluta falta de interés. Una vez más compórtate como el director de cine y analiza las cualidades cinematográficas de esta imagen interior.

4. *Estado separador.* Cuando hayas completado el paso anterior, limpia de nuevo tu mente haciendo una profunda inspiración.

5. *Compara las experiencias.* Observa las diferencias entre lo que encontraste muy atractivo y lo que no te interesó en absoluto. Nuestro cerebro está diseñado para observar diferencias, y para apreciarlas necesitamos establecer comparaciones. He aquí algunas de las diferencias que la mayoría de personas encuentra:

Lo «muy atractivo» era más brillante; lo «no interesante» era más apagado. Lo «muy atractivo» era en colores; lo «no interesante» era en colores desvaídos o en blanco y negro.

Lo «muy atractivo» era mayor y estaba más cerca; lo «no interesante» era más pequeño y estaba lejos.

Lo «muy atractivo» estaba situado frente a mí; lo «no interesante» estaba a un lado.

Lo «muy atractivo» tenía sonidos y palabras, quizás estimulantes; lo «no interesante» estaba en silencio.

Descubrir submodalidades

Echemos un vistazo a tu lista de diferencias. Algunas de ellas se referirán quizás a modalidades como una imagen, un sonido o una palabra, una sensación táctil, un olor o un gusto. Sin embargo, muchas de ellas serán probablemente submodalidades. Las submodalidades son los elementos menores dentro de una modalidad.

En la modalidad visual, por ejemplo, una imagen puede ser en tres dimensiones o plana, una película o una foto fija, enmarcada o panorámica, clara o borrosa, etc. Un sonido o palabra en la modalidad auditiva puede ser grave o agudo, fuerte o débil, y presentar distinto tempo, ritmo, ubicación y timbre o tono. Una sensación táctil puede afectar a parte del cuerpo o a su totalidad y puede diferir en intensidad, localización, temperatura, textura, movimiento, dirección, etc. Olores y gustos pueden asimismo diferir ampliamente. Para la mayoría de personas, las submodalidades de algo muy atractivo son: grande, próximo, panorámico, tridimensional, coloreado, claro, etc. A menudo, la imagen de lo importante o atrayente se les acerca o se inclina hacia ellos. Los sonidos internos son ricos y armoniosos y vienen de todas partes. En cambio, las personas suelen diferir sobre qué submodalidades hacen que algo resulte atractivo. Lo importante es que utilices aquello que *para ti* represente lo «muy atractivo».

Revisa tus dos experiencias de «muy atractivo» y «no interesante» del ejercicio anterior y busca diferencias adicionales de submodalidades entre ambas. Ahora que ya has descubierto el modo en que tu cerebro marca una experiencia atractiva, dispones de las herramientas para cambiar tus reacciones cuando tu comportamiento no se corresponda con tus valores. Muchos de nosotros pasamos por momentos en los que pensamos que valdría la pena hacer algo determinado, pero no somos capaces de motivarnos para hacerlo. He aquí lo que hizo una estudiante de PNL. Se dedicó a observar las imágenes mentales de todos los alimentos que tomaba, poniendo especial interés en aquellas correspondientes a los alimentos que más atractivos le resultaban. Por supuesto, el pastel de chocolate aparecía con todo detalle, en tres dimensiones y justo ante su boca. Los espárragos y otras verduras y frutas saludables languidecían en cambio en polvorientas fotografías en blanco y negro, en una esquina de su campo visual.

Puesto que deseaba mejorar su dieta y cumplir sus objetivos de salud y peso, se dedicó a cambiar sistemáticamente las submodalidades de sus imágenes mentales para los alimentos. Consiguió que los pasteles y dulces fueran menos atractivos, cambiando sus imágenes mentales a blanco y negro, sin relieve y alejándolas de ella. Incrementó luego la atracción por frutas y verduras, añadiendo color, relieve y detalle a sus correspondientes imágenes mentales. Ello tuvo un efecto automático inmediato en sus hábitos alimentarios. Empezó a preferir alimentos más saludables. Al cambiar las submodalidades de sus imágenes mentales para la comida, alineó su comportamiento con su valor más fuerte: vivir una vida más sana.

Esta técnica puede motivarnos para traer a nuestras vidas las experiencias que nos importan realmente, evitando así llegar a la vejez lamentando no haber hecho aquello que realmente nos importaba. Podemos conseguir aquí y ahora que las cosas que nos importan queden mejor definidas, sean más visibles y reales.

Te sorprenderías ante las imágenes interiores que muchas personas intentan utilizar para motivarse. En su mente, ven diminutas transparencias en blanco y negro de su trabajo en marcha, o bien una borrosa película sobre la recompensa cuando complete un ambicioso proyecto. No es de extrañar que no consigan motivarse. Ahora ya puedes hacer tu propia película entusiasmadora sobre aquello que quieres y valoras. Cuanto mayor, más rica, más coloreada, más tridimensional y más clara, mejor.

Ejercicio 5
Aumenta tu motivación

1. *Una tarea valiosa*. Piensa en algo que sabes que valdría la pena hacer, pero para lo que te cuesta mucho ponerte manos a la obra.

2. *Busca objeciones*. Tómate el tiempo necesario para preguntar a cada parte de ti si hay alguna objeción al hecho de que te pongas a hacerlo. Presta atención a todas las objeciones. Si tienes dificultades en satisfacer cualquiera de las objeciones que se

presenten, piensa en alguna otra cosa ante la que ninguna parte de ti objete.

3. *Resultados y consecuencias.* Piensa en el resultado de la tarea terminada; no en el proceso de hacerla, sino en los beneficios de su resultado. ¿Qué ganas en muchos aspectos haciéndola? ¿Qué piensas sobre estos beneficios ahora?

4. *Cambio de submodalidades.* Utiliza ahora la lista de elementos que descubriste en el ejercicio anterior para cambiar lo que piensas sobre los resultados de la tarea terminada. Haz estas imágenes mayores, más próximas, con mayor colorido, etc. Añádeles un sonido agradable, una voz que te anime, o cualquier otra cosa de las que identifican para ti una experiencia atractiva y apasionante. Continúa haciéndolo hasta que te sientas fuertemente atraído hacia la tarea, como te sentías con las experiencias «muy atractivas» del ejercicio anterior.

Créate una vida interior espectacular

El codesarrollador de PNL Richard Bandler gusta de describir las voces interiores, o el diálogo interno, de la persona media como débil, débil, débil. Suele decir que «la mayoría de personas carecen de voces interiores que les espoleen con ánimos. No hay coro». Propone a sus alumnos de PNL ejercicios que consisten en escuchar música interna fuertemente motivadora. Les enseña a escuchar en su interior una rica, profunda y poderosa risa, ante las señales de dificultad o reto.[1] Cuando hacemos cosas así, nuestra experiencia se vuelve más vívida, más viva, y nos proporciona una sensación de estímulo y anticipación sobre nuestros actos.

No puedes pedirle a la vida que sea un espectáculo fuera de ti si no lo es por dentro. Si tienes que pronunciar un conferencia en público o hacer una presentación, quizá te gustaría escuchar en tu mente una gran banda de rock o una orquesta sinfónica tocando alguna música que te inspire y estimule. Mientras te diriges al estrado la música se hace más fuerte y rápida, alcanzando el crescendo justo en el momento en que subes al escenario. La energía y el estímulo que experimentas se transmitirá automáticamente a la audiencia, gracias a las imágenes y sonidos que has amplificado en tu mente.

En los ejercicios 4 y 5 se supone que hay algo en tu vida que te atrae lo suficiente y hacia lo cual te acercarías hasta el punto de estar dispuesto a realizar el trabajo necesario para conseguirlo. Pero, ¿qué sucede si tu Dirección de Motivación es básicamente *alejarse de*? Te servirán los mismos ejercicios, substituyendo simplemente «aquello que te sientes fuertemente motivado a hacer», por «aquello que te sientes fuertemente motivado a evitar». En lugar de convertir las consecuencias positivas en más grandes, brillantes, próximas, etc., deberás hacerlo con las desagradables consecuencias de no hacer el trabajo. Muchas personas se pasan días, meses o años pensando en estas desagradables consecuencias, aumentando así su malestar y estrés. Son muchas las personas que necesitan experimentar mucho sufrimiento interno antes de cambiar o ponerse en acción. Prueba esta alternativa. Piensa en lo que quieres evitar y llévalo hacia a ti, dejando que se haga más grande y cobre vida y color a medida que se aproxima, formulando sus exigencias y exhibiendo una risa siniestra. Si tu motivación es *alejarse de* y lo experimentas de este modo, te verás motivado a emprender la acción inmediatamente, ahorrándote así quizá meses o años de estrés crónico. Es lo que en PNL se denomina *utilización* de una estrategia de motivación existente. Algunos de los oradores de motivación y preparadores más conocidos han desarrollado sistemas de motivación completos alrededor de la utilización. Es una opción, y en PNL creemos que una opción es mejor que ninguna opción, y que es mejor muchas opciones que pocas opciones.

Utiliza estrategias de motivación para tu salud

Muchos estudiantes de PNL desean utilizar sus estrategias de motivación *acercarse a* y *alejarse de* en el ámbito del ejercicio físico y la dieta. Son muchas las personas que etiquetan esta faceta de su vida como perder peso, lo que la convierte en una motivación *alejarse de*. Obviamente, algunas de ellas conseguirían mejores resultados si se lo plantearan como *acercarse a* la buena forma y la salud. Recuerda que cualquiera de las dos Direcciones de Motivación funcionará siempre que dispongas en tu mente de los pensamientos adecuados. La motivación *acercarse a* de Demi Moore para recuperar su figura después del embarazo y conseguir un papel de un millón de dólares en una película, resulta evidente. Otras madres aspiran simplemente a estar en forma para ser buenos ejemplos de salud para sus hijos. Tener en mente valores importantes y motivadores marca una enorme diferencia. La decisión sobre qué valores elegir es tuya.

Muchos ejecutivos muy atareados hacen planes para encontrar tiempo para su salud, aspecto que raramente se convierte en una prioridad hasta que sufren el primer ataque al corazón. Llegados a este punto, sus imágenes y voces interiores de preocupación sobre la enfermedad en el lado *alejarse de,* o las de la salud perdida en el de *acercarse a,* se vuelven lo suficientemente grandes, próximas y brillantes como para desplazar las exigencias del trabajo. Por supuesto, podrían ahorrarse estas caras y temerosas visitas al médico, o la antiséptica sala de urgencias brillantemente iluminada, cambiando simplemente ahora las submodalidades de sus imágenes interiores, incrementando la importancia de la salud, la familia y la posibilidad de seguir trabajando. No olvides utilizar una estrategia de motivación *alejarse de* para empezar a *acercarte a* lo que deseas.

Muchas personas no han llegado a desarrollar imágenes lo suficientemente atractivas sobre su salud, su forma física y su bienestar como para motivarse. Recuerda que una estrategia de motivación efectiva requiere una imagen rica y positiva del trabajo terminado. Son muchas las personas que tienen problemas para ponerse a hacer ejercicio. Se ven a sí mismas resoplando en medio de una aburrida e interminable rutina. En realidad se trata de unos pocos minutos, pero se perciben como una eternidad. Su diálogo interior corresponde generalmente a una de las variantes siguientes: autocrítica halagadora o fustigadora, o la futilidad de ni tan sólo intentar estar en forma. No es de extrañar que les cueste motivarse. Contrasta su postura con el mundo interior de una atleta motivada. Mientras se ejercita, se concentra en el buen aspecto que tendrá y lo bien que se sentirá cuando acabe. Cada aparato de gimnasia o cada vuelta al circuito le acerca palpablemente a esta imagen y a esta sensación de bienestar. Sus voces interiores le ayudan a concentrarse en hacer cada ejercicio correctamente, en aras de aprovechar al máximo el tiempo empleado.

¿Te parece un sueño imposible? Recuerda que en PNL *si una persona puede hacer algo, cualquier otra puede aprender a hacerlo.* El ejercicio que vas a aprender a continuación es un medio para conseguir una mayor estrategia de motivación *acercarse a.*

Ejercicio 6
El generador de nuevo comportamiento

1. *Preparación.* Busca un lugar tranquilo para realizar este ejercicio. No cierres los ojos, ponte cómodo y mira hacia tu derecha. Imagina en tu mente que ves a alguien idéntico a ti, a cierta distancia. Es este «doble» quien va a aprender durante el ejercicio, mientras tú observas. Tan sólo cuando te sientas plenamente satisfecho con todo el proceso, se integrarán en ti las nuevas habilidades. Para asegurarte de ello, imagina que estás dentro de una burbuja de plástico, de modo que te sientas totalmente separado y desligado de las actividades de este «otro tú» ahí fuera.

2. *Elige una tarea.* Piensa ahora en algo que quieras motivarte a hacer. Elige algo muy sencillo, como por ejemplo limpiar el fregadero, poner al día tu talonario de cheques o levantarte por la mañana. Algo que no te guste hacer, pero que desearías haber hecho ya por los beneficios que te supondría.

3. *Observa los beneficios.* Contempla al «otro tú» y observa el aspecto que tendrá cuando el trabajo esté terminado, incluyendo las consecuencias positivas de haberlo hecho y los beneficios resultantes, tanto directos e inmediatos como futuros.

4. *Ejecución de la tarea.* Observa ahora cómo el «otro tú» ejecuta con facilidad la tarea. Mientras lo hace, el «otro tú» observa la imagen del trabajo terminado y experimenta la satisfacción de

verlo completado. Fíjate en que la voz interior del «otro tú» te alienta y te anima, recordándote las recompensas futuras y lo mucho que has avanzado ya hacia el objetivo. Finalmente, observa al «otro tú» encantado de haber terminado el trabajo y disfrutando de la recompensa por haberlo completado felizmente.

5. *Revisión y ajuste.* Si lo que ves no es enteramente satisfactorio, deja que una suave neblina cubra tu visión interior mientras la sabiduría de tu mente inconsciente realiza los ajustes o cambios oportunos. Cuando desaparezca la neblina, comprobarás que los cambios han sido hechos de modo agradable y positivo para ti. ¿Desearías ser este «otro tú» que acaba de utilizar una nueva estrategia de motivación? ¿Crees que tu «otro yo» domina ya suficientemente esta nueva técnica? Pídele que te lo demuestre, repitiendo todo el proceso con otra tarea.

6. *Integración.* Cuando te sientas plenamente satisfecho, deja que desaparezca la burbuja de plástico y absorbe dentro de ti a este «otro tú» que posee el nuevo conocimiento. Algunas personas extienden físicamente los brazos e imaginan que abrazan dentro de sí a este otro ser. Es posible que al hacerlo experimentes un suave cosquilleo o una descarga de energía.

7. *Planificación.* Dedica un poco de tiempo ahora a considerar cuándo será la próxima ocasión en que tendrás que realizar la tarea para la que te acabas de motivar.

Repasemos lo que has aprendido

Llegados a este punto, tienes ya una visión más amplia sobre cómo utilizar las técnicas de PNL para incrementar tu motivación y la de los demás. En el presente capítulo has aprendido a:

- Determinar tu Dirección de Motivación: *alejarse de* o *acercarse a.*
- Determinar la Dirección de Motivación de otros y utilizar esta información para mejorar su productividad.

- Descubrir tus valores importantes y el modo en que pueden influir sobre tu motivación.
- Expresar en palabras la motivación *acercarse a* y *alejarse de,* para obtener los mejores resultados posibles con otras personas.
- Emplear las submodalidades de tus pensamientos para modificar e incrementar tu motivación.
- Aprender a estar más positivamente motivado utilizando el *acercarse a.*

Podríamos escribir todo un libro sobre PNL y motivación. Cada capítulo estaría repleto de retos increíbles y extraordinarios relatos de éxitos. Si leer sobre la motivación y los logros de otros te ha servido para animarte a utilizar este capítulo para crear tu propia historia de motivación, habremos conseguido nuestro propósito. Si lo has leído con interés, entusiasmo e incluso sorpresa, pero no has intentado hacer aún los ejercicios, no habrás ni tan sólo empezado a destapar el enorme potencial de la PNL. La PNL es un increíble conjunto de ideas y percepciones sobre el pensamiento, las emociones, el comportamiento y los cambios humanos, y tiene muchísimo más que ofrecer. La PNL trata acerca de cómo *experimentar* la excelencia humana y avanzar hacia nuevos mundos, llenos de nuevas posibilidades y nuevas motivaciones. El presente capítulo crea el escenario adecuado para la acelerada aventura de realización que se irá desarrollando en los capítulos sucesivos. La PNL sólo funciona si tú trabajas. Haz los ejercicios de este capítulo y estarás preparado para el siguiente paso de la aventura: el descubrimiento de tu misión.

4

Descubre tu misión

Si uno avanza con seguridad en la dirección de sus sueños...
se encontrará con el éxito insospechado
en el momento menos esperado.

HENRY DAVID THOREAU

La importancia de la misión

¿Recuerdas el alunizaje de la primera misión Apolo? Todos
vimos las imágenes tomadas en 1969: Neil Armstrong andaba
sobre la Luna. ¡Qué gran logro! ¿De qué modo fue posible que
los recursos de toda una nación se organizaran para hacer lo
que jamás se había hecho? Fue posible gracias a una visión de
grandeza, una misión. El presidente Kennedy propuso al país
que mantuviera vivo el sueño de poner un hombre en la Luna a
finales de los años sesenta. Dijo: «Hemos decidido ir a la Luna
esta década, entre otras cosas, no porque sea fácil, sino porque
es difícil. Porque semejante objetivo nos servirá para organizar y
medir lo mejor de nuestras energías y capacidades».[1] Y la nación
se unió en torno a esta misión, haciéndola suya.

Al disponer de una misión, nuestra imaginación se compro-
mete y adquirimos un propósito. Se definió y se organizó el programa espacial, y así se pudo desarrollar el sueño, la visión y la
misión.

Lo inesperado constituye una de las características fundamentales de vivir una misión. Nunca puedes predecir de ante-

mano los beneficios con que te encontrarás mientras realizas tu misión. En el caso del programa espacial iniciado por Kennedy, lo más importante que aprendimos no trataba de la Luna, sino del modo en que percibíamos la Tierra. Las imágenes de la Tierra vista desde el espacio y las voces de los astronautas que nos llegaban desde allí significaron un nuevo despertar.

En su paseo espacial, el astronauta del Apolo 9 Russell «Rusty» Schweickart pudo percibir nuestro planeta como un todo. Contó que la experiencia había representado para él el desarrollo de un extraordinario conocimiento sobre la interdependencia de todo lo vivo, una nueva percepción del planeta que habría de cambiarle para siempre.

> Desde la perspectiva del espacio, los límites y fronteras por los que luchamos resultan irreales. Ante la experiencia directa de ver el planeta como un todo emerge la responsabilidad individual, y comprendes entonces que, con la velocidad actual de las comunicaciones, la exploración del espacio, los viajes y los satélites, no existe ya lugar en el planeta para un concepto tan fundamental como «ellos y nosotros». Y también que, como formas de vida planetaria que somos, estamos todos interrelacionados, y nuestro comportamiento, nuestros sistemas y nuestras actitudes deberán admitir y reflejar esta realidad.[2]

Él y sus compañeros ofrecieron a la humanidad una visión de la globalidad de la vida, del planeta que nos sustenta. Tu imaginación puede hacer por ti lo que los exploradores del espacio hicieron por la humanidad. Utilizarla te ayudará a entender la globalidad de tu vida. Visionar la gran película de tu vida te ayudará a desarrollar un plan, una misión, para vivirla en plenitud.

¿Qué es exactamente una misión?

Una misión es un sentido de propósito que te atrae hacia el futuro. Unifica tus creencias, tus valores, tus acciones y tu sentido de quién eres. Es una tela tejida con los distintos hilos de tus intereses, deseos y objetivos. En ocasiones es grande, global e incluso magnífica, pero antes que nada toda misión es divertida. Cuando vives tu misión tiendes a comportarte como Steven Spielberg, que dice: «Me levanto tan entusiasmado que no puedo ni desayunar».[3]

La PNL es el estudio del pensamiento y del comportamiento de los individuos que demuestran grandeza en sus logros. Una característica obvia en quienes alcanzan la grandeza es un sentido de misión, que otorga propósito y dirección a sus vidas. Esta es la gran diferencia entre los que llegan y los que no.

Ahora que ya conoces algunos de los principios básicos de la PNL, así como tu propia estrategia de motivación, es importante que descubras tu misión. Las personas con una misión se concentran en desarrollar sus capacidades. Persiguen incansablemente su misión «con cada nervio», utilizando «fieros deseos» que generan «un poder divino», en palabras de Miguel Ángel.[4] Lo hacen día tras día, disfrutando de ello plenamente. Tú también puedes.

Diferencia entre trabajo y misión

La mayoría de personas carecen de sentido de misión. En su lugar tienen un trabajo o una carrera. «Asisten» a escuela, «van» a trabajar. En su ya clásico estudio sobre la percepción del trabajo de los estadounidenses, Studs Terkel decía:

> En la mayoría de casos, existe un descontento mal disimulado. El blues del mono azul no es más amargo que el lamento del «cuello blanco». «Soy una máquina», dice el soldador. «Estoy enjaulado», se lamenta el cajero de banco, a coro con el oficinista. «Soy una mula», gruñe el siderúrgico. «Un chimpancé podría hacer lo que yo hago», exclama el recepcionista. «Soy menos que una herramienta», dice el trabajador inmigrante. «Soy un objeto», llora la modelo. «Mono azul» y «cuello blanco» comparten la misma frase: «Soy un robot».[5]

El descontento con sus trabajos lleva a muchas personas a vivir una doble vida. Deben repartir su tiempo entre lo que *deben* hacer para ganarse la vida y lo que *quieren* hacer para pasárselo bien. Esta doble vida empieza en la escuela con clases y recreo, continúa en la vida laboral y acaba tan sólo con el retiro.

Los grandes realizadores, en cambio, trascienden por completo la dicotomía trabajo/juego: hacen aquello que aman y aman aquello que hacen. Nora Watson se lo dijo claramente a Studs Terkel: «Creo que la mayoría de nosotros buscamos una vocación, no un trabajo... Casi todos nos encontramos con trabajos demasiado pequeños para nuestro espíritu. Los trabajos no son lo suficientemente grandes para las personas».[6] Llámalo búsqueda, vocación, propósito o misión; es algo que proporciona a quienes lo descubren por sí mismos una motivación profundamente poderosa para estar en el mundo.

Debes encontrar una misión que te atraiga con tanta fuerza que despierte en ti pasiones y te haga vibrar. Cuando la encuentres, encenderá tu fuego, te despertarás entusiasmado, lucharás por hacer de cada día una obra maestra. Esto es lo que caracteriza vivir una misión personal.

¿Cómo sabes que no has descubierto ya tu misión? Es una cuestión de actitud y estilo de vida. Pregúntate si tienes un trabajo o si estás construyendo tu sueño. Pregúntate si vas a trabajar y te diviertes luego en tu tiempo libre, o si amas tanto tu trabajo que, aun estando de vacaciones, piensas en él y en tu misión. Sea cual sea tu respuesta, los procesos e ideas que presentamos en este capítulo te resultarán de ayuda. Si disfrutas ya de una vida guiada por una misión, este capítulo te la hará aún más clara, entusiasmadora y apasionante.

Si, por otro lado, has estado viviendo una vida desprovista de pasión, dividida entre el aburrimiento de trabajar a cambio de dinero y algunas ocasiones esporádicas de diversión, el presente capítulo te ayudará a descubrir tu misión.

Algunas personas ni tan sólo piensan en una misión, porque no se les ocurre creer que puedan llegar tan lejos. Para erradicar este despropósito, recordemos nuestra tremenda capacidad de aprendizaje. Utiliza el siguiente ejercicio para crear tu propia imagen de alumno aventajado.

Imprime a este ejercicio tu propia personalidad. Añádele las capacidades espirituales, mentales u otras que tan sólo tú posees. Repítelo diariamente durante un tiempo. Con la práctica, la imagen que crearás se convertirá en un sistema de creencias sostenido y siempre disponible que te ayudará en todas tus actividades.

La importancia de creer

Realizando los ejercicios de este capítulo concienzudamente descubrirás tu misión exclusiva. Su carácter único se debe a que posees una combinación irrepetible de intereses, deseos y habilidades, así como una inmensa reserva de talento por desarrollar. Una vez que hayas descubierto tu misión y vivas según ella, unificará tus intereses y tu talento latente, a medida que florece el aprendiz que hay en ti.

Utiliza esta capacidad para aprender y no olvides que, en cualquier momento de tu vida, puedes elegir una nueva dirección, una nueva línea de acción, una nueva misión. Puedes descubrir y vivir tu misión. Si crees que puedes, lo harás. ¿Por qué? Porque esta creencia activa en ti las mismas capacidades extraordinarias que tanto admiras en los grandes realizadores. *Si una persona puede hacer algo, cualquier otra puede aprender a hacerlo.* En los procesos de descubrimiento de misión que incluimos más adelante, estudiaremos algunos ejemplos pasados y presentes. Aprenderás a ver los patrones que subyacen en su motivación. Estos patrones son cuestión de actitud.

Ejercicio 7
Estás aprendiendo

1. *Retrocede en el tiempo.* ¿Recuerdas cómo, siendo niño, hacías verdaderas proezas de aprendizaje? Colócate ahora en una máquina del tiempo imaginaria y transpórtate a tu primera infancia. Imagina que regresas a aquella época feliz de aprendizaje acelerado. Echa un vistazo a lo que te rodea. Las personas

son tan grandes que para verlas tienes que levantar la mirada. ¡Sucede un montón de cosas alrededor de ti!

2. *Observa tu capacidad para aprender.* Estás aprendiendo activa y apasionadamente. Aprendes muchas cosas, sobre todo lenguaje. Aprendes entre quince y treinta nuevas palabras cada día. Sin darte ni siquiera cuenta de ello, estás aprendiendo centenares de reglas gramaticales. Esta capacidad para aprender sigue viva en ti.

3. *Haz inventario de tus dones.* Dispones de 15.000 millones de células cerebrales que centellean a lo largo de una red de conexiones equivalente a las de mil ciudades juntas. Tus oídos pueden distinguir 1.600 frecuencias diferentes, desde los 20 hasta los 20.000 ciclos por segundo. Tus ojos son capaces de apreciar un fotón aislado. Desde los 132 millones de conos y bastoncillos de las retinas, las 800.000 fibras de cada uno de tus nervios ópticos transmiten más información al cerebro que el mayor sistema informatizado de fibra óptica del mundo. Los más de 300 millones de minúsculos alvéolos de tus pulmones proveen oxígeno para las más de 100 billones de células de tu cuerpo. Tus 206 huesos y 656 músculos constituyen el sistema con más diversidad de capacidades entre todas las criaturas conocidas. Estas y muchas otras posibilidades para funcionar y aprender pueden ser aplicadas de muy diversas formas. Tus capacidades son tantas, que nunca podrías llegar a enumerarlas.

4. *Forma una única imagen.* A partir de ahora, cuando visualices tu potencial para aprender, puedes contemplar todas estas aptitudes en una única y brillante imagen de tu sistema nervioso, un sistema de posibilidades funcionales sin rival en el universo conocido. Si en alguna ocasión dudas de tu capacidad para cumplir con tu misión, deja que surja ante ti esta imagen como evidencia de tus dones, y convertirás la duda en confianza.

La historia del albañil

Si hace siglos, durante la construcción de la catedral de San Pedro del Vaticano, hubiéramos preguntado a un albañil qué estaba haciendo, probablemente nos habría contestado: «Pongo ladrillos, construyo una pared, sencillamente hago mi trabajo». Este es un determinado tipo de persona, que tiene un objetivo concreto. Pero también podría haber contestado: «Estoy construyendo una de las catedrales más grandes del mundo, un edificio que perdurará durante siglos como monumento a lo que los seres humanos pueden llegar a hacer con la inspiración de Dios». He aquí una persona con una misión. Esta es la clase de sentimiento al que puedes aspirar al crear tu propia misión.

Una misión no es algo a lo que te obligas ni algo que te construyes a partir de las preocupaciones corrientes. Es a la vez mayor y más profundo que eso. Es algo que sólo se puede descubrir desde dentro. Al desvelar tu misión te aseguras de que los objetivos que persigues son realmente tuyos; te garantizas que te alegrarás de haberlos conseguido, y haces posible que tu viaje por la vida se desarrolle con una pasión que energizará cada fibra de tu ser.

Aprende a hacer lo que amas

La lección fundamental que nos enseñan todos los grandes realizadores es la siguiente: Haz aquello que ames hacer. Es bastante sencillo. Sin embargo, en ocasiones las personas simplemente no creen que sea posible ganar dinero por hacer lo que aman. Otras han olvidado qué es lo que aman. Quizás el mayor impedimento para que las personas establezcan contacto con su misión sea no saber cómo hacerlo. No saben cómo pasar de sus objetivos, valores e intereses cotidianos a esta dirección unificada de estímulo y plenitud: su misión. Puedes, sin embargo, emplear una serie de ejercicios, paso a paso, que te ayudarán a determinar la pasión de tu vida, aquello para cuya consecución naciste.

Si reflexionas sobre ti mismo y sobre tu vida, comprobarás que has conseguido sobrevivir hasta el momento presente. Existe, sin embargo, una diferencia abismal entre la mera supervivencia y la vida en plenitud.

Estar motivado para sobrevivir es algo que siempre has

hecho. Si no fuera así, no podrías estar leyendo este libro ahora mismo. Analizando tu vida encontrarás probablemente algunos momentos en los que habrás necesitado una motivación muy fuerte para sobrevivir. Ahora puedes volver a dirigir la energía de tu instinto de supervivencia para pasar de sobrevivir a vivir, a vivir la vida que desees.

Es posible vivir una vida en estas condiciones recordando que tenemos la capacidad de aprender. Aprendiendo –a cambiar nuestro modo de pensar, de comportarnos y de comunicar– es como podremos desarrollar nuestra misión.

El proceso de descubrimiento de la misión

Para encontrar un exquisito ejemplo de pasión por la vida no necesitamos buscar más allá de Susan Butcher, que compite en la carrera más reñida y difícil del mundo, la de trineos tirados por perros de Iditarod. Esta dura competición recorre más de 1.700 km a través de la desierta, helada y salvaje Alaska. Dura diez o más días. Terminarla constituye de por sí un logro sorprendente. Susan Butcher la ha ganado cuatro veces.

¿Cómo llegó Susan a decidir que se iba a convertir en una excelente especialista en este deporte? En 1975 vivía en la Costa Este de Estados Unidos. Tenía veinte años y no sabía qué hacer con su vida. Se preguntaba cómo podría crear una vida que incluyera las dos cosas que más amaba: la naturaleza salvaje y los animales. Su respuesta consistió en descubrir su pasión personal. Se dijo:

> Siempre me han gustado los perros y los animales en general. Cuando mi primer perro murió, quise reemplazarlo y acabé comprando un husky que tenía seis semanas. Pensé: «¿No sería maravilloso enseñarle a tirar de un trineo?». Así que empezó como un hobby. No obstante, cuatro meses después compraba mi segundo husky. Y escasamente dos meses después, me iba a vivir con una mujer que tenía 50 huskys, y entonces empecé a practicar en serio.[7]

Así que se decidió por las carreras de trineos tirados por perros. Continuó desplazándose hacia el Oeste y hacia el Norte, hasta que acabó construyéndose una cabaña de troncos en Alaska, donde fijó su residencia. No estaba en absoluto segura de que allí haría realidad su sueño, pero de todos modos se fue, y ahora es la más grande realizadora del planeta en un deporte que hasta entonces dominaban los hombres.

En el caso de Susan Butcher no resulta difícil comprender la diferencia entre una misión y un objetivo. He aquí cómo ella lo describe:

> Estábamos en Fairbanks, charlando con un amigo de ambos, y éste nos preguntó: «¿Qué os veis haciendo dentro de cinco o diez años?». Mi marido David y yo intentamos explicarle cómo veíamos nosotros el futuro. Pero él seguía interrogándonos sobre nuestros objetivos, que no le parecían adecuados. No pretendíamos llegar a determinada situación (económica) y luego decir: «Ajá, lo hemos conseguido. Ya está».
>
> La diferencia, como le explicamos, estriba en que nos sentimos satisfechos con lo que hacemos. Esta es la razón por la que trabajamos tan duro y estamos muy, muy ocupados; en fin, quizás uno de nuestros objetivos sería bajar un poco el ritmo, pero nunca cambiar de actividad... no llegar a un punto en nuestra carrera en el que decir: «Voy a dejar las carreras en trineo porque ya he ganado suficiente dinero con ellas», para luego ponernos a hacer otra cosa. Amamos lo que hacemos y ya estamos viviendo nuestro sueño, de modo que no nos hace falta ganar mucho dinero o llegar a determinado punto en nuestra carrera. YA HEMOS LLEGADO. En realidad, llegué hace ya trece años, en el momento en que me instalé aquí y me puse a trabajar con mis perros.[8]

Hablando sobre su vida dice: «Al ver cómo vivo, mucha gente diría que es un trabajo durísimo. Para mí, resulta en cambio una tarea muy agradable».[9] Éste es el modo en que sabes que estás viviendo tu misión, cuando perseguir tus objetivos se convierte en una tarea muy agradable. Para conseguirlo, tienes que descubrir la pasión de tu vida.

Otra persona que encontró y sigue la pasión de su vida es el director de cine Steven Spielberg. Sus películas han sido vistas por más espectadores que las de cualquier otro director de la historia del cine. Empezó a hacer películas siendo niño, con tan sólo ocho años de edad. Decidió que su misión en la vida sería contar historias por medio del celuloide. Crea constantemente porque para él hacer películas es como jugar. Así es cómo describe su trabajo:

> Mis películas son una exaltación de la imaginación en cuanto herramienta para las grandes creaciones... Sueño despierto. Una vez al mes, el cielo se desploma sobre mi cabeza, la inspiración me asalta y veo la próxima película que quiero hacer. A veces pienso que tengo bolas de cojinete en lugar de cerebro, con todas esas ideas rodando y rebotando por mi cabeza. Mi problema es que mi imaginación nunca se desconecta. Me levanto tan entusiasmado que no puedo ni desayunar. Hasta el momento, nunca me ha faltado la energía.[10]

Steven Spielberg es un buen ejemplo de lo que te puede ocurrir cuando *haces aquello que amas hacer.*

Ejercicio 8
Descubre la pasión de tu vida

1. *Descorcha tu entusiasmo interior.* Al igual que Steven Spielberg, Susan Butcher y otros grandes realizadores, averigua qué es lo que te interesa. O como dice John Grinder, cofundador de PNL: «¿Qué es lo que te gusta tanto hacer que pagarías por hacerlo?».

2. *Descubre tus pasiones, deseos y amores.* Solo tú sabes lo que realmente amas. Puede ser el bricolaje, enseñar, inventar, o cientos de otras deliciosas posibilidades. Puedes descubrir pistas en algún hobby con el que disfrutes. Quizá te gustan las personas, o los ordenadores, o ambos. Mientras piensas en estas aficiones, estos deseos, estas pasiones y estos amores, siente cómo tus señales internas de entusiasmo e interés emergen desde las profundidades de tu psique. Vívelas. Haz un inventario de los acon-

tecimientos más dichosos de tu vida. ¿Qué pagarías por hacer si fueras multimillonario?

3. *Concéntrate en quienes admiras.* Observa y escucha a tus héroes favoritos y a las personas que admiras, mujeres y hombres a quienes te gustaría parecerte y a quienes has imitado toda tu vida. Es posible que tengan intereses, deseos y objetivos parecidos a los tuyos. Préstales atención y disfruta de ellos. Contémplalos en la pantalla de tu mente, en tu escenario interior, y siente el entusiasmo que acabas de descorchar.

4. *Persiste.* Sigue practicando una y otra vez, hasta que dispongas de una rica colección de imágenes de lo que te apasiona hacer.

Ted Turner es otro buen ejemplo de persona que vive apasionadamente una misión. Es el creador de los Juegos de la Amistad, de la cadena de televisión CNN, de TNT y de Headline News, así como de un increíble imperio de televisión por cable. En realidad, a él se debe la televisión por cable no tan sólo en los Estados Unidos, sino en el mundo entero. Nombrado «Hombre del Año» 1991 por la revista *Time,* Ted Turner es la persona que convierte en realidad con sus empresas la «aldea global» de Marshall McLuhan.

¿Cómo empezó esta misión? Tras descubrir que su padre Ed pensaba vender su empresa, Ted, a sus veinticuatro años de edad, se enfrentó a él. En aquella batalla verbal, «Ted rebatió cada uno de los argumentos que había esgrimido su padre para rendirse». Poco después de esta discusión, su padre se quitaba la vida con un revólver. A partir de aquel momento Ted «se lanzó a una búsqueda en la que nunca volvió la mirada hacia atrás...».[11]

La muerte de su padre le urgió a reexaminar sus valores más profundos. Hasta aquel momento, dice Turner, la idea de su padre sobre el éxito impregnaba su pensamiento: «Él era en realidad la persona que debía juzgar si yo alcanzaba o no el éxito...». Esta revisión sobre qué era lo importante generó algunos cambios fundamentales en sus criterios sobre el éxito. Así lo explica: «Pasé mucho tiempo tratando de descubrir en qué se había equivocado. Puso demasiado énfasis en el éxito material. Un espejismo...».[12]

Las tragedias más graves pueden convertirse en un trampolín para la siguiente fase de nuestra vida. En este caso, el dolor de la muerte le impulsó a reexaminar sus valores y principios y, de hecho, a desarrollar algunos completamente nuevos.

Otra persona que examinó en profundidad sus valores y principios fue un entrenador. El equipo de baloncesto de la UCLA de John Wooden acumuló la mayor racha de triunfos (88 partidos) jamás conocida en cualquiera de los grandes deportes. Es la única persona incluida en la Galería de Famosos Basketball como jugador y entrenador. Durante sus 27 años en la UCLA, sus equipos jamás perdieron una temporada, y en sus últimos doce años ganaron 10 campeonatos de la NCAA, siete de los cuales seguidos. Ningún otro equipo universitario de baloncesto se ha aproximado jamás a semejantes proezas.[13]

Su inagotable dedicación es legendaria. Sigue conservando los registros de cada minuto de cada entrenamiento de sus veintisiete años en la UCLA. Nunca hablaba de ganar: «Para mí, el éxito no consiste en marcar más que el contrario, sino en la paz mental que nace de la satisfacción de saber que has dado el máximo de ti mismo. Esto es algo que cada individuo debe determinar por sí mismo».[14]

Combinando sus aptitudes atléticas, el credo de su padre sobre los principios según los que vivir y el amor por las personas, se convirtió en el entrenador más admirado del mundo. ¿De qué modo formuló su misión?

He aquí el credo que le transmitió su padre y que contribuyó decisivamente a que pudiera vivir su misión:

1. Sé sincero contigo mismo.
2. Convierte cada día en una obra maestra.
3. Ayuda a los demás.
4. Bebe profundamente de los buenos libros, especialmente de la Biblia.
5. Haz de la amistad un arte exquisito.
6. Prepárate un refugio para los días de lluvia.

7. Reza pidiendo guía y dirección. Cuenta cada día tus bendiciones y da gracias por ellas.

Además de vivir según este credo, ¿qué le motivó a elegir su misión como entrenador? Estas son sus palabras:

En realidad, me preguntan a menudo por qué escogí entrenar como carrera y por qué me mantuve en ella. Amos Alonzo Stagg, que era entrenador de fútbol [americano] en Chicago cuando yo solía hacer mi «paseo anual» por allí, resume a la perfección mis sentimientos sobre este tema. Stagg, que trabajó con jóvenes y entrenó hasta bien entrados los noventa años, respondió en una ocasión al ser preguntado sobre por qué entrenaba: «Es por una promesa que hice a Dios».

...Creo que mi amor por los jóvenes es la razón principal por la que he continuado entrenando y por la que he rechazado oportunidades mucho más lucrativas.[15]

No siguió los valores de otro; buscó dentro de sí. Hizo suyos los valores y principios que le habían sido transmitidos, junto con los que él mismo descubrió. Tú también puedes hacer lo que hicieron Ted Turner y John Wooden. Puedes descubrir y asumir tus valores y principios más profundamente arraigados y abrazarlos. He aquí cómo:

Ejercicio 9
Revisa tus valores y principios más profundos

1. Piensa en algunos de tus deseos, amores y pasiones. Examina los objetivos que persigues ahora. Acto seguido, mira al futuro y contempla estos objetivos ya conseguidos. Has pensado en ellos durante mucho tiempo antes de conseguirlos. Selecciona los dos, tres o incluso cinco que consideres más importantes. Esta selección de objetivos es el futuro específico que deseas.

2. Determina tus valores y principios. Mantenlos en tu mente del modo que te resulte más agradable. Toma por separado uno tras otro: contémplalo, escúchalo, siente que es tu propio objetivo. Cuando lo hayas hecho, pregúntate: «¿Qué es lo que valoro

de este objetivo?». Si el objetivo es viajar, la respuesta quizá sea
«aprender», o «pasarlo bien», o cualquier otra cosa. En el caso
de un nuevo trabajo, quizá lo que valores sea el «estímulo», o el
«reto». La respuesta puede ser uno o varios valores. Para Ted
Turner, sus valores podrían ser la armonía, la resolución de problemas y el estímulo. Susan Butcher parece valorar el amor, el
cuidado y la perseverancia. Normalmente, las respuestas suelen
ser palabras aisladas o frases como las que encontrarás en la
siguiente tabla de valores y principios.

3. *Enumera tus valores y principios.* Recorre ahora los objetivos que has mantenido en tu mente y formúlate la pregunta:
«¿Qué es lo que valoro de este objetivo?». Haz una lista.

4. *Descubre tus valores más profundos.* Cuando hayas terminado, dispondrás de una lista de valores y/o principios profundos.
Pregúntate ahora: «¿Qué es lo importante para mí de todos estos
valores?». La respuesta será un valor aún más importante. Conocer tus valores más profundos e importantes es un aspecto crucial del conocimiento de ti mismo. Fíjate en cómo tus valores
han sido tu motivación, la de tus logros y la de cada acción de
tu vida.

5. *Registra el nombre de tu valor o principio más profundo.*
Anota estos valores y principios para referencia en el futuro.

Valores y principios:

alegría	diversión
amor	elegancia
aprendizaje	entusiasmo
armonía	equidad
autonomía	estímulo
autosuficiencia	excelencia
ayuda	exclusividad
belleza	felicidad
cambio estimulante	gracia
confianza	hacer del mundo un lugar
coraje	mejor
creatividad	honradez
cuidado	humor
dignidad	innovación

juego	sabiduría
justicia	seguridad
libertad	sentirse vivo
maestría	servicio
orden	simplicidad
perseverancia	sinergia
plenitud	utilización de las propias habi-
resolución de problemas	lidades
reto	verdad
revolución	vitalidad

Tomamos conciencia de nuestros valores profundos de tres modos distintos. Lo habitual es que los percibamos cuando son violados. Si ocurre algo que te hace sentir incómodo, desasosegado o incongruente, es que en tu experiencia está presente algún valor. Cuando alguien te trata con poco respeto y te enfadas por ello, tu enfado proviene de tu valor de respeto, del modo en que quieres ser tratado respetuosamente en una relación. Si te sientes intranquilo ante un acontecimiento inminente, en el que no estás seguro de actuar correctamente, el valor de excelencia está en la raíz de tu ansiedad. A menudo son los traumas más dolorosos de nuestra vida los que determinan qué valoramos más.

La segunda manera de comprender nuestros valores es a través de acontecimientos que los satisfacen. Si alguien se muestra extremadamente respetuoso contigo o te ayuda en momentos de gran necesidad a pesar de los posibles riesgos, te sientes magníficamente. Este sentimiento es la manifestación del valor de respeto, que surge desde tu interior. Cuando te emocionas ante una gran actuación, al presenciar tu deporte o manifestación artística favoritos, tus sentimientos ponen de manifiesto tus valores profundos de excelencia, belleza, maestría o como quiera que los llames. El sentimiento es mucho más importante que su propio nombre. Las palabras no son los valores, del mismo modo que las líneas del menú de tu restaurante favorito tampoco son los platos que representan. Los valores son conjuntos de sentimientos que te permiten saber qué es importante para ti.

El tercer modo de experimentar tus valores profundos consiste en la exploración interior consciente. Mediante la meditación profunda, todos podemos descubrirlos y experimentarlos.

Lo siguiente que debes hacer con tus valores y principios es conectarlos a una gran visión de la totalidad de lo que deseas hacer con tu vida. Volvamos a Ted Turner. Tras reexaminar sus valores y principios, empezó su misión en serio. Los valores y principios que acababa de descubrir le condujeron a la gran visión de su misión.

¿Por qué razón, por ejemplo, creó los Juegos de la Amistad, que generaron pérdidas de ochenta millones de dólares en 1986 y 1990? «Lo hice para colocar de nuevo a los dos países en el terreno de juego. Estaba seguro de que los rusos deseaban ser nuestros amigos», dijo.

Cuando se le pregunta por qué vive la vida del modo en que lo hace, responde:

> Quería ver si era capaz de hacerlo, como Cristóbal Colón. Cuando haces algo que nunca antes se ha hecho, como navegar por aguas inexploradas sin saber hacia dónde vas, no estás seguro de lo que vas a encontrar, pero al menos te mueves...
>
> Tenemos una gran responsabilidad, que emana del enorme poder de los noticiarios de televisión, no de ganar mucho dinero, sino de influir en nuestra comunidad. Y nuestra comunidad... no es simplemente el mercado local o incluso nuestro país, sino el mundo en que vivimos...
>
> ¿Por qué no intentar tener paz sobre la Tierra durante los próximos diez años? ¿Y poner el marcador a cero al llegar al año 2000? Podríamos de este modo decir A. de la P. y D. de la P., «antes de la paz» y «después de la paz». Este es el mayor honor al que nuestra generación podría aspirar. Si lo conseguimos, habrá personas dentro de otros dos mil años...[16]

Como es típico de los grandes realizadores, tiene un sueño grandioso, casi inalcanzable, como visión motivadora. Y así es como lo quiere. Opina que las personas deberían tener objetivos que nunca puedan alcanzar. «No voy a descansar hasta que los problemas del mundo estén resueltos. La gente sin hogar, el sida... Estoy en plena forma aunque, con toda seguridad, los problemas me sobrevivirán.»

Si bien su misión es inmensa, también es cierto que se va realizando. Ha amasado recursos para ayudar a su despegue. Creó los Juegos de la Amistad para generar un sentido de comunicación y camaradería entre los millones de personas que veían televisión durante los años entre Juegos Olímpicos. Además, ofrece una red mundial de comunicaciones a través de la televisión por cable. La misión de Ted Turner está motivada por una gran visión de posibilidades. Esta es una de las cosas que le estimulan en la vida.

Ningún inventario de logros hoy en el mundo estaría completo sin tener en cuenta a Richard Buckminster Fuller. Inventor de la cúpula geodésica, que ha dado nombre a los buckminster-fullerenos –una notable familia de moléculas recientemente descubierta–, creador del mapa Dymaxion y del coche del mismo nombre, así como de otras numerosas innovaciones, se le tiene en todo el mundo entre los más avanzados pensadores y entre los inventores visionarios del siglo XX.

¿Cómo llegó Buckminster Fuller a completar tantas realizaciones durante su vida? Todo empezó con su misión, que descubrió una triste noche. Tras la muerte por enfermedad de su hija Alexandra, a los cuatro años de edad, su doble expulsión de Harvard, la pérdida de su empresa, la ruina financiera y el nacimiento de otro hijo, se encontraba en un estado de depresión suicida. Buckminster Fuller se encontraba a las puertas de un negro futuro.

En plena crisis, mientras contemplaba la negra superficie del lago Michigan una oscura noche de 1927, se preguntó: «¿Por qué soy un completo fracaso?». Ante la alternativa entre saltar y pensar, eligió lo último. Empezó a construir la misión de su vida. Tras un intenso proceso de razonamiento, concluyó que no tenía derecho a determinar por sí solo su valor en el universo, y que debía supeditar su destino a la inapelable sabiduría divina. He aquí el impresionante relato de su descubrimiento:

Tengo fe en la integridad de la sabiduría intelectual anticipadora que podríamos denominar «Dios». «¿Quién conoce mejor si tengo algún valor para la integridad del universo, Dios o yo?» La respuesta fue: «Ni tú ni ningún otro hombre puede conocerlo, pero la fe que acabas de aceptar a partir de la experiencia, te obliga a reconocer la sabiduría apriorística del hecho de tu ser». Dirigiéndome aparentemente a mí mismo dije: «No tienes derecho a eliminarte. No perteneces a ti mismo, perteneces al universo. Tu significado permanecerá para siempre oculto para ti, pero podrás asumir que lo cumples si te entregas plenamente a servirte de tu experiencia para el máximo beneficio de los demás. Tú, al igual que todos los hombres, estás aquí para el bien de los demás».

Al vivir su misión, su identidad profesional creció. Se definía a sí mismo como «un explorador global anticipador del diseño y de la ciencia».[18] Como puedes comprobar por su relato, pasó por los tres primeros pasos del proceso de descubrimiento de su misión y completó el Paso 3: desarrolló una gran visión de su propósito en la vida y de su identidad como persona.

Ejercicio 10
Cómo desarrollar una gran visión

Tal vez desees hacer este ejercicio solo, en algún espacio al aire libre.

1. *Contempla tus intereses, valores y habilidades.* El paso siguiente consiste en descubrir cómo conectar tus intereses y tus valores profundos para construir tu misión. Puedes conseguirlo visionando una gran, completa y significativa imagen del propósito al que dedicarías tu vida. Estará formado por tus intereses, valores y objetivos presentes. Empieza a jugar con las imágenes que ves y que representan alguna dirección que deseas tomar. A medida que vayas obteniendo la impresión de lo que podría ser tu misión, contempla varias instantáneas de ti mismo haciendo aquello que te gusta hacer, imágenes de tus habilidades.

2. *Concéntrate en héroes y heroínas.* Estudia lo que hacen aquellos a quienes admiras. Obsérvate a ti mismo mientras haces

cosas que te proporcionen las mismas emociones que sientes al pensar en ellos. Contempla instantáneas de la persona en la que te quieres convertir. Deja que se desvanezcan aquellas que no te satisfagan.

3. *Dirige una película sobre ti mismo.* Obsérvate a ti mismo como quieres ser, haciendo las cosas que te gustan hacer. Sea lo que sea lo que quieras poner en escena, eres el Spielberg de tu película. Contempla las imágenes que te apasionan. Juega con ellas. Imagina que te encuentras en medio de una sala de cine tri-dimensional, donde puedes ver, oír y sentir con gran fidelidad.

Observa lo mucho que puedes ver, dejando que tu sabiduría interior guíe las secuencias que aparecen ante ti. Visualízalo, siéntelo, disfrútalo. Las imágenes estarán a menudo muy cerca y tendrán un rico colorido. Obsérvate a ti mismo viviendo un guión que te hace vibrar. Penetra en este glorioso y estimulante futuro, lleno de gozo, que se extiende ante ti. Te permite hacer aquello que te gusta hacer y conseguir aquello en lo que crees.

4. *Haz inventario de tus valores profundos.* Anota los valores profundos que aparecen mientras contemplas el escenario de tu misión. Observa cómo tus valores y tus imágenes encajan con extraordinaria precisión.

5. *Solicita la ayuda de tu sabiduría interior.* Pide que tu sabiduría interior, los poderes superiores o Dios guíen tu gran visión. Esta visión va a ser mucho más un descubrimiento que una creación. Deja que venga a ti. Invítala a venir. Tómate el tiempo que necesites para ver y oír cómo los aspectos de tu vida se unifican para componer un todo apasionante. Contempla más imágenes. Ve más allá en el tiempo y admira varias imágenes radiantes, cercanas y coloridas, de lo que vas a crear en tu vida. Ve cómo se combinan en una gran colección, que representa tu propósito y tu visión.

6. *Haz lo necesario.* Tómate todo el tiempo que necesites: cinco minutos, una hora o toda una tarde. Es tu vida, tu futuro, lo que estás creando. Estas atractivas imágenes te permiten vislumbrar tu misión. Cuando acabes, escribe acerca de ella, así podrás desarrollarla en profundidad. Deja que el visionario que hay en ti te ofrezca el regalo de esta gran visión.

Ahora que ya estás en condiciones de ver la gran misión con la que quieres contribuir, puedes convertirla en el objetivo de tu trabajo, en la dirección específica hacia la que encaminar tus esfuerzos. El astronauta Russell «Rusty» Schweickart sintió la importancia de la relación entre una gran visión de plenitud y una dirección específica. Su experiencia de perspectiva espacial le ayudó a descubrir su misión. Así es como lo describe:

> Existen limitaciones fundamentales en nuestras instituciones para poder servir a este propósito [las necesidades del planeta como un todo], debido a que dichas instituciones sirven mejor a las cosas que están por debajo de ellas, y peor a las cosas que están por encima. Lamentablemente, operan desde y sobre el temor.
>
> En ocasiones, nuestra capacidad intelectual sirve para comprender que nuestra supervivencia depende de quienes nos rodean, más que de nuestro propio egocentrismo. Pienso que a nuestras instituciones les falta dar este salto en la comprensión.
>
> Básicamente, las instituciones de esta índole –sean gubernamentales, empresariales u otras–, están de algún modo intelectualmente limitadas... y el único modo de que cambien será que los individuos nos expresemos aislada o colectivamente.[19]

Schweickart imprimió dirección a su misión, al promover la visión global de la Tierra desde el espacio y participar en la fundación de la Association of Space Explorers. Este grupo publicó el libro titulado *The Home Planet,* y está involucrado en numerosos proyectos innovadores.

La inspiradora experiencia emocional de percibir una gran misión debe ser canalizada en una dirección específica. Esto es precisamente lo que hizo «Rusty» Schweickart. Esta es la diferencia crucial entre un soñador a la deriva y una persona con una misión.

Ejercicio 11
Encuentra una dirección específica para tu gran misión

1. *Formula tu propuesta.* Propón a tu sabiduría interior que desarrolle en tu imaginación imágenes específicas o un corto

vídeo. En tu «sala de cine» interior experimenta estas imágenes, que representan la posible dirección que tu misión podría seguir. Disfrútalo. Observa lo que pasa. Viene de tu sabiduría interior.

2. *Añade efectos especiales.* Añádele tu propio sonido estereofónico, efectos sonoros o música de alta fidelidad. Imagina que dispones de un amplio programa musical y que puedes escoger la música más adecuada. Determinados tipos de música te proporcionan un sentimiento de importancia y de profunda implicación con la misión de tu vida.

3. *Pronuncia una frase.* Quizás escuches la música tenuemente al principio. Sube el volumen. Mientras ves la imagen o imágenes y escuchas la música, formula una frase o dos, una breve declaración que describa tu misión.

Steven Spielberg quizá diría, mientras contemplaba lo que quería hacer en su vida: «Soy un narrador planetario. Contaré historias que ayuden a las personas a crecer». Imagina que eres él, experimenta la misma sensación.

Susan Butcher podría haber dicho: «Soy una persona que vive en la naturaleza con animales y les ayuda a crecer. Haciéndolo, alcanzo la plenitud». Imagina que eres ella por unos momentos.

Ted Turner habría mirado el panorama de imágenes brillantes e interesantes ante él y habría dicho: «Soy un pacificador. Uno a las personas para lograr la paz». Imagina que eres Ted Turner. ¿Cómo te sientes?

4. *Incorpora valores o algún principio.* Pronuncia tus propias palabras para describir tu misión. Mientras ves ante ti las imágenes que representan el conjunto de tu misión y tu resolución, puedes verte a ti mismo viviendo esta determinación mediante un principio verbal que te guía.

5. *Nota la sensación.* Junto con las imágenes, la música, el principio y las palabras, una profunda sensación emerge de tu interior. Es el sentimiento de la importancia que para ti tiene tu misión. Esta sensación fluye desde tu interior y te guía.

6. *Sigue la dirección de la misión.* Ahora, mientras contemplas esas imágenes y la dirección de tu misión frente a ti, da el paso siguiente: entra en ella. Hazlo ahora y goza de las diferentes

etapas de su desarrollo. Vive este glorioso futuro, experiméntalo imaginando que estás ya realmente inmerso en la riqueza y plenitud de ese mañana, como si fuera ahora. Disfrútalo.

Al saltar al futuro en el cumplimiento de tu misión, podrás sentir cuán maravillosamente expresa tu propósito y tus valores más preciados. Sigue haciéndolo. Ejercitarás tu mente de un modo delicioso.

7. *Persiste.* Repite todo este proceso mental hasta que percibas con claridad tu dirección específica, dentro de la gran visión de tu misión. El sentimiento que experimentas al entrar en tu misión constituye en sí mismo un importante valor, así como un valioso recurso para ayudarte a cumplir dicha misión. Anota en tu agenda la dirección específica de tu misión para todo el año, de modo que la tengas siempre a mano.

Todos los notables realizadores citados en este capítulo –Susan Butcher, Buckminster Fuller, John Wooden, «Rusty» Schweickart y Steven Spielberg–, se alinearon con su misión. Convirtieron en apoyo todas las objeciones internas a consumar su misión particular. El siguiente ejercicio es un método específico que te proporcionará congruencia interior para alcanzar tu misión.

Ejercicio 12
Alinéate con tu misión

1. *Empieza por interrogarte.* Al formularte las preguntas siguientes, te encontrarás en ocasiones con sentimientos y respuestas que apoyan tu misión. En otras, por el contrario, alguna parte de ti presentará objeciones: «¡Pero, hombre! ¿Por qué quieres cambiar tu vida por completo y dedicarte a una misión así?». Cada objeción contiene información importante sobre cómo desarrollar tu misión, de modo que atiéndelas y respétalas.

He aquí algunas preguntas que te puedes hacer:

• ¿Cómo se relaciona esta misión con las responsabilidades de mi trabajo actual? Reflexiona sobre estas responsabilidades y actividades.

• ¿Cómo se relaciona esta misión con mi familia? Contempla a los restantes miembros de tu familia y a tu círculo de amistades.

• ¿Cómo se relaciona esta misión conmigo y con mis restantes actividades? Empieza a ponderar las implicaciones que esta misión tendrá para ti.

• ¿Cómo se relaciona esta misión con mi propia comunidad, mi futuro, mi estado, mi país y la vida que vivo?

2. Negocia con las partes de ti que objeten. Debes respetar, escuchar y responder atentamente a cualquier parte de ti que haga objeciones ante tu misión. Cuando surja una objeción, escucha y responde. El modo en que trates con estas objeciones es crucial para generar congruencia y alinearte con tu misión. Negocia con cualquier parte de ti que formule objeciones a tu misión. Hazlo como lo harías con alguien a quien aprecias profundamente. Los pasos a seguir son:

a. Escucha la objeción.
b. Descubre su intención positiva y su valor.
c. Crea modos alternativos para satisfacer dicho valor.
d. Llega a un acuerdo sobre una alternativa que os satisfaga a los dos.

Frente a una objeción como: «No creo que mi esposa esté de acuerdo», puedes preguntar: «¿Cuál es el valor positivo que persigues con esta preocupación?». Si la respuesta es: «Deseo su plena participación en la misión», puedes desarrollar alternativas para conseguirlo, tales como discusiones sinceras o negociaciones detalladas. Entonces tú y «tu parte» podréis llegar a algún acuerdo sobre la línea de acción a seguir, entre diversas alternativas.

3. Asume la realidad de la muerte física. Llegará el momento en que tu cuerpo físico dejará de existir. Puedes dejar tu huella antes de que esto ocurra. Recuerda a Buckminster Fuller al borde del lago Michigan. Crea en ti el intenso deseo de hacer aquello por lo cual vives. Admitir la realidad de la muerte puede ser de gran ayuda para vivir una vida dotada de un propósito increíble.

4. *Descubre motivos de apoyo.* Cuando veas que tu misión se desarrolla ante ti y escuches la declaración de su principio, pregúntate: «¿Hasta qué punto será positiva para mí?». «¿Cómo representa lo que soy y lo que me importa?» Semejantes preguntas pueden ser tus maestros y tus guías. Te ayudarán a reexaminar, consolidar y reforzar el sentido de vivir esa misión. Piensa ahora en otra pregunta: «¿En qué medida vivir apasionadamente esta misión me ayudará a vivir la buena vida?».

Al completar esta serie de preguntas, confirmarás tu alineamiento con la misión mediante el creciente afecto por ella, un sentimiento que te dice: «Sí, ésta es mi misión».

5. *Persiste.* Sigue dando vueltas a estas preguntas hasta que experimentes dicho sentimiento. Surge del acuerdo entre todas las partes de ti, que se verán afectadas por un cambio tan capital como es una nueva misión en la vida.

El método básico de autoalineamiento aquí esbozado –pedir y recibir objeciones internas y negociar respetuosamente una solución satisfactoria para todas tus partes– puede resultar muy útil, a condición de que se realice con sinceridad, respeto y humildad. A menudo es un proceso que carece de una única conclusión satisfactoria. Podrás más bien involucrarte provechosamente en él una y otra vez.

Asegúrate de crear un completo alineamiento de todas las partes de ti con tu misión. La conclusión natural de semejante compromiso unificado es la decidida, entusiasta y a menudo descaradamente efectiva acción. Este firme compromiso interior crea además una energía que hace que los demás quieran alinearse contigo y ayudarte.

A fin de alimentar tu entrega a la misión que deseas realizar, y facilitar las acciones específicas que conducirán a su desarrollo, exprésate a ti mismo cuál será tu misión a partir del Ejercicio 11: «Mi misión en la vida refleja quién soy. Define cómo utilizo mis propias habilidades, y me guía para mi forma de actuar en el mundo». Puedes realizar otras afirmaciones para asegurar tu entrega a tu misión.

Al alinear las múltiples partes de ti en un compromiso unificado, preparas el escenario para la acción. Es importante que, durante la transición hacia tu nueva misión, consigas el apoyo de aquellos a quienes aprecias. Asegúrate de que conservas la relación con estas personas. ¿Quién sabe?, quizás alguna de ellas querrá ayudarte en tu misión. Debido a que estamos interconectados con un sinnúmero de personas, un compromiso no queda realmente unificado hasta que no conseguimos el apoyo de otros. Es, pues, importante que alinees también a otros con tu misión.

Cuando Buckminster Fuller rechazó la premisa básica de ganarse la vida para seguir su misión, sabía que esta decisión no era tan sólo suya. Tenía esposa y una hija pequeña. Necesitaba el compromiso de su esposa, de modo que volvió a ella y le habló de su «su decisión de dedicarse a servir a la humanidad, sin preocuparse por ganarse la vida»,[20] y ella aceptó.

Steven Spielberg obtuvo pronto el apoyo de su familia para sus películas. Buscó también ayuda de otras personas y desarrolló un compromiso unificado tan fuerte para hacer películas que actuó de forma absolutamente decidida y descarada en pos de su misión.

A la edad de diecisiete años visitó los estudios de la Universal. Allí conoció a Chuck Silvers, jefe del departamento de edición. Spielberg cuenta: «En lugar de llamar a los guardias de seguridad para que me echaran, estuvo charlando conmigo durante más de una hora... Me dijo que quería ver alguna de mis pequeñas películas y me dio un pase para el día siguiente. Le enseñé cuatro de mis películas en 8 mm y quedó muy impresionado».[21]

Pocos días después de su primera visita a los estudios de la Universal, cogió el maletín de su padre y sin más entró en el recinto. No esperó a tener permiso, ni a graduarse en la universidad o conseguir otra invitación. Simplemente entró. Explica:

No había nada en el maletín, a excepción de un bocadillo y un par de caramelos. Cada día de aquel verano me metí en mi traje y me codeé con directores, escritores y editores. Encontré un despacho vacío y me convertí en un *squatter* [ocupante ilegal de vivienda, okupa]. Compré unas tarjetas de plástico en una tienda de cinematografía y puse mi nombre en el directorio del edificio: Steven Spielberg, Despacho 23C.[22]

Consigue apoyos para tu misión

Para conseguir apoyos para tu misión, prepara una relación de aquellas personas claves de tu vida que vayan a verse afectadas por dicha misión. Encuéntrate con cada una de ellas para hablar expresamente de las implicaciones que tu misión tendrá para ellas y para vuestra relación. Cuando hables con estas personas clave en tu vida, descríbeles tu misión y el proceso que has seguido para descubrirla. Cuéntale a cada una de ellas lo importante que es para ti vuestra relación. Admite con sinceridad que deseas cumplir tu misión y, al mismo tiempo, preservar los buenos aspectos de vuestra relación. Pide su apoyo para esta nueva dirección de tu vida. Averigua las posibles sinergias entre tu misión y los planes y objetivos de cada persona.

Has dispuesto ya el escenario para la acción. No vas tan sólo a disfrutar cumpliendo tu misión, conseguirás mucho más: la satisfacción de ayudar a otros. Hay algo increíblemente gratificante en crear un legado para los demás, tanto durante tu vida como después de ella.

Una misión: crear para otros

Miguel Ángel, el famoso artista italiano del Renacimiento, constituye un buen ejemplo de alguien cuya misión significó un legado para millones de personas. Recibió el encargo del Papa de decorar el techo de la Capilla Sixtina, una de las obras maestras del arte de todos los tiempos. Por aquel entonces ya estaba involucrado en su misión de gran artista, dedicado a enriquecer la vida de los demás mediante su arte. La Capilla Sixtina, situada en el palacio del Vaticano, en Roma, es parte de un edificio que había sido construido siglos atrás, pero que gracias a él vivirá por siempre.

Miguel Ángel se veía a sí mismo básicamente como escultor. Su misión de crear arte se puso de manifiesto muy pronto. A los dieciocho años de edad, dedicó casi uno a diseccionar cadáveres para comprender la estructura subyacente en la forma humana externa. El siguiente poema, escrito por él mismo, capta la esencia de su misión:

El artista y su obra

¿Por qué será, mi señora, que de larga experiencia aprender debamos?
¡Formas que parecen vivas, labradas en el duro mármol de las montañas,
sobrevivirán a su hacedor, quien con los años al polvo volverá!

Así al efecto la causa conduce.
El arte el destino cambia y sobre la naturaleza triunfa.
Yo, que con la escultura me debato, bien lo sé;
más allá de tiempo y muerte, tiranos implacables, sus maravillas perdurarán.

Dejad, pues, que otorgue a ambos larga vida,
ya sea con el color o sobre la piedra,
haciendo el semblante de vuestro rostro y del mío.[23]

La mayoría de ejemplos de realizadores del presente capítulo han sido personas famosas. Es importante señalar que no es necesario ser mundialmente famoso para vivir una gran misión.

La historia de una magnífica misión

Mary Jane Sheppard murió el 18 de diciembre de 1992. No se hizo famosa, ni inventó ninguna tecnología revolucionaria, ni construyó tampoco ningún imperio empresarial. Sin embargo, vivió una magnífica misión. La misión que Mary Jane Sheppard vivió fue tan importante como la de cualquier personaje famoso. Como esposa de Harry Sheppard y madre de cuatro hijos en San Mateo, California, fue la luz del amor para su familia y sus amigos.

La familia de Mary Jane no se limitaba sin embargo al entorno inmediato de sus hijos y nietos. Tenía por costumbre «adoptar» a los amigos de sus hijos y a otros que encontraba. Irradiaba sentimientos de amor. Su afecto e interés por los demás le atraía amistades como un imán. Mientras que su esposo Harry se refería a ella como una santa, su hijo Charlie la describe como una excelente mentora, que le ayudó a descubrir la compasión en su vida.

En una pared de la cocina de la casa familiar, aún se pueden ver unos cordeles de los que cuelgan centenares de pinzas de tender ropa decoradas. En cada una de ellas figura el nombre de alguna persona que pasó una noche en la casa, junto con la fecha en que lo hizo. La dilatada familia de Mary Jane se convirtió en una comunidad de personas que ella unía.

Jim Conlow, miembro de la comunidad de Mary Jane, escribió un poema sobre ella titulado «El Hacedor». Una parte del mismo describe así a Mary Jane:

> Un Hacedor es el mayor de los brujos o de los santos
> Vida de amor mágico y conexión
> Haciendo pan y jardines
> Haciendo niños y niños de los niños
> Tejiendo el tapiz de la compasión.

Empezó muy pronto a seguir todos los pasos del proceso de descubrimiento de su misión. Conocía su pasión primaria, conectar emocionalmente con las personas. Descubrió sus valores profundos, amor y compasión. Fundió estas pasiones y estos valores en la gran visión de vivir una vida magnífica al servicio de los demás. Para ello, eligió una dirección específica o «causa» rica y plena: la comunidad de sus amigos y su familia. Se autoexaminó en profundidad, para alinearse por completo con su misión. Cada obstáculo interior a su misión fue apartado, saltado o, aún mejor, convertido en un recurso. Desarrolló un compromiso unificado, tanto consigo misma como con los demás, que la guió día tras día, y su legado, en forma de comunidad de amigos y familia, floreció ante ella.

Cuando un cáncer acababa con su vida, a los sesenta y ocho años, más allá de su dolor brillaba su amor por los demás, bendiciendo a quienes se vieron honrados con su presencia durante su vida. En los momentos finales de su vida, le confió a su hijo Charlie: «He hecho todo lo que vine a hacer». Ésta es quizá la recompensa suprema que aguarda a quien descubre su misión.

¿Cómo saber si estamos viviendo nuestra misión? Nadie nos lo puede decir. Es algo que tan sólo cada uno de nosotros puede descubrir y saber por sí mismo.

Repasemos lo que has aprendido

Anota tu misión antes de pasar al próximo capítulo. Puedes cambiarla cuando quieras, y probablemente lo harás. Es importante que resumas los resultados de emplear el proceso expuesto en este capítulo, para que puedas sacar el máximo partido del siguiente. Asegúrate de que incluya la referencia a las pasiones e intereses de tu vida, tus valores y principios más profundos, una gran visión y una dirección/acción específica. Aún más importante, haz que encaje en la paradoja esencial de toda misión: algo que no puedas acabar jamás, pero que puedas hacer cada día.

He aquí un resumen de los pasos que debes dar para alcanzar tu misión:

- Descubre la pasión de tu vida.
- Reexamina tus valores y principios más profundos.
- Desarrolla una gran visión.
- Descubre una dirección específica.
- Alinéate con tu misión.
- Consigue el apoyo de otros.

Ha llegado el momento de marcar objetivos específicos para cumplir tu misión, así como de reevaluar tus objetivos actuales en relación con ella. ¿Deseas ser el albañil que construye la pared, colocando ladrillo sobre ladrillo con un poco de mortero, o aspiras a ser el constructor de un monumento a lo que la humanidad puede conseguir? Los objetivos sin una misión carecen de pasión y sentido profundo. Los objetivos dentro de una misión, en cambio, convierten los sueños visionarios en realidades, llenando de energía todo cuanto haces con significado, entusiasmo y gozo.

5

Alcanza tus objetivos

Haz todo aquello que puedas hacer o sueñes que puedes hacer.
La osadía lleva consigo genio, poder y magia.

GOETHE

Dos maneras de alcanzar objetivos

Existen en realidad dos maneras distintas de definir y alcanzar objetivos. El planteamiento tradicional del éxito enfatiza los métodos de fijación de objetivos «del exterior al interior». El mensaje es: «Si consigues tal gran cosa, serás un triunfador y te sentirás bien». Los objetivos marcados desde esta perspectiva tienen a menudo poco que ver con lo que te gustaría realmente hacer cada día. Y si no te entusiasman, mejor será que los olvides porque no te conducirán al éxito. Examinemos las cuatro trampas principales de este planteamiento tradicional para alcanzar objetivos.

Trampa 1 – La vida de vacaciones

Las personas que se fijan objetivos de tipo no-misión eligen a menudo alguna variante de existencia vacacional: «Me retiraré dentro de cinco años para vivir en un velero». «Quiero descansar junto al lago y dormir cada día hasta la hora de comer.»

Esta clase de objetivo apunta tan sólo a la penosa e incongruente vida cotidiana, de la que la persona experimenta la necesidad de escapar. Hay que admitir que cuando el dolor crea una demanda de no-acción, un descanso o tregua pueden ayudarte a enfocar correctamente tu verdadera misión. Una vez apaciguado el dolor, será cuando la búsqueda de la misión nos plantee nuevos retos. El entrenador John Wooden lo expresaba así: «No hay diversión, satisfacción ni alegría en hacer algo fácil».[1]

Trampa 2 – La seducción por una publicidad basada en la imagen social

Muchas personas hacen irreflexivamente suyos objetivos que no son más que imágenes prefabricadas, basadas en la posición social: «Voy a tener una mansión de mil metros cuadrados que será mi castillo, un Mercedes y un yate». Pueden ser cosas muy agradables, aunque quizá valga la pena que analices de quién son los deseos antes de dedicar años de tu vida a conseguirlos. En cualquier caso, tu mayordomo y el patrón de tu yate estarán encantados de disfrutarlas por ti, aunque tú no tengas tiempo de hacerlo.

¿Recuerdas a aquel personaje de comedia que pedía a gritos a su mujer que le llevara una cerveza al ver un anuncio de esta bebida en la tele? Se trataba de un reflejo automático ante el anuncio, desconectado por completo de sus verdaderos objetivos vitales. Del mismo modo, muchas de las imágenes que tenemos sobre nuestros objetivos proceden hoy en día de la publicidad. Tras un poco de introspección, ¿crees realmente que tus imágenes de buena vida se parecen a las de un sistema de clases que anima a «estar a la altura de los Jones»? Si es así, quizá te conviene explorar la naturaleza de la publicidad del sistema clasista estadounidense. Dos buenos libros sobre ello son *Class,* de Paul Fussell, y *The Image,* de Daniel Boorstin.

Si eres consciente de que los valores consumistas inducidos por los medios de comunicación son por regla general mucho más superficiales que los valores más profundos sobre los que se basa tu misión, podrás evitar con facilidad la trampa de la seducción por la publicidad basada en la posición social.

Trampa 3 – Objetivos financieros «si/entonces»

«Si consigo ahorrar suficiente dinero haciendo lo que no me gusta, entonces podré dedicarme a lo que realmente quiero.» Las personas que persiguen el dinero como un fin en sí mismo carecen normalmente de una misión basada en valores profundos. En los últimos momentos de su vida, son pocas las personas que se lamentan de no haber ganado suficiente dinero. Más bien suelen preocuparse por valores más profundos que el dinero, el poder, la posición social o la fama.

El dinero que ganamos es nuestro medio de vida, pero construimos la vida mediante el servicio que prestamos. Para que el dinero sirva a tu misión es necesario definirlo. He aquí una buena sugerencia: «El dinero es algo que decidimos intercambiar por nuestra energía vital».[2] Puesto que, efectivamente, entregamos gran parte de la energía de nuestra vida a cambio de dinero, éste constituye un aspecto importante y necesario que considerar en toda misión. El dinero es para tu misión lo que el aire es para tu cuerpo, no un fin en sí mismo, sino un medio necesario para conseguir lo importante. Tratar de imaginar el modo de ganar el máximo dinero posible es algo parecido a hiperventilarte: probablemente te marearás y se alterará tu percepción de la realidad, especialmente si consigues tu propósito.

Otro problema derivado de tratar el dinero como un fin en sí mismo consiste en tener que hacer algo que no amas. Además de la cotidiana falta de congruencia con los objetivos financieros «si/entonces», sucede a menudo que la recompensa final llega mucho más tarde de lo esperado.

Ello no equivale a decir que ganar mucho dinero en la búsqueda de tu misión sea malo. Muchos grandes triunfadores dedican parte de su tiempo a generar recursos económicos, y otra parte a ayudar a una causa. Ewing Kauffman constituye un gran ejemplo de una persona así. Como fundador de la empresa farmacéutica Marion Merrell Dow, acumuló una fortuna personal superior a los 1.000 millones de dólares [más de 150.000 millones de pesetas]. Empleó casi todo este dinero en una fundación creada por él para contribuir a mejorar la sociedad, y para dar a la región de Kansas City un equipo de béisbol profesional, los «Kansas City Royals».

Mediante su empresa y su fundación, Ewing Kauffman realizó su misión de divertirse ayudando a los demás. Por ejemplo, la Fundación Ewing Marion Kauffman financia la educación de cientos de jóvenes en colegios del área de Kansas City. Como dijera su fundador: «Creas tu vida en función de lo que das. Disfruto gastando mi dinero en ayudar a la gente ahora, mientras estoy vivo».[3] Ganar muchísimo dinero nunca fue su objetivo principal. Aspiraba a mejorar la sociedad, y su legado vive hoy en forma de la mayor fundación activa de Estados Unidos.

Trampa 4 – Medios frente a fines

Supongamos que un vendedor se marca el objetivo de conseguir un determinado volumen de ventas en un tiempo dado. ¿Qué medios empleará? Si su objetivo se convierte en toda su misión y la desconecta de sus valores más profundos, tal vez se convenza, al tratar con sus clientes, que puede emplear tácticas de presión en lugar de la honradez y la integridad. Quizás opte por formular afirmaciones falsas o dudosas sobre su producto. Si miente, habrá caído en la trampa de los medios-frente-a-los fines.

Si bien este tipo de táctica puede ayudar a cumplir objetivos de ventas a corto plazo, tanto la reputación del vendedor como la de la empresa a la que representa se verán perjudicadas. Más aún, sin saberlo al principio, el propio vendedor acabará sufriendo. Cuando alguien se fija un objetivo que no está incluido en la globalidad de una misión, su consecución por cualquier medio puede acabar creando problemas de autoengaño. El vendedor se irá distanciando cada vez más de lo importante, a medida que los valores que le dicta su corazón se vean sistemáticamente negados y desdeñados. «Nuestra capacidad de autoengaño no tiene límites»,[4] afirma Thomas J. Savage, S. J., presidente del Rockhurst College de Kansas City. Por el contrario, cuando actuamos desde la ética que nos marcan nuestros valores más profundos, nuestros objetivos encajan a la perfección con una misión bien madurada y atraemos el éxito, el bienestar y otros logros.

El valor de los objetivos orientados hacia una misión

Así pues, ¿qué objetivos vale la pena alcanzar? Aquellos que podríamos denominar *orientados hacia una misión*. Si has realizado los ejercicios de los capítulos anteriores, de tus valores más profundos habrán emergido tanto tu misión como la dirección que conduce a su logro. Supongamos además que has sabido evitar las cuatro trampas de la fijación tradicional de objetivos, y que eres consciente de la dirección significativa, divertida y apasionante que está tomando tu vida: *tu misión*. Es el momento de que te centres en los objetivos de acción significativa que realmente vale la pena alcanzar. Las grandes misiones se viven mediante la consecución de objetivos específicos.

Los objetivos orientados a la misión se consiguen mediante acciones, según los diferentes papeles que para ti definen tu misión. Lo que haces para cumplir tu misión emerge de tu interior, y se hace evidente en ella de modo natural. Cada papel que desempeñas te proporciona una identidad para expresar lo que te interesa y apasiona, tus visiones, valores y principios. Los objetivos orientados a la misión son de este modo exactamente lo contrario a los del enfoque tradicional de fuera-adentro, surgen de tu interior.

Lo más difícil de conseguir para los grandes realizadores es cualquier cosa *excepto* lo que aman. La campeona Susan Butcher lo describe así: «Quería instalarme donde pudiera vivir en la naturaleza y trabajar con animales. Es una cuestión tan sencilla como que, si quieres hacer algo, lo haces».[5]

La misión genera una acción significativa

Podemos tomar ejemplo de los grandes realizadores, personas cuyas vidas han quedado marcadas por logros significativos a través de un trabajo de amor. Podemos aprender también emulando a quienes saben cómo hacerlo. Recuerda del capítulo 3 a Steven Spielberg con su misión de convertirse en director de cine. Para alcanzar su papel específico de director, tuvo que mejorar sus habilidades colaborando con editores. Como recordarás, con 17 años de edad simplemente cruzó el umbral de los estudios de la Universal y, sin preguntar, ocupó un despacho vacío y puso su nombre en el directorio del edificio. Empezó a mostrar sus películas en 8 mm a algunos editores, obteniendo así su colaboración para mejorar sus dotes de director. ¡Así es la osadía de la acción destinada a la consecución de objetivos!

Puesto que había descubierto su misión, esta firme decisión en la acción dirigida al logro de su objetivo específico emergía de manera natural de su identidad como director de cine, firmemente establecida ya en su mente. La prosecución de estos objetivos específicos, apoyada con fuerza en el compromiso emocional de una misión consistente en realizar grandes películas, hizo que pudiera mantener sus esfuerzos en el tiempo.

Al decidir un objetivo, es esencial asegurarse de que se trata de un objetivo cuya consecución vale la pena. Deberá ser un objetivo orientado hacia una misión, es decir, una acción necesaria en alguno de los papeles definidos por tu misión. ¿Qué se experimenta con un objetivo así? El siguiente ejercicio te ayudará a experimentar esta sensación.

Ejercicio 13
Utiliza tu heroína o héroe favorito

1. *Piensa en un héroe o una heroína.* Elige a alguien a quien realmente admires, cuyos logros te estimulen y te inspiren cada vez que piensas en ellos. Hay quien elige grandes personajes de la historia como Churchill, Gandhi, Martin Luther King, Susan B. Anthony o Eleanor Roosevelt. Otros prefieren a los grandes líderes religiosos como Jesús, Moisés o Mahoma. Quizá prefieras elegir a alguien a quien conoces personalmente, como un miembro de tu familia, un compañero de trabajo o un amigo. Incluso los personajes de ficción como Robin Hood son válidos. Deja que guíen tus sentimientos y tu inspiración.

2. *Contempla un objetivo determinado.* Escoge algún objetivo que tu personaje elegido haya alcanzado en el cumplimiento de su misión. Puede ser Andrew Carnegie creando una industria y fundando luego las bibliotecas públicas de Estados Unidos. O quizá Gandhi pronunciando un discurso o participando en algún acto de protesta. O tal vez Eleanor Roosevelt, negociando en una reunión a favor de la declaración de los Derechos Humanos. Podría ser María Montesori prestando su atención a algún niño, o Bill Gates creando el MS/DOS. Sea lo que sea, observa una serie específica de acciones que represente la vivencia de la misión de esta persona: un objetivo. Haz una corta película, de unos treinta segundos de duración, sobre este objetivo. Contempla la imagen, cercana y llena de vívidos colores, mientras proyectas la película en tu mente. Haz que sea inspiradora y significativa. Luego proyéctala en sentido contrario y déjala en pausa.

3. *Entra en el personaje.* Conviértete en tu personaje elegido, viviendo el papel que le has asignado en esta película. Percátate de tus valores, propósitos y principios, así como de tu misión como tu héroe o heroína. Desactiva el botón de pausa de tu vídeo mental y proyecta de nuevo la película, esta vez contigo como protagonista en el papel de tu héroe o heroína. Completa la escena desde dentro. Entra en contacto con las sensaciones que experimentas mientras realizas esta serie de acciones.

4. *Interrógate a ti mismo.* Mientras permaneces en el personaje, formúlate las siguientes preguntas:

¿Cuáles son mis motivos?

¿Por qué he emprendido esta acción para conseguir el resultado final, el objetivo?

¿De qué modo encaja este objetivo en la globalidad de mi misión?

¿Que *siento* al plantearme este objetivo?

5. *Vuelve a ser tú mismo.* Reflexiona sobre aquellos recursos de tu héroe o heroína que pones en acción para alcanzar tus objetivos dentro de tu misión. La cuestión principal en este ejercicio consiste en experimentar las sensaciones que te producirá perseguir los objetivos de tu misión.

Utiliza el ejercicio héroe-heroína mientras lees

Muchos realizadores importantes leen gran cantidad de biografías sobre sus personajes favoritos. A la edad de doce años, Ewing Kauffman había leído las de todos los presidentes estadounidenses, así como las de los principales empresarios del país. Luego se lanzó a vivir una fantástica misión vital como vendedor, empresario, ejecutivo farmacéutico, miembro activo de la comunidad, propietario de un equipo de béisbol, hijo, padre, esposo y filántropo.

Puedes también realizar el ejercicio anterior mientras lees biografías. Hacerlo de manera rutinaria te ayudará a sacar a la superficie tus recursos internos, para funcionar eficazmente en tus papeles vitales. Desde fuera, parecerá simplemente que lees y ponderas. Desde dentro, esta técnica marca una enorme diferencia en lo que sientes sobre tus propios papeles o funciones que desempeñas. Si lo practicas asiduamente, reforzarás tu propia capacidad para alcanzar la grandeza, ayudándote en la consecución de tus objetivos orientados hacia una misión.

La importancia de los papeles que uno desempeña

Hemos estado hablando mucho sobre los papeles que desempeñamos en la vida. ¿Por qué son importantes? Cuanto más aprendas sobre cómo crear tus propios papeles, mejor podrás vivir la vida que elijas para ti. Las identidades del papel desempeñado constituyen un aspecto clave en nuestro sistema de creencias. Se estructuran de múltiples modos. Asumirás nuevas identidades de función con cada nueva misión de tu vida. Tu misión determina tus funciones y éstas determinan tus objetivos.

Puede que una persona lea mucho, por ejemplo. Sin embargo, si dicha persona carece de identidad como escritor, no es probable que aprenda a escribir por más que lea. Otra, en cambio, que piense intensamente «Soy un escritor», leerá de modo muy diferente a la que no comparte esta identidad. La persona con una identidad correspondiente al papel de escritor percibe

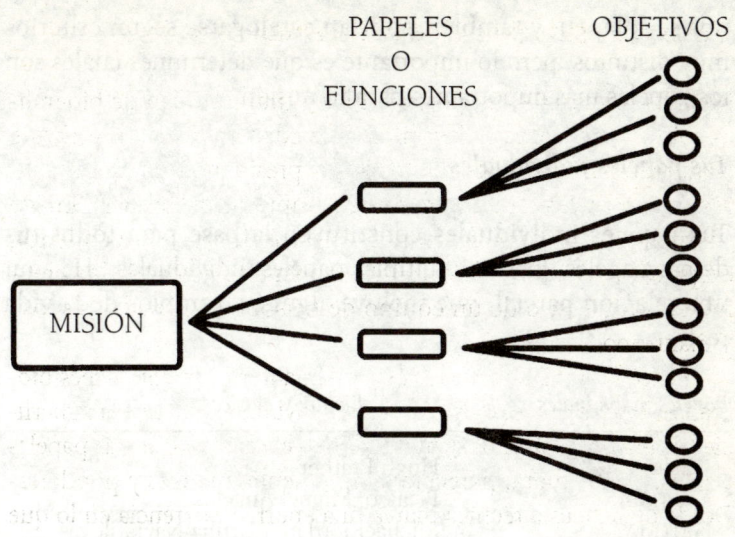

cosas que pasan inadvertidas a la que carece de dicha identidad. Un escritor no lee tan sólo para obtener información, sino también para perfeccionar sus propias habilidades de escritura.

Si la misión de un hombre consiste en ser el mejor mecánico de automóviles, expresando maestría en su trabajo y amor y afecto con su familia, sus amigos y sus clientes, dicha misión requerirá múltiples papeles. En su caso, dichos papeles incluirán el del contable, el artista, el hermano, el programador informático, el padre, el esposo, el investigador, el solucionador de problemas, el proveedor de servicios, el hijo, el tío y el obrero. Cada papel tiene sus propios objetivos específicos, y el modo en que pensamos sobre él marca la diferencia en cómo lo vivimos.

Papeles en el proceso de consecución de objetivos

Consideremos algunos de los papeles que desempeñas en tu compleja vida. En el presente capítulo hemos organizado los papeles vitales en cuatro categorías primarias: individuales, de trabajo, personales y familiares, y sociales. Es posible que algunos se solapen, y también podrían catalogarse según criterios muy distintos, pero lo importante es que determines cuáles son los papeles más importantes para tu misión.

Tus papeles individuales

Tus papeles individuales constituyen la base para todos tus demás papeles. Existen múltiples papeles individuales.[6] He aquí una relación parcial, que incluye algunos ejemplos de la vida real:

Papeles individuales	Ejemplos clásicos
AMIGO	Hugh Prather
ARTISTA	Picasso, Miguel Ángel
ATLETA	Michael Jordan, Martina Navratilova
BUFÓN	Steve Martin, el bufón del Rey Lear
CAZADOR	Tom Brown, Jr.
CREADOR	Thomas Jefferson, Amory Lovins
DESCUBRIDOR	Nicolás Copérnico, Isaac Newton
ESTUDIOSO	Albert Einstein
GUERRERO	General Norman Schwarzkopf
HÉROE-HEROÍNA	Martin Luther King, Susan B. Anthony
LÍDER	Mahatma Gandhi, Winston Churchill
MAGO	Merlín
MEDITADOR	Papa Juan Pablo II
SABIO	Jesús
SANTA	Madre Teresa de Calcuta

Tu misión requerirá múltiples papeles distintos. La relación anterior incluye algunos ejemplos clásicos, para que puedas formarte una idea más clara de cada papel. No olvides que, al igual que tú, las personas utilizadas como ejemplo vivieron también (o viven) muchos otros papeles en el desarrollo de las misiones de sus vidas. Los papeles pueden ser reales o pueden ser utilizados de modo metafísico. Que adoptes, por ejemplo, el papel de sabio como parte de tu misión, no significa que debas pensar que eres Jesús y que tienes que renunciar a toda actividad mundana para dedicarte a rezar todo el día. Se trata más bien de emplear dicho papel como una identidad básica interior.

Puedes decirte: «Soy un sabio y, como tal, ¿cómo puedo vivir hoy este papel, demostrando amor, compasión y sabiduría?». Asumir la identidad de sabio quizá signifique verte a ti mismo pensando profundamente antes de actuar, o leyendo textos espirituales de modo regular. Estas y otras acciones se convierten en tus objetivos, en tu papel individual como sabio. Recuerda la presuposición fundamental de PNL de que *si una persona puede hacer algo, cualquier otra puede aprender a hacerlo*. En otras palabras, te conviertes en aquello en lo que crees.

Para que estos papeles individuales cobren vida para ti y tu misión, es importante que los que escojas pertenezcan a tu misión específica. Si no estás seguro de cuál es tu misión, retrocede al capítulo 3 y utiliza los procedimientos allí explicados para descubrirla. Recuerda que descubrir tu misión es hallar el propósito de tu vida. No podrías dedicar tu tiempo a nada más valioso.

Empecemos con el papel individual más fundamental: ser buen amigo de ti mismo. Todos lo necesitamos. Lo que queremos destacar de este papel es el modo en el que te comunicas contigo mismo en esa relación de amistad. Tu salud física, tu salud emocional y tu bienestar espiritual dependen de una comunicación saludable y positiva contigo mismo. ¿Te tratas a ti mismo como tratas a tu mejor amigo? ¿Hablas contigo de modo amistoso, amable y afectuoso frente al espejo regularmente? Si tus respuestas no son afirmativas, necesitas reconsiderar tu relación contigo mismo.

Podemos hacer algo más que comunicarnos con nuestra imagen en el espejo. Pocas personas se dan cuenta de que pueden comunicar directamente con las más poderosas y sabias facetas de su mente. El resultado emocional de este tipo de comunicación es un sentimiento cálido, afectuoso y solícito hacia uno mismo. Trataremos de ello en profundidad en el capítulo 9. La comunicación con tus múltiples partes internas constituye un proceso interesante y fascinante. Una parte de ti quiere seguridad. Otra desea relaciones de calidad. Distintas partes de ti representan diferentes necesidades, deseos y prioridades. Tu relación contigo mismo puede mejorar mucho mediante una comunicación interna eficaz. Algunas personas parecen amarse y entenderse bien a sí mismas. Otras refunfuñan, critican y discuten internamente. Si perteneces al segundo grupo, piensa en hacer cambios en este terreno.

Cuando adoptes este papel a través del proceso de consecución de objetivos, surgirán múltiples posibilidades de comportarte efectivamente como un buen amigo de ti mismo. Podrás establecer qué valores de tu propia relación contigo mismo consideras más deseables, incluyendo los cambios que te gustaría introducir. Tendrás a tu alcance valores tales como respeto, confianza, amor, armonía interior, cooperación interna y concentración absoluta. Lo mismo sucede con los restantes papeles individuales cruciales para tu misión.

Con el siguiente ejercicio, puedes seleccionar ahora los papeles que utilizarás para lograr tus objetivos.

Ejercicio 14
Descubre los papeles individuales para tu misión

1. Lee la lista de papeles individuales y pregúntate: «¿Será esencial ser un gran .... para vivir mi misión?».

2. En una hoja aparte, anota papeles que consideres esenciales para el cumplimiento de tu misión.

3. Si hay papeles individuales que consideras importantes para tu vida y no forman parte de tu misión tal como la has escrito, cambia la formulación de tu misión para que incluya estos papeles claramente. Introduce estos papeles en tu lista.

Tus papeles de trabajo

Los papeles de trabajo están cambiando espectacularmente y ya era hora de que así fuera. El trabajo se está orientando más que nunca hacia la desarrollo personal. Al examinar tu carrera, tu vida profesional y tus recursos financieros, quizá desearías ver algunos cambios. Observa algunas de las imágenes y palabras que se forman en tu mente, y date cuenta de su importancia. Considera qué éxitos profesionales y financieros acelerarían el despliegue de tu misión particular. Y como Ewing Kauffman, acepta la alegría que hay en dar.

Nuestros papeles profesionales, de trabajo productivo, requieren normalmente tanto tiempo, esfuerzo y aprendizaje como cualesquiera otros de nuestra vida. A menudo más. Después de imaginar qué agradables resultarían algunos cambios en tu vida laboral, recorre la siguiente lista de papeles relacionados con el trabajo.

Papeles relacionados con el trabajo

ABOGADO	FORMADOR
AGITADOR	LÍDER
ARTISTA	PEÓN
ASALARIADO	PROFESOR
CLIENTE	PROVEEDOR DE SERVICIOS
COLEGA	SOCIO
COMPAÑERO DE TRABAJO	SUBORDINADO
DOCTOR	SUPERVISOR
EMPRESARIO	TRABAJADOR
ESCRITOR	VISIONARIO
ESTUDIANTE	ZÁNGANO

Piensa ahora en tus papeles actuales relacionados con el trabajo. Si eres abogado, podrías escoger entre una lista que incluiría mercenario, defensor de los débiles, mediador, educador, defensor de la justicia o acaparador de dinero. Cada ocupación es una oportunidad para una gran variedad de papeles ¿Cuáles son tus papeles de trabajo actuales? ¿Eres un esclavo asalariado, un agitador, un líder, un seguidor, un obrero, un consejero, un facilitador, un operario, un cajero o un empresario?

Anota en una hoja tus papeles actuales relacionados con el trabajo. ¿Te gustan? ¿Están de acuerdo tu misión? Recuerda que aun trabajando en determinada ocupación, puedes tener muchas identidades de papeles diferentes para realizar tu misión.

Si tus papeles de trabajo actuales encajan bien en tu misión, quizá desees perfeccionar y desarrollar las acciones correspondientes a estos papeles. Si por el contrario descubres que algunos de ellos te disgustan, cámbialos primero mentalmente. Imagina tus papeles de trabajo a medida que se despliega tu misión. Aunque no puedas asumir estos papeles de trabajo en la organización en la que te encuentras actualmente o en otra nueva, crea ahora las identidades de papel necesarias para tu misión.

Ejercicio 15
Descubre los papeles relacionados con el trabajo para tu misión

1. Lee la lista de papeles relacionados con el trabajo y pregúntate: «¿Será esencial ser un gran .... para vivir mi misión?».
2. En una hoja aparte, anota papeles que consideres esenciales para el cumplimiento de tu misión.
3. Si hay papeles de trabajo que consideras importantes para tu vida y no forman parte de tu misión tal como la has escrito, cambia la formulación de tu misión para que incluya estos papeles claramente. Introduce estos papeles en tu lista.

Tus papeles personales y familiares

¿Cuál es el lugar que reservas en tu misión para las grandes relaciones familiares y personales? Las relaciones entre las personas constituyen la riqueza de toda vida. Muchos grandes realizadores se dan cuenta, al analizar sus vidas, de que los esfuerzos en pos de su misión han interferido gravemente en la intimidad de sus relaciones personales. Admitiéndolo, el ex presidente de IBM Thomas J. Watson Jr. decía que todo ejecutivo que no tenga mucho tiempo para sus relaciones personales, es un mal ejecutivo.

Reflexiona sobre tus relaciones personales con las personas importantes de tu familia, presentes y futuras, tu esposa o esposo, tus hijos, padres, hermanas y hermanos. ¿Cuáles son las personas importantes en tu vida? Un buen método para averiguarlo es el test del riñón. Si tu vida dependiera de la donación de un riñón, ¿cuál de ellas te ofrecería el suyo?

Papeles personales y familiares

AMIGA	PADRASTRO
AMIGO	PADRE
CUÑADO	PRIMO
HERMANA	SOBRINA
HERMANO	SOBRINO
HIJA	SUEGRA
HIJO	SUEGRO
MADRASTRA	TÍA
MADRE	TÍO

Elige un papel que resulte importante para ti, tal vez uno que no esté funcionando como desearías. Piensa en cómo querrías que fuera esta relación. ¿Cómo sabrías que tienes una gran relación, buena tanto para el desarrollo de tu misión como para con esa otra persona?

Ejercicio 16
Descubre los papeles personales y de familia para tu misión

1. Lee la lista de papeles personales y de familia y pregúntate: «¿Será esencial ser un gran .... para vivir mi misión?».

2. En una hoja aparte, anota papeles que consideres esenciales para el cumplimiento de tu misión.

3. Si hay papeles personales y de familia que consideras importantes para tu vida y no forman parte de tu misión tal como la has escrito, cambia la formulación de tu misión para que incluya estos papeles claramente. Introduce estos papeles en tu lista.

Tus papeles sociales: relaciones con la comunidad mayor y con la naturaleza

Echa un vistazo al contexto más amplio en el que se desarrollan tu vida y tu trabajo: tu comunidad, tu ciudad o el país en el que vives. Considera incluso el planeta como un todo. Puede que haya algún asunto de la comunidad, alguna mejora o cambio, que querrías realizar en tu papel de ciudadano.

¿Viven papeles sociales tus heroínas y héroes favoritos? ¿Los incluye tu misión?

Como seres humanos, debemos asumir nuestra responsabilidad en mejorar el mundo. Algunas personas canalizan esta responsabilidad a través de sus papeles de trabajo y como padres. Sin duda, los papeles de madre y padre pueden ser considerados como papeles sociales. Otras personas, en cambio, añaden estos papeles a los de trabajo y familia. Y hay otros que convierten sus papeles de trabajo en papeles sociales. Martin Luther King fundió su papel de pastor de almas con el de activista social. Desde este papel promovió la acción no violenta como medio para desafiar la injusticia del racismo y la segregación en los años cincuenta y sesenta. Todos necesitamos sentir que existe algún tipo de conexión entre lo que ocurre fuera de nosotros y lo que nos ocurre como individuos. El visionario historiador cultural Morris Berman describe exquisitamente esta necesidad con las palabras siguientes:

> La carne de mi cuerpo es también la carne de la Tierra... Conocer nuestra propia carne, conocer tanto el dolor como el gozo que contiene, es conocer algo mucho mayor... Algo evidente escapa a nuestra civilización, algo que involucra la relación recíproca entre naturaleza y psique y que tendremos que recuperar si aspiramos a sobrevivir como especie.[7]

Si amas la naturaleza, podrías asumir papeles relacionados con el medio ambiente. Quizá te gustaría para tu ciudad un aire menos contaminado, transporte público masivo, carriles para bicicletas y un tráfico más fluido. Podrías incluso elegir un tema amplio y a largo plazo, como la relación entre tu especie y el resto del planeta. Este tipo de amplitud y perspectiva forma parte a menudo de la misión de muchas personas. Recuerda que tú puedes introducir cambios en la marcha del mundo. En el origen de las mejoras del mundo siempre han estado individuos y pequeños grupos de individuos. Como decía la gran antropóloga Margaret Mead: «Nunca dudes de que un pequeño grupo de personas comprometidas puede cambiar el mundo. En realidad, es lo único que siempre lo ha cambiado». Y para cambiar el mundo hay que empezar por cambiar nuestra propia comunidad persona por persona, familia por familia, empresa por empresa, asunto tras asunto y objetivo tras objetivo.

He aquí algunos ejemplos que te ayudarán a seleccionar los papeles sociales que utilizarás en el proceso de consecución de objetivos.

Papeles sociales

ABOGADO	FILÁNTROPO
ACTIVISTA SOCIAL	FORMADOR
AGENTE DE CAMBIO	FUNCIONARIO
AMANTE DE LA NATURALEZA	ORGANIZADOR
ANCIANO	PERSEGUIDOR DEL CRIMEN
CONCEJAL	REVOLUCIONARIO
ELECTOR	VECINO
EMBELLECEDOR	VOLUNTARIO
ESCRITOR DE CARTAS	

Ejercicio 17
Descubre los papeles sociales para tu misión

1. Lee la lista de papeles sociales y de familia y pregúntate: «¿Será esencial ser un gran .... para vivir mi misión?».

2. En una hoja aparte, anota papeles que consideres esenciales para el cumplimiento de tu misión.

3. Si hay papeles sociales y de familia que consideras importantes para tu vida y no forman parte de tu misión tal como la has escrito, cambia la formulación de tu misión para que incluya estos papeles claramente. Introduce estos papeles en tu lista.

Resumen de papeles

Papeles individuales
AMIGO
ARTISTA
ATLETA
BUFÓN
CAZADOR
CREADOR
DESCUBRIDOR
ESTUDIANTE
GUERRERO
HEROÍNA-HÉROE
LÍDER
MAGO
MEDITADOR
SABIO
SANTO

Papeles de trabajo
ABOGADO
AGITADOR
ARTISTA
ASALARIADO
CLIENTE
COLEGA
COMPAÑERO DE TRABAJO
DOCTOR
EMPRESARIO
ESCRITOR
ESTUDIANTE
FORMADOR
LÍDER
PEÓN
PROFESOR
PROVEEDOR DE SERVICIOS
SOCIO
SUBORDINADO
SUPERVISOR
TRABAJADOR
VISIONARIO
ZÁNGANO

Papeles personales y familiares
AMIGA
AMIGO
CUÑADO
HERMANA
HERMANO
HIJA
HIJO
MADRASTRA
MADRE
PADRASTRO
PADRE
PRIMO
SOBRINA
SOBRINO
SUEGRA
SUEGRO
TÍA
TÍO

Papeles sociales
ABOGADO
ACTIVISTA SOCIAL
AGENTE DE CAMBIO
AMANTE DE LA NATURALEZA
ANCIANO
CONCEJAL
ELECTOR
EMBELLECEDOR
ESCRITOR DE CARTAS
ENTRENADOR
FILÁNTROPO
FORMADOR
FUNCIONARIO
ORGANIZADOR
PERSEGUIDOR DEL CRIMEN
REVOLUCIONARIO
VECINO
VOLUNTARIO

Papeles y valores

Cada papel de tu vida constituye un espacio para el logro de determinados objetivos. Estos objetivos son las acciones que marcan las diferencias en el mundo. Son el modo en que expresas tus valores. El despliegue de tu misión depende de que consigas los objetivos de cada uno de los muchos papeles de tu vida.

Considera los papeles que quedan definidos por tu misión, como los de hermano, hermana, médico, obrero, revolucionario, intelectual, amigo, estudiante, etc. Formúlate la siguiente pregunta en relación con cada papel: «¿Qué evidencia existe de que soy un gran ....?». Por supuesto, tu respuesta a esta pregunta reflejará tus valores. Es importante destacar que, para que tu misión se vea realizada día a día, deberá emerger desde tus valores más profundos. En el Ejercicio 10 confeccionaste una relación de tus valores más profundos. Utilízala ahora con la Tabla de evaluación de papeles, para asegurarte de que tus papeles se corresponden con tus valores.

Cuando dispongas de tu propia constelación de valores, con nombres para ayudarte a traerlos a tu mente a voluntad, podrás utilizarlos como una serie de estándares para evaluar tu actuación en cada uno de tus papeles.

Evalúa tu eficacia con tus papeles vitales

Supongamos que hay diez papeles básicos para tu misión: padre, hermano, tío, amigo, compañero de trabajo, supervisor, revolucionario, creador, amigo del prójimo y activista social. Supongamos también que tus valores más profundos sean plenitud, diversión, amor y coraje. La siguiente tabla te proporciona el modo de comprobar con qué fidelidad tus papeles reflejan tus valores. Utilízala para clasificar tus papeles en función de cómo demuestras tus valores en cada uno de ellos, empleando una escala de A a F. He aquí un ejemplo:

Ejemplo de Tabla de evaluación de papeles (o funciones)

Valores más profundos

	Plenitud	Diversión	Amor	Coraje
Activista social	A	A	A	A
Amigo	B	C	B	D
Amigo de uno mismo	D	D	D	C
Compañero de trabajo	C	C	C	C
Creador	B	B	B	C
Hermano	B	B	A	B
Padre	A	C	A	A
Revolucionario	A	B	C	A
Supervisor	C	C	C	A
Tío	B	B	A	B

Cómo utilizar la tabla

Esta tabla es en realidad un modo de organizar una serie de preguntas de evaluación. La pregunta central es: «¿Cómo demuestro mi valor .... en mi papel como ....?». Empezando por arriba a la izquierda, la pregunta se puede formular del modo siguiente: «¿Cómo demuestro mi valor de plenitud en mi papel como activista social?». Si observas la tabla ejemplo, verás en ella patrones en los que las actividades de un papel no se corresponden con los valores. El papel más deficiente del ejemplo es el de «amigo de uno mismo». Si uno se pregunta, «¿Qué tal demuestro plenitud, diversión, amor y coraje en mi papel como amigo de mí mismo?», la respuesta será más bien pobre. Copia la siguiente tabla en blanco para realizar tu propia evaluación de papeles.

Cuando puedas anotar un grado A para determinado papel, pasa al siguiente. Si obtienes A para todos tus valores, añade más valores o más papeles. La idea central consiste en desarrollar un proceso continuo de mejora. Esta clase de búsqueda presentará picos y valles. Tu dominio de cada uno de los papeles de tu misión contribuirá a una misión cada vez más mejorada y, si escoges bien, a una vida divertida, apasionante y llena de sentido.

Tabla de evaluación de papeles

Valores más profundos

Papeles o funciones

Concentra tus esfuerzos en un objetivo específico

Para vivir tu misión es importante que escojas objetivos específicos. Cuando vas a un nuevo restaurante, miras la carta con interés. Lees cada uno de los platos, piensas en él, lo imaginas, lo degustas. Utiliza esta imagen para recorrer la carta de los papeles más importantes de tu vida. Escoge entonces un papel determinado, dentro de un área concreta de tu vida, y llévalo a través de los cuatro pasos del proceso de consecución de objetivos. Será como hojear una carta de deliciosos entrantes, para escoger después determinado papel para el logro de objetivos.

Tómate ahora el tiempo que necesites para elegir un papel, aquel en que desees introducir el mayor número de cambios o alcanzar nuevos objetivos. Si la del ejemplo fuera tu tabla, la elección sería obviamente «amigo de uno mismo», puesto que es el papel que peor demuestra tus valores. Escoge un papel de tu vida en el momento en que puedas trabajar sobre tus propios objetivos. Repite la lectura de este capítulo para cada uno de los papeles necesarios para el cumplimiento de tu misión. La razón de hacerlo se encuentra en las frases: «Nada sucede nunca en general, todo son casos concretos». Este proceso te ayudará a ser específico y detallista en el análisis de tu vida, así como a hacer los cambios necesarios en ella, cambios que significarán el cumplimiento de tu exclusiva misión.

Puesto que dispones ya de una creciente pasión por tu misión, es hora de actuar. Al distinguir más claramente tu misión, los papeles que vivirás se hacen más evidentes y naturales. Cuando sigas el siguiente proceso de consecución de objetivos, tus papeles cobrarán nueva vida. Los papeles que has estado viviendo mejorarán extraordinariamente, y los nuevos florecerán día a día. Toma ahora este papel que deseas mejorar y sigue el proceso. Los papeles son algo más que simples áreas de fijación de objetivos; el conjunto de tus papeles y el modo en que los vives constituyen *quién eres* en la vida.

El proceso de consecución de objetivos

Saber lo que se quiere es fundamental en PNL. Igualmente lo es estar seguro de que lo que quieres vale realmente la pena y te satisfará plenamente cuando lo consigas. Las siguientes preguntas te resultarán muy útiles para ayudarte a desarrollar tus objetivos, de modo que éstos valgan realmente la pena y se correspondan plenamente con la persona que quieres ser. Es lo que en PNL se conoce como condiciones para objetivos bien formados.

Selecciona un objetivo específico

Antes que nada, ¿qué quieres? De entre todo el trabajo que has realizado en el presente capítulo, toma un objetivo o deseo concreto. Si automáticamente piensas en varios, pregúntate si son parecidos en algún aspecto. Por ejemplo, si lo que quieres es que tus proyectos estén terminados a tiempo, acabar alguna tarea y hacer ejercicio, los tres objetivos se relacionan con estar motivado. Si seleccionas varios objetivos no relacionados, empieza con uno solo de ellos.

La PNL ha descubierto que el modo en que piensas sobre un objetivo marca una gran diferencia. Puedes pensar sobre el mismo objetivo de modo que sea fácil de alcanzar o, por el contrario, que sea prácticamente imposible. Con las siguientes preguntas te asegurarás de estar pensando en tu objetivo de modo que sea más fácil alcanzarlo.

Asegúrate de que estableces tu objetivo en forma positiva (lo que quieres), no en forma negativa (lo que no quieres). Por ejemplo, si tu objetivo es: «Quiero que mis compañeros de trabajo dejen de quejarse», o «Quiero dejar de sentirme mal cuando mis propuestas no son aceptadas», o «No quiero hablar tan rápido en mis presentaciones», estás pensando en lo que no quieres.

Puedes convertirlos fácilmente en lo que quieres: «Quiero que mis compañeros de trabajo asuman la responsabilidad de sus propias tareas», «Quiero aceptar las respuestas como una oportunidad para mejorar mis proposiciones y mis habilidades de comunicación», «Quiero ser consciente de mi voz mientras hablo, y disponer de la flexibilidad necesaria para ajustarla según mi voluntad».

Cuando pensamos en lo que no queremos o en lo que queremos evitar, acabamos a menudo produciéndolo, porque concentramos en ello nuestras mentes. Modificar nuestro lenguaje de lo que queremos evitar a lo que queremos conseguir es un pequeño cambio que puede producir una gran diferencia.

Asegúrate de que tu objetivo esté formulado en forma que te permita conseguirlo por ti mismo, con independencia de lo que hagan los demás. El hecho de que tus objetivos requieran cambios en otras personas, por más que éstos puedan parecer una excelente idea, te coloca en una situación vulnerable, de indefensión. Significa que no podrás conseguir lo que quieres a menos que consigas primero que otros cambien. Por más que todos queramos cosas de y para los demás, es importante que formulemos nuestros objetivos de modo que nos resulten alcanzables, hagan lo que hagan los demás.

Como quizás esto te suene al principio a imposible o ego-
céntrico, vamos a ver algunos ejemplos. Experimentar nuestras
capacidades y fuerzas propias puede marcar una gran diferencia.
Supongamos que tu objetivo es este: «Quiero que el jefe deje de
criticarme». Puesto que ello requiere que tu jefe cambie, es algo
que queda fuera de tu control. Este objetivo te coloca en una
situación vulnerable, en la que dependes de que tu jefe esté dispuesto a cambiar.

Si lo reformulas así: «¿Qué puedo hacer o sentir que me permita mantenerme seguro de mí mismo, diga lo que diga mi
jefe?». Esto te sitúa automáticamente al mando de tu objetivo.
Te permite ser consciente de tu propia valía y de tu capacidad
para actuar, incluso cuando tu jefe te critica. Quizá desees sentirte seguro mientras eres criticado, así como ser capaz de analizar con qué partes de la crítica estás de acuerdo y con cuáles no.
Ello te coloca en una situación mucho más poderosa, en la que
puedes conseguir lo que quieres y permanecer tranquilo y seguro, aunque tu jefe siga con sus críticas.

Tomemos otro ejemplo. Supongamos que tu dificultad es:
«Mi mejor empleada se ha ido y quiero que vuelva». Puesto que
careces de todo control sobre si volverá o no, puedes preguntarte: «¿Qué me aportaría el hecho de que volviera?». Quizá vuestra relación de trabajo haya sido la mejor que nunca tuviste.
Quizás era eficiente, y cuando tus instrucciones no eran suficientemente claras te lo hacía saber. Quizá te sentías cómodo
delegando en ella, lo que te permitía experimentar la satisfacción de algo terminado.

Ahora sí tienes una lista de objetivos que están bajo tu control. Puedes encontrar otros medios para introducir eficiencia en
tu vida, y mejorar tus habilidades de comunicación. Puedes
encontrar otros medios de sentirte cómodo, aprendiendo a delegar en otras personas eficientes. Todo ello lo puedes hacer con
independencia de que tu empleada vuelva o no.

Si es necesario, repite ahora con tu objetivo esta clase de
reformulación. Asegúrate de que esté efectivamente explicitado
en positivo y de que sea algo sobre lo que puedas actuar.

Cómo reconocer la consecución de objetivos

¿Cómo saber que has conseguido algún objetivo? Algunas personas carecen de medios para saber si han alcanzado o no sus objetivos. Ello se debe a que no saben cómo evaluar si su comportamiento cotidiano les acerca o les aleja de sus objetivos. Nunca llegan a saborear la sensación de haber conseguido algo. Si careces de evidencia sensorial –algo que puedas escuchar, ver o tocar– para detectar lo que significa «éxito» para ti, puedes pasarte la vida trabajando por un gran objetivo e incluso conseguir grandes logros, sin llegar nunca a sentir que has triunfado. Puedes definir tu éxito como conseguir que alguien sonría, alcanzar determinado salario o cualquier otra cosa específica, pero si nunca lo defines, jamás lo alcanzarás.

Recuerda el objetivo que seleccionaste en la sección anterior. ¿Está la evidencia de este objetivo íntimamente relacionada con él? Asegúrate de que tu evidencia te proporcione información veraz y realista sobre si te estás acercando a tu objetivo o no. Supongamos que tu objetivo sea convertirte en un gerente eficiente y que tu evidencia de haberlo conseguido consista en sentirte bien al acabar la jornada. Sentirse bien al acabar el día es maravilloso, pero no tiene por qué tener ninguna relación con que hayas sido un gerente eficiente. Mucho mejor sería haber podido comprobar que tus empleados realizan determinadas tareas mejor que antes.

Supongamos que tu objetivo consista en llegar a ser un buen supervisor, y que sientes que lo eres cuando tus empleados te dicen que estás haciendo un buen trabajo. Una vez más, estás muy lejos de la prueba más fehaciente. Si lo que buscas es que tus trabajadores te digan «Eres fantástico», seguro que serás demasiado permisivo y dejarás pasar oportunidades para mejorar su producción. Mucho mejor sería poder detectar incrementos en la productividad, en el buen desarrollo de las tareas y en la satisfacción en el trabajo.

Otra dificultad típica cuando se formula una evidencia de consecución de objetivos estriba en situarla demasiado lejos en el futuro. Muchos aspirantes a ejecutivo centran su contingente de felicidad y satisfacción en tener la casa adecuada, el cónyuge adecuado y el salario adecuado. Todo ello está muy bien, pero ¿es realmente tan importante como para que su felicidad deba esperar hasta haberlo conseguido todo? A la mayoría nos parece mucho más motivador ir encontrando algunas recompensas a lo largo del camino. Ello se consigue marcando objetivos más parciales y creando evidencias más fáciles de concretar. Si tienes que completar el informe, formular la propuesta, cerrar el trato, conseguir el nuevo cliente, superar tu récord anterior y optar al aumento de sueldo, ¿por qué no recompensarte de entrada por haber completado el informe? Habrá sin duda muchos más informes que aumentos de sueldo, así que cuanto más a gusto te sientas haciéndolos, más informes harás y más pronto te llegará el aumento de sueldo.

Comprueba ahora cuánto tiempo tardarás en sentirte satisfecho por haber alcanzado tu objetivo. Realiza los ajustes pertinentes para que te resulte motivador. Considera la posibilidad de marcarte objetivos intermedios en el camino de tus objetivos más amplios.

Elige dónde, cuándo y con quién quieres conseguir tu objetivo

Es muy importante que tengas en cuenta cuándo quieres tu objetivo y cuándo no. Por ejemplo, si tu objetivo es «sentirte seguro», ¿quieres sentirte así siempre? ¿Quieres sentirte seguro pilotando un avión sin haberte preparado antes, o pasando la cuerda floja a cincuenta metros de altura sin haberte entrenado antes? Las personas quieren a menudo experimentar todo el tiempo algún sentimiento, porque no creen que lo puedan experimentar en absoluto. Sentirse con confianza cuando se tiene la preparación y la formación oportuna convierte la seguridad en sólida y adecuada. Sólo entonces puedes explorar las otras infinitas sensaciones posibles, incluyendo curiosidad, deseo, competitividad, compasión, sensibilidad, confianza, tenacidad, amor y tantas otras más.

Resulta mucho más fácil conseguir un objetivo si seleccionas previamente dónde, cuándo y con quién resulta éste apropiado.

Si quieres que determinado objetivo impregne toda tu vida, considera en qué ámbito de ella producirá las mayores diferencias y empieza por allí. ¿Qué deberás ver, oír o tocar que te permita saber que es el momento de conseguir tu objetivo? Por ejemplo, «Quiero sentirme motivado cada vez que perciba la oportunidad X».

Sitúa ahora tu objetivo dónde, cuándo y con quién quieres que ocurra en tu vida, para que realmente ocurra.

Comprueba la ecología de tu objetivo

En la carrera por conseguir nuestros objetivos perdemos en ocasiones de vista el resto de nuestra vida. Podría resumirse en la expresión «cueste lo que cueste». Aquellos que han seguido el camino del «cueste lo que cueste», tienen a menudo una historia diferente que contar. Su pasado es con frecuencia un camino sembrado de matrimonios rotos, amistades fracasadas e hijos distanciados. Si llegan finalmente a alcanzar el éxito, descubren que carecen de capacidad para disfrutarlo, debido a que la han perdido en su exclusiva dedicación al trabajo. Los ejercicios sobre la misión del capítulo 3 están diseñados para proporcionarte una visión mucho más amplia sobre tu vida y tu lugar en el mundo, de modo que puedas disfrutar tanto del viaje como de la recompensa. Es momento ya de considerar también a las otras personas presentes en tu vida. ¿Cómo les afectará que alcances tus objetivos? Considera tanto los aspectos positivos como los negativos. ¿Robará tiempo a otras cosas? ¿Cambiarán tus relaciones con compañeros de trabajo, colegas, amigos y familia? Descubre las dificultades originadas por el cumplimiento de tus sueños, no para disuadirte de ellos, sino para prepararte con la suficiente antelación. ¿Cómo puedes enriquecer, perfeccionar o ajustar tu objetivo para que lo que pudiera haber sido una consecuencia negativa, se convierta en una oportunidad positiva? Muy a menudo es algo tan sencillo como incluir a otros en tu éxito. Casi todo el mundo quiere participar, sobre todo del éxito. Realiza estos ajustes en tu objetivo, de modo que cuando lo alcances puedas alegrarte de ello.

Dispones de cuatro ejercicios que te conducirán por el proceso de consecución de objetivos. El primero de ellos, el Ejercicio 18, trata de los objetivos que te marcarás para el resto de tu vida.

Ejercicio 18
Crea un futuro apasionante

1. *Prepara el escenario.* Piensa en dónde estarás mañana, imagínalo. Observa el aspecto y los colores de esa escena, represéntatela con todo detalle. Esta imagen del futuro ocurre en un lugar concreto de tu escenario interno.

Contempla el escenario interior tridimensional que has preparado. Tiene sonidos e imágenes. Entra en él.

2. *Contémplate a ti mismo en el futuro en el papel que has elegido.* Ahora, contémplate a ti mismo vívidamente en el futuro, en este escenario interior tridimensional que has preparado, consiguiendo tu objetivo. Es como si el futuro estuviera ahí, frente a ti, cercano, brillante y lleno de color. Te ves a ti mismo, a través del tiempo, alcanzando este objetivo concreto. Observa y escucha todos los detalles a medida que la acción se desarrolla muy placenteramente ante ti.

3. *Conforma bien tu objetivo.* Mientras te ves a ti mismo viviendo de modo extraordinario este papel, asegúrate de que tu objetivo está bien formado mediante la siguiente lista de comprobación:

- El objetivo que ves es positivo, es lo que hay que *hacer* y no lo que hay que evitar.
- *Quieres* hacerlo; es un «quiero» y no un «debería».
- Lo haces *tú,* no otra persona.
- *Puedes* hacerlo, no es imposible.
- El objetivo es *específico,* no general.
- El objetivo es *ecológico,* puedes prever sus efectos y asegurarte de que sean positivos para todos los afectados por su consecución.

4. *Haz que tu imagen sea apasionante.* Utiliza ahora diversos efectos especiales de tu imaginación para verte a ti mismo habiendo alcanzado este objetivo en el futuro. Puedes emplear visión de rayos X para observar el funcionamiento interno de tu mente y de tu cuerpo. O quizá determinados colores, para ilustrar los estados emocionales que experimentas allí. Emplea múltiples pantallas simultáneas, que te permitan contemplar al mismo tiempo diversas situaciones y momentos relacionados con este papel específico. Contempla el objetivo en vívida y colorida imagen tridimensional. A medida que haces que el logro de tu objetivo aparezca más y más próximo, grande, vibrante y apasionante, observa tus emociones y las sensaciones de tu cuerpo. Tómate tiempo para disfrutar de esta visión, esta obra de arte que estás creando, dirigiendo y viviendo.

5. *Observa el camino.* Presta atención a lo que has conseguido y a cuán atractivo resulta; te llama y te invita. Observa ahora que existe un camino concreto, desde el momento presente hasta este futuro. Es una especie de camino a través del tiempo.

Ahora ya puedes ver, oír y palpar este futuro apasionante, el objetivo de un papel determinado. Este atractivo papel encaja en tu misión y hay un camino para llegar a él.

Saber cuándo vas a estar bien en determinado papel no es suficiente. Necesitas un camino para llegar a él y necesitas saber cómo recorrerlo. El desarrollo de un plan realista y factible constituye la diferencia entre soñadores a la deriva y realizadores visionarios. Realizando el siguiente ejercicio puedes convertirte en un realizador visionario.

Ejercicio 19
Desarrolla un plan

1. *Visita tu objetivo.* Regresa al momento en el que acababas de alcanzar este objetivo de este papel específico de tu vida. Sitúate en ese futuro y disfruta de tu logro. Observa tus emociones mientras miras en torno a ti. Escucha también tus propios pensamientos. Estás celebrando que has alcanzado tu objetivo.

Observa la fecha y la hora. Siente lo mucho que disfrutas por haber llegado a este punto de tu misión. Degusta la dulzura del momento por haber alcanzado este objetivo.

2. *Contempla el futuro.* Date ahora la vuelta y desde esta posición en la que has alcanzado este objetivo vuelve a mirar hacia el futuro. Mira y observa cómo se despliega tu misión en tu futuro.

3. *Contempla el pasado.* Date ahora la vuelta y contempla el pasado. Observa el camino que te ha llevado hasta donde estás. Ve en el pasado al «que eras tú» mientras leías lo que lees ahora, allí y entonces. Observa a aquella persona y el camino desde allí hasta donde ahora estás.

4. *Retrocede por el margen del camino.* Examina ahora el camino que te condujo hacia el objetivo. Sitúate al margen del camino y empieza a retroceder en el tiempo, mirando al camino. Tu mente sabia e inconsciente te mostrará parte de lo que hiciste en el trayecto. Quizá te ayudaron algunas personas. Tuviste ocasión de aprender y hacer constataciones. Observa, escucha y disfruta las acciones que hicieron posible la consecución de tu objetivo. Realizaste algunas acciones y diste algunos pasos. Quizá destaquen algunos de ellos. Quizá estén casi todos a la vista. Si algunos aparecen borrosos, necesitas información adicional.

5. *Observa pasos específicos en el camino.* Al observar el camino, percibirás muchos pasos específicos. Pregúntate: «¿Cómo conseguí desplegar mis habilidades y actuar para llegar al lugar del pleno logro de este objetivo?».

Ve y escucha los recursos, capacidades, acciones y contactos con personas; todos esos distintos elementos que te condujeron, paso a paso, hacia tu objetivo. Tómate tiempo. Deléitate contemplando lo que hiciste para conseguir tu objetivo. Observa lo que sucedió tras cada acción. Contempla cada recurso, cada acción y cada nueva habilidad a medida que se producen. Mientras contemplas estos pasos, observa cómo todo ello es parte integrante de la misión que se está desarrollando. Cuando hayas recorrido todo el margen del camino y observado las múltiples acciones y habilidades específicas que te llevaron al logro de tu objetivo, anota la secuencia de acontecimientos y el tiempo que te tomaron los correspondientes pasos.

6. *Regresa al presente.* Regresa al momento presente con una nueva apreciación de los pasos en el camino hacia tu objetivo.

7. *Valora el objetivo.* Al mirar hacia tu objetivo, presta atención a cuán espléndidamente atractivo es. No te prives de dedicar más tiempo a hacer este objetivo aún más atractivo y apasionante si lo deseas.

La primera vez que realices este proceso quizá te encuentres con vacíos. Normalmente un vacío se pone de manifiesto cuando necesitas conseguir más información de fuentes externas –libros, amigos, consultores– para conseguir completar algún paso. Si sucede, repítelo. Lo importante es que, mediante la repetición, estas secuencias se conviertan en tus programas automáticos de programación mental. Estos dos primeros ejercicios tienen que ser para tu cerebro el equivalente de un programa de *software* de gestión de proyectos para la NASA. Tienen que poder ser ejecutados cada mañana o en cualquier ocasión que los quieras utilizar.

Al recorrer el camino hacia el objetivo en sentido inverso, tu sabia mente inconsciente te ha revelado importantes aspectos sobre cómo alcanzarás tu objetivo. Para refinar aún más tu comprensión de la secuencia de pasos a lo largo del camino, hacia la consecución de tu objetivo en este papel, es importante que avances por él hacia adelante, para ensayar mentalmente estas actividades en la misma secuencia en que las realizarás.

Ejercicio 20
Ensayo rápido

1. *Asume tu nuevo papel.* Di: «En mi papel como gran ...., quiero cumplir en la acción mis valores más profundos». Mira en el futuro hacia tu objetivo para este papel, ve el objetivo.

2. *Recorre el camino.* Observa el camino que recorrerás para

llegar al cumplimiento de tu objetivo. Recórrelo en el tiempo, a un ritmo que te permita ensayar con rapidez su secuencia de acontecimientos.

3. *«Proyéctate» hacia el presente.* Cuando hayas alcanzado tu objetivo y comprobado que está completado, retorna al tiempo actual.

Hasta aquí, has creado un futuro apasionante para un papel esencial, has viajado en el tiempo para visitar un objetivo, has visto el camino que deberás recorrer para llegar hasta él y has ensayado tu avance en este plan. ¡La imaginación tiene un poder sorprendente! Ahora es tiempo ya de actuar, de ponerse manos a la obra. Desde tu imaginación, la acción clama por surgir. Si aspiras a ser un realizador visionario en lugar de un soñador a la deriva, hay un paso más que dar.

Ejercicio 21
Pasar a la acción

1. *Fija un plazo realista.* Recorre el calendario y anota una fecha aproximada para celebrar la consecución del objetivo.

2. *Planifica tus pasos.* Reserva en tu agenda el tiempo necesario para cada uno de los pasos en el camino hacia tu objetivo. Anótalos en tu calendario.

3. *No pierdas de vista tu misión.* Comprueba que tu misión esté en todo momento en el trasfondo de tu visión. Te infunde un fuerte y motivador sentimiento de propósito que te proporcionará energía y te empujará hacia delante. Disfruta de la visión de tu papel, de tu objetivo y de cómo vas a conseguirlos. Admira tu visión desde diversas perspectivas. Mírala desde el presente, desde el futuro y desde cada uno de los pasos que darás. Puedes ir hasta el futuro y mirar hacia atrás para ver cómo llegaste allí. También puedes moverte al lado del camino y ver lo que hiciste en él, desde el punto de vista de un observador.

4. *Hazlo.* Ahora, cuando llegue el momento previsto en tu calendario, da cada uno de los pasos que has planeado, sabiendo que te encuentras recorriendo tu camino hacia un brillante

futuro y, al mismo tiempo, disfrutando de cada paso que das en él. Es hora de actuar, con la plena participación de todos los recursos de la criatura más inteligente y poderosa del universo conocido: un ser humano, TÚ.

Repasemos lo que has aprendido

La diferencia entre tener simplemente un sueño y ser un realizador disciplinado es esta: No todos los soñadores llegan, pero todos los que llegan son soñadores. Energizan sus sueños con *acción*. La felicidad aguarda a quienes sueñan y además *hacen* precisamente lo necesario para que sus sueños se conviertan en realidad. He aquí algunos de los conceptos importantes que hemos explorado y experimentado en el presente capítulo:

Misión – descubrimiento del propósito de tu vida.
Papeles – las múltiples identidades que adoptas para cumplir tu misión.
Valores – lo que es importante para ti, manifestado por tu reacción emocional ante cómo desarrollas un papel.
Objetivos – los resultados específicos que quieres en orden a vivir tus papeles de modo extraordinario, de forma consecuente con tu misión y tus valores.

Recuerda que seguir los pasos de tu proceso de consecución de objetivos te ayuda a realizar tu misión:

- Diseñando un objetivo bien formado.
- Creando un futuro apasionante.
- Desarrollando un plan.
- Ensayando rápidamente.
- Emprendiendo la acción.

Al emplear estos procedimientos una y otra vez, tu misión y los objetivos específicos necesarios para realizarla se desarrollarán a un ritmo altamente acelerado.

Puesto que a través de esta serie de identidades de papel se manifiesta quién eres, tus sentimientos profundos de propósito se intensificarán. Podrás escuchar en tu interior los sonidos y conocer los principios que te guían en tu misión. Percibirás cómo crecen dentro de ti estas señales internas de propósito e importancia, tus valores más profundos.

Cuando tus objetivos se iluminan con el gran propósito de tu misión en la vida, adquieren un significado especial. Encuentras la energía que requieren, porque son a la vez divertidos e importantes. Los objetivos basados en la misión proceden de quien tú eres. No son una lista de cosas que hacer, emergen de forma natural a medida que persigues tus valores y tu misión. Como tus héroes y heroínas, experimentas una especial sensación de congruencia al ir en busca de los hitos del camino hacia tu misión, testigos de tu viaje a través de la vida.

6

Crea sintonía y sólidas relaciones

La importancia de las buenas relaciones

La mayoría de los profesionales con éxito conocen intuitivamente la importancia que tienen otras personas en sus vidas y sus carreras. No resulta exagerado afirmar que las personas son el recurso más importante de que disponemos. Puesto que las relaciones son tan importantes, y ya que los profesionales con más éxito en cualquier campo se esfuerzan en construir relaciones sólidas y duraderas, es importante para nosotros saber cómo lo hacen.

Muchos programas de autodesarrollo intentan encarar este tema describiendo a individuos con éxito. Algunos de los mejores llegan incluso a decirte lo que debes hacer. Cualquiera que haya tratado de aprender una nueva actividad física –por ejemplo, un deporte–, sabe dónde estriba el problema de este planteamiento. Una cosa es saber *qué* hay que hacer y otra muy distinta es saber *cómo* hacerlo. Otros te dicen lo que *no* hay que hacer. Si has tratado alguna vez de golpear una pelota de golf, alguien te habrá instruido en evitar empujar con la mano que acompaña. Es lo que no hay que hacer. Cualquiera que haya jugado al golf podría probablemente darte este consejo. Sin embargo, resulta más útil saber lo que *sí* hay que hacer: «Apoya con la primera mano». No obstante, poquísimas personas podrán decirte *cómo* seguir esta instrucción, aparentemente tan sencilla. Si aspiras a integrar plenamente cualquier conjunto de habilidades en tu vida, necesitas saber a la vez *qué* hay que hacer y *cómo* hay que hacerlo. Seguidamente vas a aprender algunos «cómos» que te pueden convertir en la persona con más éxito que puedas llegar a ser.

La investigación ha demostrado que el 83 por ciento de todas las ventas se basa en que al comprador le guste el vendedor. Los estudios demuestran que las personas tienden más a permanecer en trabajos en los que se sientan apreciados y a gusto que en otros mejor pagados. Realizadores famosos como Lee Iacocca y Mary Kay conocen bien la importancia de las relaciones. Se describe a menudo a Iacocca como abierto e inmediato. Establece contacto personal e inspira aprecio y confianza. Las personas se sienten a gusto en su compañía. El tremendo éxito de Mary Kay es directamente atribuible a su preocupación comercial básica: las personas. Pregúntale por la gestión y te hablará de su gente. Dice: «Trata a los demás como tú quieras ser tratado, dentro y fuera del trabajo. Escucha atentamente lo que les preocupa y demuéstrales que los valoras». La investigación en PNL ha demostrado que muchos grandes realizadores consiguen inspirar aprecio y confianza muy rápidamente. De modo natural, hacen que la gente se sienta a gusto con ellos y saben demostrar interés por sus valores. Los que consiguen éxitos esporádicos o nulos carecen por lo general de estas capacidades.

Muchos planteamientos de formación en comunicación de ventas y empresa reconocen la importancia de la sintonía. Sugieren a menudo que la sintonía se establece cuando se armoniza con la indumentaria o con las experiencias vitales de la otra persona. Así que, si al otro le gusta el béisbol, a ti también. Este enfoque funciona durante algún tiempo. Algunas personas, sin embargo, son capaces de construir sólidas relaciones, incluso sin la presencia de algún interés común como el béisbol.

Empleamos la palabra *relaciones* en lugar de sintonía por una razón. La sintonía es tan sólo un aspecto importante de toda relación. Puesto que establecerla y mantenerla es tan valioso, necesitas conocer varias formas de hacerlo con éxito. Está de moda enseñar técnicas de sintonía. Algunos llegan incluso a prometer «sintonía instantánea». No obstante, la mayoría de relaciones duran generalmente más que un instante. A menos que te plantees tratar con personas distintas continuamente, o que en tu negocio no interesen ni se valoren las referencias, deberás considerar lo que sucede con tus relaciones en el transcurso del tiempo. Las personas con éxito tienen la capacidad de desarrollar relaciones que duran.

Cómo construir relaciones

Como profesional de los negocios, resulta interesante plantearse la siguiente pregunta: «¿En qué negocio estoy?». Algunas personas creen que, puesto que venden cosas, están en el negocio de las ventas. No lo están. Están en el negocio de construir relaciones, porque así es como se venden cosas. Los que trabajan en gestión están también en el negocio de construir relaciones, puesto que así es como se consigue que las cosas se hagan.

Las empresas con más éxito (así como las personas que trabajan en ellas) conocen la importancia de establecer esta diferencia. McDonald's vende comida rápida y, sin embargo, su negocio consiste en desarrollar relaciones a través de sus productos y del valor del entretenimiento que significa comer en sus restaurantes. IBM vende ordenadores, pero si dominó el mercado durante décadas fue por la calidad de las relaciones de servicio con sus clientes. Muchos de los textos famosos sobre gestión empresarial centran su atención en las relaciones con los clientes. Puesto que esta atención ha generado éxito empresarial, los individuos con éxito han aprendido a valorar las relaciones en todo cuanto hacen.

He aquí los tres pasos que sigue la mayoría de profesionales con éxito para construir relaciones:

1. Determinar objetivos mutuamente satisfactorios.
2. Establecer y mantener sintonía no verbal.
3. Producir en los demás sentimientos positivos.

Paso 1: Determinar objetivos mutuamente satisfactorios

El primer paso para construir con éxito relaciones de cualquier índole: tu objetivo en la relación. ¿Qué clase de relación deseas? Con demasiada frecuencia, las personas no tienen ni idea de lo que esperan de una relación, lo que las convierte en vulnerables ante malentendidos trascendentales y oportunidades perdidas.

Piensa en tu primera entrevista de trabajo. Probablemente estabas absolutamente preocupado por el empleo. Pensabas que el único objetivo de la entrevista era conseguir el puesto. En realidad, el objetivo primario era gustarle al entrevistador... o, como mínimo, que él o ella supieran en qué medida serías un buen fichaje para la empresa. Logrando este objetivo, hubieras tenido una oportunidad mucho mejor de conseguir el trabajo.

Un vendedor con éxito del sector inmobiliario comprende bien este principio. Cuando se encuentra por primera vez con alguien para determinar si colaborarán en algún proyecto, tiene en mente un objetivo bien concreto. Acude a la entrevista con el objetivo de construir sintonía, que ayude a la otra persona a experimentarla positivamente, para conseguir de este modo una segunda entrevista.

Construir relaciones que contribuyan a tu éxito implica que seas consciente de tus objetivos en las diversas relaciones de tu vida. Quizá tengas ya elevados objetivos para tu vida. Al pensar en ellos, ¿incluyes a las personas necesarias para conseguirlos? Está muy bien, por ejemplo, tener determinados objetivos de ventas en mente. Sin embargo, si al pensar en ellos ves tan sólo los productos o servicios que vas a vender, te estás olvidando de algo mucho más importante. Hay gente que cuando piensa en sus objetivos los sitúa en lugar preferente en su mente, mientras que las personas cuya ayuda es indispensable para la consecución de dichos objetivos quedan en un segundo plano, como si realmente importaran poco. No es práctico.

Si los maestros en relaciones como Lee Iacocca o Mary Kay entendieran conscientemente su propia forma de pensar, te dirían que su secreto no es otro que visualizar en su mente a las personas en un plano muy cercano y de forma muy vívida, puesto que son las relaciones con las personas las que hacen que puedas alcanzar tus objetivos.

Harvey Mackay, autor del best-séller *Swim with the Sharks Without Being Eaten Alive* («Cómo nadar entre tiburones sin que te coman vivo») y líder de una gran compañía, conoce bien el valor de las relaciones con sus clientes. Se convirtió en una leyenda del mundo de las ventas por su dedicación a construir relaciones con los compradores potenciales de los productos de su empresa. Anima a todos sus vendedores a que se interesen por sus clientes en detalle. Los instruye para que conozcan hasta 66 aspectos de su vida profesional y personal: adónde van de vacaciones, con qué se divierten, qué les interesa personalmente, qué valoran en las relaciones con vendedores, etc. Están entrenados para enviar a sus clientes cartas, notas de agradecimiento e información que les pueda interesar o educar. Mackay sabe que no toda su gente lo hará todo en todos los casos. Sin embargo, consiguiendo gran cantidad de datos, sus vendedores tienen más oportunidades de construir relaciones significativas. Harvey Mackay hizo de su negocio un éxito porque sabía que las relaciones te hacen triunfar.

Ejercicio 22
Convierte a las personas en parte de tus objetivos

1. *Escoge un objetivo.* Elige algún objetivo específico que quieras conseguir. Puede ser alguno con el que ya estés familiarizado u otro nuevo en el que quieras pensar. En cualquier caso, no olvides emplear el proceso de consecución de objetivos que aprendiste en el capítulo 4.

2. *Identifica la imagen del objetivo.* Observa cómo representas este objetivo en tu mente. ¿Qué imágenes acuden a ella cuando piensas en él? ¿Qué sonidos escuchas y qué te dices a ti mismo al pensar en este objetivo?

3. *Decide qué personas se verán involucradas.* Piensa ahora en las personas que tendrán un papel necesario en el logro de este objetivo. ¿Las has incluido en las imágenes, sonidos y emociones de tu mente? Si no lo has hecho, inclúyelas ahora. ¿Con quién quieres y necesitas relacionarte para alcanzar este objetivo? Asegúrate de utilizar imágenes y voces apropiadas de estas

personas en tu representación, ilustrando fielmente el papel que desempeñarán para ayudarte a lograr tu objetivo.

4. *Define cómo se relacionan estas personas con el objetivo.* Observa ahora la relación entre estas personas y el objetivo. ¿Están en primer plano en tu imagen o, por el contrario, se encuentran en el fondo? ¿Las ves en blanco y negro o en color? ¿Cuál es su tamaño en relación con lo que las rodea? Probablemente desearás que aparezcan de forma clara y vívida en primera línea como parte de tu objetivo, ya que a través de vuestra relación ellas y tú podréis conseguir vuestros objetivos respectivos. Efectúa los ajustes necesarios en la representación de tu objetivo, de modo que tu relación con estas personas sea obviamente indispensable para su consecución.

5. *Planifica el futuro.* Piensa en un tiempo futuro en el que estarás realmente trabajando sobre este objetivo específico. Mientras escenificas esta situación, piensa deliberadamente en el modo en que has creado el objetivo, enfatizando la importancia de las personas y de tus relaciones con ellas.

Marca objetivos que involucren a otras personas

Una vez que has aprendido un modo efectivo de conseguir objetivos, puedes concentrarte abiertamente en los tuyos. Todos sabemos qué se siente al ayudar a otra persona a conseguir sus objetivos a nuestras expensas. Nuestra investigación, en cambio, descubrió un motivo muy egoísta para considerar los objetivos de otras personas: contribuyen a nuestro éxito.

Grandes organizaciones exitosas aplican la regla de oro a sus clientes. El prestigioso Strategic Plan Institute ha creado una base de datos llamada PIMS, que documenta el impacto sobre los beneficios de la estrategia de mercado en más de tres mil unidades de negocio de todos los sectores de la economía. Se trata de una tremenda fuente de datos para gerentes, citada por Peters y Waterman en sus libros sobre prácticas de negocio excelentes. Los datos de la PIMS nos dicen que las compañías situadas en el tercio superior en calidad percibida del producto (lo que significa que piensan en los valores de sus clientes como si fueran suyos), reflejan un promedio de retorno de la inversión de un 30 por ciento, ¡lejos del 5 por ciento de las empresas situadas en el tercio inferior! La moraleja es que, tanto en los negocios como en las relaciones, el éxito acompaña a los que hacen suyos los objetivos de sus clientes.

Gran cantidad de datos corroboran la importancia que tiene para los negocios pensar a largo plazo. El vendedor que piensa tan sólo en la próxima venta tendrá a la larga mucho menos éxito que aquel que piensa no en esta venta, sino en su futuro y en el tipo de relaciones que le proporcionarán de modo natural muchas otras ventas, referencias y negocios adicionales.

Cuando los objetivos involucran a otras personas, debes considerar su punto de vista. Todos hemos aprendido la regla de oro (no la versión que surgió en una reciente reunión de ventas: «El que tiene más oro, marca las reglas»), y es de esperar que la apliquemos al pensar en nuestros objetivos para las relaciones. «¿Es lo que yo quiero tan bueno para el otro como para mí?» Si no lo es debes cambiar tu objetivo, para que incluya lo que resulte beneficioso para la otra persona. Quienes no consideran los intereses de sus amigos, socios o clientes, tienen menos éxito que quienes sí lo hacen.

Piensa en cuándo y dónde te puede resultar esto de utilidad. ¿En qué contextos específicos deseas tu objetivo? Un vendedor con mucho éxito sabía muy bien lo que quería para sus clientes y para sí mismo. Por supuesto, quería que se sintieran felices con su compra, pero además quería también que se acordaran de él cuando mostraran, satisfechos y orgullosos, su nueva casa a amigos que, quizás en algún momento, tendrían a su vez la necesidad de comprar o vender una casa. Era muy explícito con sus clientes al decirles que esperaba que pudieran dar buenas referencias de él. Algo que hacía sistemáticamente era sacar fotos de sus clientes delante de su nueva casa, con grandes sonrisas en sus caras, en el momento en que les entregaba las llaves estrechando su mano. Luego les mandaba un par de ampliaciones bien enmarcadas, que podían pasarse años sobre algún escritorio de la casa de sus clientes, a la vista de todas sus visitas.

Ejercicio 23
Marca objetivos de relación

1. *Define tu relación.* Empieza por pensar en una persona específica con quien tengas ya alguna relación, o en alguna otra que estés conociendo. ¿Qué esperas de tu relación con esta persona? Continúa concentrándote en ella, ya que puede que tus objetivos con los demás sean muy distintos de los que te marcas para ti.

2. *Utiliza el proceso de consecución de objetivos.* Haz pasar acto seguido este objetivo por el proceso de consecución de objetivos que aprendiste en el capítulo 4. Fíjate en cómo esta secuencia repite los elementos importantes que ya has aprendido. Si quieres éxito palpable, deberás asegurarte de que se den las cinco condiciones siguientes para un objetivo bien formado:

3. *Marca tus condiciones:*

A. *Requerimientos.* ¿Qué esperas de esta relación? ¿Cuál es su objetivo? Piensa en ello en términos positivos. Recuerda establecer tu objetivo en términos de *quiero* y no en los de *no quiero*: «Quiero una fuente de buenas referencias» o «Quiero un amigo especial» (en lugar de «No quiero visitas a puerta fría» o «No quiero estar solo»).

B. *Acciones.* ¿Qué puedes hacer para que se cumpla este objetivo? Si lo que esperas de una relación es algo que no puedes controlar, te sentirás frustrado con mucha facilidad. En un conflicto, por ejemplo, dado que no puedes controlar a la otra persona, no pretendas que ésta se comporte del modo que a ti te gustaría. En lugar de ello, un objetivo útil podría ser permanecer lúcido y tranquilo, para poder hacer preguntas constructivas que te permitan averiguar lo que realmente desea la otra persona. Esto es algo que sí puedes controlar.

C. *Pruebas.* ¿Qué evidencia te permitirá saber que has alcanzado el objetivo? ¿Qué verás, escucharás y sentirás que te confirme que estás alcanzando tu objetivo? Intenta ser tan específico y realista como sea posible.

D. *Contexto.* Piensa en cuándo y dónde te puede resultar esto de utilidad. ¿En qué contextos específicos deseas tu objetivo?

E. *Consecuencias.* En caso de alcanzar con éxito el objetivo de esta relación, ¿qué efectos o impacto tendrá sobre ti? Tanto o más importante, ¿qué efectos o impacto tendrá sobre la otra persona? Al considerar los efectos de conseguir el objetivo de esta relación, ¿cuál esperas que sea su impacto inmediato? ¿Qué resultados aspiras a obtener dentro de seis meses o un año? ¿Y a más largo plazo? Realiza los ajustes necesarios.

Consideremos ahora un modo sencillo y eficaz para desarrollar relaciones que te puedan aportar aún más éxito.

Siempre que pienses en una relación que sea importante para ti, formúlate las siguientes preguntas. Primera: ¿Qué quiero de esta relación que sea positivo? Segunda: ¿Qué puedo hacer para que esto suceda? Tercera: ¿Qué veré, escucharé o sentiré que me confirme que he alcanzado este objetivo? Cuarta: ¿Cuándo, dónde, con quién y en qué contexto quiero este objetivo? Quinta: ¿Qué impacto es de esperar a corto, medio y largo plazo, tanto para mí como para las demás personas involucradas, de la consecución de este objetivo?

Siempre que pienses en relaciones, crea objetivos que cumplan estas cinco condiciones. Luego, a medida que se desarrolle la relación, recuerda mantener estos objetivos en primer plano en tu mente, para que os ayuden a ti y a la otra persona a conseguir lo que ambos queréis.

Paso 2: Establecer y mantener sintonía no verbal

Haz un breve experimento que te demostrará la importancia de la sintonía. Recuerda alguna situación en la que no hayas podido obtener lo que querías de otra persona, tanto si dicha situación se caracterizó por el conflicto como por la frustración. Piensa ahora en otra situación en que tanto la otra persona como tú obtuvisteis lo que esperabais y quedasteis satisfechos de vuestra interacción. Compara ahora las dos, buscando indicios de presencia o ausencia de sintonía. Las personas que realizan repetidamente este experimento descubren que sus éxitos de comunicación se caracterizan por la existencia de sintonía, mientras que los fracasos se caracterizan por la falta de ésta. La sintonía es un requisito previo fundamental para toda comunicación efectiva. Si careces de ella, simplemente no podrás ser eficaz con las demás personas.

La sintonía es una capacidad humana natural. La generamos de forma natural de diversas maneras. Cuando una pareja lleva mucho tiempo junta, a menudo se dice que se parecen y, en realidad, es cierto que con el tiempo empiezan a parecerse. Si observas a alguien que tenga un mentor, verás que quizás adopta su misma indumentaria, sus frases o su tono de voz. Los profesionales se visten según la cultura de su empresa. Adaptarse es una necesidad humana poderosa. Disponemos de abundantes ejemplos de comportamientos semejantes, porque en realidad son lo que ya hacemos. Todos se basan en parecerse, resultar familiar o ser igual que. Descubrir maneras de parecerse reduce las diferencias, facilitando el establecimiento de un terreno común sobre el que basar la relación.

Habrás estado en sintonía centenares de veces al día, sin darte cuenta de ello. Otras veces, en cambio, no lo habrás estado. Es importante ser capaz de reconocer cuándo estamos en sintonía y cuándo no lo estamos. Si no te das cuenta, no podrás hacer nada para remediarlo.

¿Cómo reconocer la diferencia? Para descubrirlo, prueba el siguiente experimento cuando se presente la oportunidad. Elige para ello una situación casual en la que no se trate de nada realmente importante, con un amigo o socio con el que tengas ya sintonía, por ejemplo en ocasión de una visita. Después de un tiempo de charla tranquila en la que estáis en sintonía de modo natural, prueba lo siguiente: siéntate en una postura muy distinta de la de la otra persona. Prueba a moverte de modo distinto a ella y a hablar con un ritmo y volumen muy distintos. Observa cómo cambia la interacción. Probablemente, ésta se volverá brusca. Tu amigo quizá llegue a preguntarte qué te pasa. Observa cómo cambian tus sentimientos. Esta desagradable sensación que notas es la señal de que no estás en sintonía. La palabra *incómodo* es la que emplean muchas personas para describir cómo se sienten cuando saben que no están en sintonía. Tómate el tiempo necesario para observar lo que experimentas cuando no estás en sintonía. En el futuro, podrás utilizar esta sensación como señal de que debes hacer algo para establecer o restablecer la sintonía. Esta sensación podrá ser tu «alarma de detección de falta de sintonía». El objetivo es que te prepares para reconocer cuándo se dispara esta alarma, y a hacer a continuación algo para remediarlo. Suponiendo que hayas conseguido romper la sintonía con tu amigo durante el experimento, tómate ahora, por favor, el tiempo necesario para reconstruirla rápidamente con una de las técnicas siguientes.

Existen dos maneras diferentes de pensar en la sintonía. La primera consiste en construirla deliberadamente, cada vez que inicies una interacción con alguien y quieras comunicar con éxito. La segunda consiste en suponer que ya existe la sintonía y asegurarse de que el detector de falta de sintonía esté conectado y regulado en un alto grado de sensibilidad, para que nos advierta de inmediato si se produce la carencia. Puede resultar útil emplear ambas técnicas a la vez, sobre todo al principio, cuando se está adquiriendo práctica en el manejo de la sintonía.

Cualquiera que sea la técnica que domines antes, no olvides el valor del sistema de alarma. En la venta de un artículo caro, por ejemplo una casa, las relaciones entre comprador y vendedor pueden prolongarse durante semanas e incluso meses. Si bien la relación se iniciará seguramente con alto grado de sintonía, es probable que ésta decaiga antes de cerrar el trato, especialmente si surgen dificultades inesperadas. Si esto sucede, es crucial que el vendedor esté capacitado para detectar inmediatamente que se ha perdido la sintonía y para restablecerla de forma rápida. En caso contrario, el comprador se irá muy probablemente a otra parte. Si bien el ejemplo resulta obvio hablando de ventas, sucede exactamente lo mismo si hablamos de una relación de negocios o personal. Como cualquiera que haya estado casado durante cierto tiempo admitirá, la relación con su pareja empezó (y es de esperar que siga así) con gran sintonía. Todos preferimos, por supuesto, el suave y confortable fluir de la comunicación basada en la sintonía. Sin embargo, aun en las mejores relaciones se presentan ocasiones en las que se pierde la sintonía, y ésta debe ser reconquistada. Utiliza habilidades de sintonía para recuperar este terreno común para tus relaciones, estos cimientos necesarios para disfrutar de buenos negocios, buenos matrimonios y buenos amigos.

Cómo conseguir sintonía

Cuando careces de sintonía con alguien te comportas de modo diferente a él. El modo de ganar en sintonía consiste en parecerse más. Los profesionales de la comunicación más eficaces lo consiguen ajustando su comunicación no verbal en lo que en PNL se conoce como igualar, reflejar o acompañar.[1] Si te encuentras, por ejemplo, en la oficina de otra persona y estás sentado directamente frente a ella, puedes aún sintonizar. Algo que hará que os sintáis más cómodos a los dos es que iguales la postura de la otra persona. Observa cómo se sienta y empieza a ajustar tu cuerpo para igualar su postura. Observa el ángulo de su columna vertebral, ¿muy erguida?, ¿ligeramente inclinada hacia un lado o hacia delante? Observa si la cabeza de la persona se inclina hacia algún lado o no. Si copias directamente su postura podría pensar que la estás imitando, lo cual rompería toda posibilidad de sintonizar. Se trata, pues, de aproximarse a su postura lenta y discretamente. Esta técnica no es nueva. Sin duda, ya te habrás dado cuenta de que cuando las cosas van realmente bien en una interacción con algún amigo, tendéis a sentaros o a colocaros ambos en la misma postura.

Cuando dos personas están ya en sintonía se igualan de forma natural. No obstante, puedes también igualar a voluntad para establecer sintonía e incrementarla. Puedes reflejar literalmente *cualquier* comportamiento que observes. Postura, expresión facial, ritmo de respiración, volumen, tempo y tono de voz, son todas ellas formas poderosas para igualar con otra persona. Al dar estos pasos para hacerlo te acercarás a su mundo, puesto que todas estas expresiones no verbales son reflejos del estado de su mente. Igualar no consiste en hacer mímica para controlar a los demás, es un modo específico de ajustar tu propia conducta para entrar en sintonía con otra persona. Te ayuda a sentir y comprender como ella, lo que no tan sólo aumenta la sintonía, también facilita la comunicación. Hacerlo deliberadamente para ganar sintonía te ayuda a recuperar la relación que tendrías de modo natural si la otra persona no estuviera estresada, preocupada por alguna otra cosa, o simplemente distraída.

Igualar el volumen y el ritmo de voz

En algunas ocasiones, no es posible reflejar las posturas y las expresiones faciales de alguien. Evidentemente, si estás hablando por teléfono, no podrás hacer ni lo uno ni lo otro. Una de las formas más poderosas de establecer sintonía a través del teléfono consiste en igualar el volumen, el tempo y el ritmo de la voz de la otra persona. Al responderle, adopta simplemente el mismo volumen y el tempo o velocidad. Haciéndolo, igualarás también el tono y la cadencia de sus pensamientos. Si alguna vez te has entusiasmado con algo y dejabas correr tus pensamientos a ciento cincuenta kilómetros por hora mientras que la otra persona ni siquiera había subido al tren, sabes que en esos momentos no tenías gran cosa en común con ella.

Una de las maneras más fáciles de acordarse de generar sintonía consiste en observar algún aspecto del ritmo de la otra persona. Observa si habla de manera rápida y seguida, o más bien lenta y seguida. Algunas personas efectúan frecuentes pausas. Otras en cambio siguen y siguen, y parece que no se detendrán ni para respirar. Cuando percibas una pauta verbal, ajusta tu habla para aproximarte a ella. Cuando alguien dice: «Esta técnica no funciona», nueve veces de cada diez se debe a que, en realidad, no cambió su propio patrón de habla para reflejar el de la otra persona, simplemente pensó que lo hacía. Es importante tomarse el tiempo necesario para darse realmente cuenta de las sutilezas del habla y practicar su igualación.

Un ejemplo muy espectacular del efecto del tempo del habla se dio en una compañía nacional de teléfonos en Denver, Colorado. Mary, una empleada del departamento de atención al cliente, tenía que realizar el traslado del servicio telefónico de un cliente desde su antigua residencia en Nueva Orleans a su nuevo domicilio en Denver. En el proceso, Mary telefoneó a Jane, otra empleada, para aclarar qué expedientes debían ser transferidos. Si bien Mary y Jane no habían hablado nunca antes y, por lo tanto, no se conocían, quedó bien claro en su conversación telefónica que se llevaban espléndidamente y realizaban la tarea con cordialidad. Era también evidente, para cualquiera que escuchara su conversación, que ambas empleaban un tono de voz muy similar, con un ritmo moderadamente rápido, también muy semejante en las dos.

Poco después de haber hablado con Jane, Mary telefoneó a Lucille a Nueva Orleans para solicitarle los expedientes que debían ser transferidos. Lucille hablaba en un tempo notablemente más lento y en tonos más bajos y suaves que Mary, que hablaba aún rápido y en un tono más bien alto. Si bien Mary y Lucille tampoco se conocían y no estaban hablando más que de trabajo, la tensión entre ambas creció a los pocos minutos de haber iniciado la conversación. La frustración era evidente en la calidad de su voz, y la comunicación terminó con ambas francamente disgustadas. La única causa posible del enfado era la enorme diferencia en el tempo y el tono de sus voces.

Otro ejemplo del impacto de la igualación de voces ocurrió en Bell System, otra compañía telefónica, cuando estaba constituida por compañías operadoras regionales. Una de éstas presentaba los índices más bajos en satisfacción del cliente. Las personas de aquella región hablan normalmente en un tono agudo, monótono y nasal. Después de que un consultor les demostrara el poder de la igualación de voces, entrenaron a todas las operadoras de la compañía para que supieran adaptar el tempo y el tono de su voz al de sus clientes. Nueve meses después, la compañía había saltado del último al segundo lugar en la clasificación. La única diferencia importante introducida había sido el entrenamiento de la voz.

Si bien deseamos que desarrolles tu sensibilidad ante las señales no verbales que indican pérdida de sintonía, puedes también preguntar a la otra persona cómo se sintió durante las diferentes etapas del experimento. Normalmente podrá decirte, aun sin saber exactamente por qué, en qué momentos la conversación fluyó con facilidad y cuándo no fue así.

Ejercicio 24
Desarrolla la igualación de voz

1. *Elige una situación poco importante.* Escoge un contexto en el que no haya nada en juego, como un encuentro casual con un socio o un extraño en un lugar público. Como solución alternativa puedes hacer este ejercicio con algún amigo, sentados uno de espalda al otro. El efecto del ejercicio será más evidente si la otra persona desconoce inicialmente de qué se trata.

2. *Ensaya la igualación.* Mientras hablas con la otra persona, observa el tempo y el tono de su voz. Cuando le hables, ajusta sutilmente tu voz hasta que el tempo y el tono se igualen tanto como sea posible a los de la voz de la otra persona. Observa la calidad de la comunicación: ¿es fácil o difícil el flujo de información? ¿Está o no presente un sentimiento de sintonía?

3. *Ensaya la desigualación.* Después de algunos minutos de suave y fluida conversación, altera tu voz para que el tempo y el tono sean muy diferentes de los de la voz de la otra persona. Observa cómo influye este cambio en la calidad de la comunicación.

4. *Vuelve a igualar.* Iguala otra vez la calidad de la voz de la otra persona y observa cómo puedes recuperar la sintonía que hace posible el suave fluir de la comunicación.

Puedes también igualar el ritmo de movimientos de otra persona. Al igual que el habla, los movimientos físicos presentan un patrón. Algunas personas se mueven mucho, otras poco. Unas hacen gestos amplios y suaves, mientras que otras los hacen cortos y bruscos. Ajustando sutilmente el ritmo de tus movimientos a los de la persona con la que estás interactuando, incrementarás notablemente la base para una próspera relación. Puedes realizar un ejercicio similar al anterior para entrenarte en la igualación de los patrones de movimiento de otras personas.

Practicando estas técnicas, desarrollarás la capacidad de

generar sintonía rápidamente, en el acto, así como de recuperarla con prontitud y facilidad cuando la pierdas. El paso siguiente consiste en conservar la sintonía a lo largo del tiempo. Crear sentimientos de simpatía sólidos es lo que marca la diferencia entre sintonía «instantánea» y relaciones de máxima calidad.

Aprende a alinearte físicamente

Cuando estamos en sintonía con alguien, solemos alinearnos con esa otra persona. Un sencillo experimento te lo demostrará. La próxima vez que estés en un grupo de gente que se acaba de encontrar, observa lo que sucede durante los primeros minutos, mientras las personas inician o restablecen las relaciones entre ellas. Verás que, a medida que las personas entran en sintonía unas con otras, alinean recíprocamente sus posturas y movimientos. El alineamiento puede producirse a diversos niveles, como cuando dos personas que comparten intereses se aproximan. Si, por ejemplo, descubres en un avión que la persona con quien estás charlando casualmente es originaria de la misma localidad que tú, probablemente tendréis lo suficiente en común para mantener la conversación al menos durante buena parte del vuelo.

La utilización física del espacio constituye un modo aún más poderoso de alinearse. Cuando estás en tu sala de estar con una visita y quieres mostrarle un álbum de fotos o un libro, normalmente te sientas cerca. Esta posición conduce de modo natural a una sensación de unión y participación. En el mundo de los negocios, algunas personas tienen por costumbre sentarse frente a sus colegas, mientras que otras lo hacen junto a ellos, en el mismo lado de la mesa. Podrás comprobar cómo sus expresiones verbales reflejan el impacto de las diferentes posiciones.

¿Prefieres «plantarte» ante alguien? ¡Todos sabemos lo que sucedía en el viejo oeste con esta práctica! ¿O quizás optes por «compartir el espacio»? Alineando tu cuerpo de manera que literalmente apunte hacia la misma dirección que el de la otra persona es más probable que veas las cosas desde su punto de vista y sintonices con ella. Tanto sentarse como estar de pie alineado con alguien equivale a compartir el mismo espacio y orientarse hacia la misma dirección. Mientras habláis la otra persona y tú haréis, de modo natural, gestos con las manos hacia ese espacio común. Es fácil alinearse cuando se comparten opiniones o intereses. Cuando estés en situación de conflicto con alguien o te encuentres en pleno proceso de construir intereses comunes, alinearte físicamente con otra persona te ayudará a acelerar la cooperación.

La eficiente gerente de una pequeña compañía de servicios sabía utilizar bien estos principios. Tenía su despacho dispuesto de modo convencional, con un sillón a un lado de la mesa y un par de sillas enfrente. Cuando quería mantener a alguien a distancia o necesitaba «nivelarse» con alguna persona para darle malas noticias, la hacía sentar frente a ella. Sin embargo, cuando quería generar sintonía o profundizar en una relación ya existente, salía de detrás de su mesa y disponía las sillas de modo que formaran aproximadamente un ángulo recto. De este modo, mientras hablaba con la otra persona, ambas compartían el mismo espacio y podían sentirse alineadas.

Otro ejemplo del poderoso efecto que la alineación puede producir fue detectado por primera vez por algunas compañías japonesas. En muchas empresas del Japón, los empleados se reúnen antes de iniciar la jornada laboral para realizar en común calistenia o algún otro ejercicio. Estas compañías han visto incrementada su productividad, así como la satisfacción en el trabajo de sus empleados. Un reciente y sugerente estudio indica que la influencia podría incluso llegar a la reducción de la siniestralidad laboral. Estos beneficios provienen del alto nivel de sintonía entre los trabajadores, generado al iniciar su jornada con una actividad tan alineadora.

Alinearse con alguien constituye una buena metáfora para lo que puedes hacer literalmente cuando quieras construir el terreno común sobre el que desarrollar relaciones. Puedes alinearte mediante intereses comunes, orientación física o estado emocional.

Desarrolla sintonía emocional

Alineándote con su estado emocional, puedes generar sintonía con alguien que esté disgustado. La Hay procedimientos en psicología que sugieren exactamente lo contrario, asegurando que cuando alguien está disgustado y especialmente enfadado hay que permanecer en calma. Cuando alguien te grite: «¡Estoy harto de ti! ¡No sé por qué has hecho esto!», prueba a responder tranquilamente: «¿Dónde está el problema?». ¿Crees que esto le calmará? ¿Hará que se sienta mejor ver que tú estás tranquilo mientras él está fuera de sus casillas? Normalmente no, más bien hará que empeoren las cosas.

Cuando una persona está emocionalmente estresada, resulta mucho más efectivo alinearse con la emoción que está expresando o manifestando. Ello no significa que estés de acuerdo con lo que dice, sino que te das por enterado de lo que sin duda siente. Al reconocer su emoción, tanto de una forma verbal como no verbal, puedes alinearte con ella, aun desconociendo por completo cómo llegó a tal estado de ánimo.

Así que cuando alguien te grite: «¡Me tienes harto!», puedes responder: «Estás realmente enfadado conmigo. Eso me preocupa». Por supuesto, es vital que tu preocupación sea sincera, de modo que tu voz lleve el mismo mensaje que tus palabras. Al darte por enterado y responder a su estado emocional, tanto verbal como no verbalmente, le haces saber que lo aceptas tal como es. Esta ecuánime aceptación es quizás el mayor regalo que puedas hacerle a un ser humano.

El siguiente paso consiste en comprobar que la otra persona ha escuchado realmente tu respuesta. Normalmente se relajará un poco y se mostrará menos enojada. Puesto que la mayoría de personas se enfadan cuando sienten que no se las escucha o no se las toma en consideración, este reconocimiento reducirá su irritación.

Cuando te hayas asegurado de que la otra persona responde a tu reconocimiento, puedes empezar a moverte hacia la resolución del problema. «¿Podríamos sentarnos un momento y hablar de lo que te ha disgustado? Estoy seguro de que si me has hablado de ello, es porque deseas solucionar el tema y mantener nuestra relación, ¿no es así?» He aquí algo con lo que difícilmente se puede estar en desacuerdo, y que ayudará a la otra persona a sentir que realmente la has escuchado y comprendido.

Esta respuesta presupone que existe una intención positiva tras los gritos de la persona, que la verdadera razón por la que quiere hablar contigo es solucionar la cuestión y mantener la relación. Añadir esto a tu respuesta os ayuda a ambos a recordar que vuestra intención es siempre positiva, aunque a veces no lo parezca. Gran parte de la tecnología de PNL se basa en esta idea. Tanto si es cierto como si no que las intenciones de las personas sean siempre positivas, comportarte como si lo fueran mejorará sin duda la calidad de tu comunicación y de tu vida. Actuar y hablar como si esta presunción fuera cierta puede desarmar situaciones incluso de intenso conflicto.

Crea sentimientos positivos en los demás

La tercera consideración que tener en cuenta al construir relaciones es reconocer que todos representamos algo en la vida de los demás. La cuestión es: «¿Qué quieres tú representar?». Puesto que de todos modos tu presencia va a estar asociada con algo, ¿por qué no elegir con qué? Seguramente deseas que las personas te asocien con algo positivo, si bien la respuesta específica puede depender del contexto de vuestra relación. Resulta útil comprobar cómo responden los demás ante nosotros ahora. Cuando entras en una habitación o te encuentras con alguien que conoces, observa la respuesta de la otra persona, sobre todo si el encuentro es casual. ¿Cómo reacciona cuando te ve? ¿Brilla en sus ojos el entusiasmo? ¿Detectas una breve sonrisa, o más bien un ceño fruncido y un aspecto de estrés y preocupación? Este test constituye una buena medida de lo que representas para esa persona, incluso antes de que empecéis a comunicaros.

Bob, un gerente de nivel medio bien entrenado en MBWA –*manage by walking around,* o «gestión deambulante»–, fue trasladado a otra división de su empresa. Comprendía el valor de ser accesible a sus subordinados, así como de enterarse por ellos de qué hacían y cómo podía ayudarles en ello. Parte de su propósito al deambular el primer día en su nuevo cargo era crear sintonía. Lo que Bob no sabía era que los empleados de aquella división no estaban acostumbrados a que un gerente les visitara, por lo que encontraron su presencia intimidatoria, por más que sus modales fueran cálidos y amistosos. Como probablemente habrás adivinado, el gerente anterior era una poderosa fuente de sentimientos intimidatorios. Bob pudo darse cuenta de lo que pasaba gracias a que prestaba atención a las reacciones de las personas a las que supervisaba. El siguiente día añadió a su visita buñuelos acabados de hacer, que ofreció a los empleados. Mientras los comían, tuvo la oportunidad de hablar con ellos sobre lo que hacían, qué les preocupaba y demás. Tras repetir la táctica de los buñuelos durante algunos días, comprobó que empezaba a obtener una respuesta muy diferente de la anterior. Había conseguido cambiar la manera en que era percibido.

La estrategia para convertirse en una fuente de buenos sentimientos para los demás es sencilla. Identifica con qué sentimientos o estados emocionales quieres ser asociado. Luego conviértete en un gran ejemplo de este estado y haz cosas que lo provoquen en los demás. La sinceridad es crucial al hacerlo, puesto que cuando alguien está inseguro, su comportamiento no verbal tiende a manifestar lo contrario del verbal. Los resultados de mucha investigación reciente señalan la importancia de que el comportamiento no verbal se corresponda con el verbal. Los empleados analizados declararon sentirse confusos ante la incongruencia entre los mensajes verbales y no verbales de sus superiores. Declararon asimismo que cuando se enfrentaban a un desequilibrio entre ambos mensajes, tendían a responder preferentemente a la parte no verbal –la calidad de la voz y las expresiones faciales– más que a las palabras. Hasta un niño pequeño puede aprender a mentir con las palabras, pero dado que le cuesta mucho más controlar su comportamiento no verbal, casi siempre acaba por delatarse. Ésta es la razón por la que casi todos tendemos a confiar mucho más en el mensaje no verbal que en el verbal cuando ambos no concuerdan. Si quieres que tus mensajes sean poderosos, deja que tu voz y tu cara reflejen y apoyen lo que dicen tus palabras. El modo más fácil de conseguirlo es siendo sincero, puesto que al serlo todo tu comportamiento será congruente y transmitirá el mismo mensaje de modo natural.

Para asegurarte de que las personas te asocian con sentimientos positivos, falta tan sólo un elemento más: tu competencia. Marcando objetivos claros y bien formados, alineándote o emparejándote con el comportamiento de la otra persona (especialmente el no verbal) y asociando buenos sentimientos con tu presencia, conseguirás la base para conexiones fuertes y de alta calidad con las personas. Tan sólo con las herramientas de la sintonía puedes generar respuestas positivas en otra persona en cuestión de segundos. Sin embargo, para conseguir relaciones duraderas en el tiempo, debes ser capaz de «entregar la mercancía», es decir, ser competente. Ninguna cantidad de buñuelos y café puede solucionar la incapacidad para conseguir que un trabajo se haga.

El presidente de una pequeña compañía de alta tecnología consiguió en principio la admiración de su equipo directivo gracias a sus dotes excepcionales para la sintonía. Sin embargo, ese mismo equipo experimentó sentimientos de rabia y frustración con la misma intensidad cuando sus escasas habilidades gestoras se hicieron evidentes y la empresa se vio forzada a la quiebra.

En las relaciones de negocios, la competencia es la moneda de la sintonía a largo plazo. Lo mismo sucede en las relaciones personales, puesto que te permite cumplir cualquier acuerdo o promesa. Sean o no conscientes de ello, clientes, superiores, colegas, familia y amigos acuden a nosotros con sus objetivos. Nuestra integridad, capacidad y habilidad para proveer lo que quieren determinará en última instancia su grado de satisfacción en la relación con nosotros. Si tus capacidades para la sintonía hacen simplemente que las personas se sientan bien, pero no eres capaz de proporcionar el valor que buscan, acabarán sintiéndose confundidas sobre la interacción y, finalmente, sobre ti. Las habilidades para la relación son un excelente complemento para la competencia, pero nunca su substituto.

Repasemos lo que has aprendido

El presente capítulo trata de las técnicas para generar sintonía en todas tus relaciones, así como de la importancia de hacerlo. Experimentar interacciones personales que hagan sentirse apreciadas y escuchadas a ambas partes hace que las relaciones sean mucho más armoniosas. Los tres aspectos de lo antedicho son:

- Aprender a ver la interacción desde el punto de vista de la otra persona. Determinar objetivos mutuamente satisfactorios. Observar y reconocer las emociones y respuestas de la otra persona. Asegurarse de haber oído bien. Atribuir intenciones positivas a su comportamiento. Moverse hacia la resolución de problemas. Utilizar el proceso de consecución de objetivos para definir tus objetivos para esta relación.
- Establecer y mantener sintonía no verbal igualando la posición de los demás. Ello te permite ver literalmente el mundo desde su perspectiva. Reflejar el tono de voz de la otra persona genera sintonía y reduce la distancia percibida entre las personas. Lo mismo es de aplicación para el estado emocional.
- Producir sentimientos positivos en los demás, ofreciendo un buen ejemplo del estado mental que te gustaría que los demás experimentaran hacia ti, y promoviéndolo con tus actos.

Estas tres técnicas pueden pasar a ser parte integrante de tu repertorio natural, ayudándote a alcanzar en tu vida mucho más éxito, libertad, felicidad y satisfacción. Piensa cada día o bien en alguien de cuya relación te sientes inseguro, o bien en alguien con quien deseas establecer una nueva relación, y emplea tus nuevas habilidades para establecer la sintonía.

7

Poderosas estrategias de persuasión

Los mitos de la persuasión

Un tópico frecuente sobre los grandes persuasores consiste en pensar que nacieron así. Míralo de este modo: nadie nace hablando... y mucho menos persuadiendo. Se trata, por el contrario, de una serie de habilidades que aprendemos, como todo lo demás. Si bien es cierto que todos tenemos alguna predisposición natural para determinadas habilidades, también lo es que nadie llega a dominarlas sin entrenamiento. Los máximos comunicadores te dirán que en su momento se comprometieron a buscar, estudiar y aprender, puesto que sabían que éste era el camino hacia la maestría. Hay una relación directa entre aprendizaje y beneficio. Cuando más aprendes, más ganas... tanto desde la óptica financiera como de la satisfacción personal.

El segundo tópico consiste en creer que son expertos oradores. Es cierto que algunos lo son, pero lo verdaderamente importante es que son excelentes oyentes, un secreto que muchos consultores y conferenciantes motivadores de primera categoría han descubierto. Escuchar es de vital importancia al menos por dos razones. Primera, las personas se sienten bien cuando se dan cuenta de que se las escucha realmente. No solemos escucharnos unos a otros ni en la mayoría de transacciones comercia les que efectuamos ni tampoco en nuestras interacciones cotidianas. La mayoría de nosotros escuchamos tan sólo las mejores partes de nuestras mejores relaciones. Ser realmente escuchado es una experiencia muy especial, que las personas quieren y anhelan.

En segundo lugar, escuchar es un modo excelente de averiguar qué es en realidad lo importante para una persona. Es la información que nos permite saber si podemos ofrecer a los demás lo que desean o necesitan. Cuando sabes lo que alguien quiere y necesita, existen dos posibilidades: que tu producto o servicio se corresponda con estos deseos o necesidades, o que no.

Si hay correspondencia, dispones de la información necesaria para demostrar con convicción a esta persona que lo que le ofreces satisface plenamente sus requerimientos. Si no la hay, podrás admitirlo claramente y abandonar el asunto, evitando así con elegancia mucha frustración y tiempo perdido para ambas partes. Una vendedora inmobiliaria con mucho éxito dice a menudo lo siguiente cuando no puede encontrar una correspondencia plena entre lo que quiere el cliente y lo que está disponible en el mercado:

> Usted me ha explicado la clase de casa que quiere y yo le he mostrado tres, las que más se ajustaban a lo que usted deseaba. Pero ahora mismo no hay en el mercado nada que se corresponda con sus deseos. No quiero hacerle perder su tiempo, ni quiero perder el mío, tratando de venderle algo que no le satisfaga plenamente. Si me lo permite, mantendré su tarjeta en mi fichero activo y le avisaré en cuanto salga al mercado algo que le convenga.

Muchos programas de formación en ventas y comunicación tratan de convencernos de que debemos motivar a los demás para que hagan lo que nosotros queramos. Hay dos grandes desventajas en pretender que alguien haga lo que no quiere: primera, hará falta mucho tiempo y esfuerzo para persuadirle. Segunda, suponiendo que no acabe antes sintiéndose manipulado, al final quedará insatisfecho. Puesto que la repetición de negocios y las buenas referencias constituyen las mayores fuentes de ventas, un cliente insatisfecho es mucho peor que otro bien tratado, a quien le hemos dicho con respeto que nuestro producto no se adapta a sus necesidades. Por cierto, la vendedora antes citada consigue la mayoría de las recomendaciones sobre ella misma de personas a quienes *no* ha vendido una casa.

Las ventajas de este planteamiento quedaban magníficamente ilustradas en una antigua película, *Miracle on 34th Street* (Milagro en la Calle 34), en la que el Santa Claus de unos grandes almacenes sugiere a los clientes que vayan a comprar determinados artículos a otros comercios, donde encontrarán mejor calidad y precios más bajos. Al descubrirlo, el gerente queda horrorizado y está a punto de despedir al Santa Claus, cuando llega un alud de personas para agradecerle que tenga un empleado tan servicial y honesto, y asegurarle que acudirán a su comercio en primer lugar para todas sus compras futuras.

La persuasión es el arte de ofrecer valor motivador a los *demás*. La clave de esta definición está en que se trata de *sus* valores, no de los tuyos. Es a sus valores a lo que van a responder. Las personas persuasivas son aquellas que son capaces de ver y oír cómo expresan los demás sus valores, y saben formular las preguntas clave para descubrirlos. Sólo entonces están en condiciones de demostrar que lo que tienen para ofrecer satisfará realmente los valores de la otra persona y la beneficiará.

Puedes también plantearte la persuasión como motivación a otros. Aplica las técnicas de motivación que aprendiste en el capítulo 2, sin olvidar el aspecto crucial de que estás ayudando a los demás a hacer lo que *ellos* quieren, lo mejor para *ellos* y aquello que satisfará *sus* valores.

Muchos de los mejores comunicadores tienen bien aprendida esta lección. Ansían descubrir qué es lo que quieren sus clientes, colegas y amigos. Se sienten motivados y felices al servir a sus clientes cuando disponen de lo que éstos desean. Recordar este principio facilita mucho la calificación de los compradores potenciales, así como la posterior persuasión para que hagan lo mejor para sus intereses. Para seguir este principio, debes averiguar con rapidez qué es lo que clientes, socios o amigos quieren. Ello equivale a descubrir qué es lo que valoran.

Descubre los valores de los demás

Algunos sencillos métodos te permitirán averiguar los valores de otras personas. La gente proporciona muchas pistas a través de su forma de vestir, sus pertenencias, sus costumbres y el modo en que trata a los demás. Características como pulcritud, atención al detalle, descuido, preocupación por los compañeros de trabajo y necesidad de intimidad reflejan los correspondientes valores. Darte cuenta de ellas puede convertirse en algo natural en ti.

Quizá quieras averiguar los valores que mueven a otras personas en sus decisiones sobre compras, calidad de trabajo, estilo de gestión, relaciones personales o cualquier otro aspecto pertinente. Descubrir estos valores es fácil. Pregunta simplemente: «¿Qué consideras importante en un equipo de teléfono?», o «¿Qué valoras en un empleado?», o «¿Qué significa para tu compañía un personal motivado?», o «Piensa en tu gerente predilecto, ¿qué caracteriza a un buen gerente y hace que destaque de los demás?».

Todas estas preguntas se ocupan de los valores, los estándares que la persona a la que quieres influir utiliza para tomar sus decisiones. Son las mismas preguntas que te formulabas para descubrir tu estrategia de motivación y para motivarte.

Muchos vendedores con éxito emplean el planteamiento siguiente:

> No me cabe duda de que nuestro producto (o servicio) es excelente. Sin embargo, opino que tan sólo resulta apropiado para quienes quieren, necesitan y valoran lo que ofrece. Algunas personas me ven como un vendedor, pero yo me veo más bien como un consultor, cuyo trabajo consiste en averiguar si existe una buena correspondencia entre sus necesidades y nuestro producto (o servicio). Para ello, necesito que me diga qué es lo que usted espera de.......................

Deja que la persona te diga qué es lo que quiere comprar. Si lo tienes, te lo comprará.

La relación entre persuasión y valor

Irás descubriendo también que existen diferentes clases de valores y deseos. Para tus propósitos, es importante que sepas distinguir entre dos de ellas. Una podría denominarse «especificaciones materiales». Cuando preguntas qué es lo importante en un producto o servicio, quizás obtengas una respuesta muy específica, por ejemplo que debe funcionar a cierta temperatura, disponer de determinada conexión, caber en un espacio concreto, ser de tal o cual color, etc.

Una vez comprobado que el producto o servicio cumple o sobrepasa estas especificaciones materiales, deberás examinar la segunda clase de valores, que podríamos denominar «criterios». Un criterio es un modo de especificar un valor más general. Por ejemplo, una pieza debería tener determinadas dimensiones para cumplir con las especificaciones materiales. Y, debido a su tamaño, durará más (un criterio), necesitará menos reparaciones (éste es otro criterio) o reducirá el inventario (otro criterio más). Todos estos criterios ayudarán a incrementar los beneficios, lo cual es un criterio aún más importante. Es algo parecido a lo que hiciste al formular tu misión y tu pasión en el capítulo 3. Cuanto más importante sea el criterio contemplado, también será más global y valioso. Disponer de aparatos con las dimensiones adecuadas es menos importante que disponer de aparatos que duren más, lo cual a su vez resulta secundario si se trata de disponer de aparatos que incrementen los beneficios.

Cuando compras neumáticos para tu coche, pides las dimensiones correspondientes al modelo del automóvil, lo cual es una especificación material. Por supuesto, también preferirás neumáticos que duren más y cuesten menos, con lo cual entras ya en criterios más generales y menos específicos. No obstante, probablemente consideres que tu seguridad es aún más importante. Muchas personas están dispuestas a pagar más por unos neumáticos que duren algo menos, si saben que son más seguros. Cuando la empresa Michelin hace publicidad de «lo mucho que está en juego con tus neumáticos», apela a un criterio de máxima importancia para muchas personas: la seguridad de sus familias.

Conocer cuál es el criterio más importante para una persona, como por ejemplo la seguridad, por lo general facilita mucho la venta, por dos razones diferentes. En primer lugar, si tu producto o servicio satisface realmente su criterio primordial, el candidato estará *muy motivado* para comprar. En segundo, si lo que estás vendiendo es seguridad, existen *muchas maneras diferentes* de ofrecerla en las que el comprador no ha pensado.

Pongamos el caso de un comprador que pide unos neumáticos de tipo y dimensiones específicas. Si sabes que su mayor preocupación es la seguridad, averiguarás cuál es el modelo de neumático más seguro dentro de las dimensiones solicitadas y sabrás que dispones de una motivación irresistible para él. No obstante, aún puedes dar un paso más para satisfacer sus necesidades. Tal vez montar unas llantas de dimensiones diferentes le permitiría instalar unos neumáticos aún más seguros, con lo que quizá le venderás no tan sólo unos neumáticos de gama alta, sino también unas llantas. Pero puedes ir aún más lejos y sugerirle que, por más seguros que sean unos neumáticos, un sistema antibloqueo para frenos, el ABS, le ofrecería aún más seguridad a su familia. Un coche nuevo satisfaría su necesidad de seguridad mucho mejor que lo que originalmente te pidió. Si dispones de varias oportunidades distintas de hacer una venta, harás más ventas.

La cuestión es aquí sencilla, pero increíblemente importante. Cuanto más alto e importante sea el criterio que llegues a identificar en alguien, más opciones tendrás para satisfacerlo, y cuantas más opciones tengas, más posibilidades tendrás de proporcionar valor ofreciendo tu producto o servicio. Recuerda: cuanto más alto sea el valor que satisfagas, más persuasivo serás.

Para descubrir los valores más importantes, pregunta simplemente: «¿Qué considera usted importante en disponer de ....?», insertando en el espacio el último valor que la persona haya citado. Con las respuestas que consigas cada vez que formules la pregunta, obtendrás un valor más importante. He aquí un ejemplo de interacción, en este caso de una venta de inversiones para la jubilación:

«Deseo invertir algún dinero»	*Criterios*
Pregunta: «¿Qué busca en una inversión para la jubilación?».	
Respuesta: «Quiero pagarés del Estado o letras del Tesoro».	Pagarés o letras
P: «¿Qué significaría para usted tener pagarés del Estado?».	
R: «Tienen un buen historial y están asegurados».	Historial y seguro
P: «¿Qué es para usted lo importante del historial y el seguro?».	
R: «Que mi jubilación esté asegurada».	Seguridad
P: «¿De modo que lo más importante para usted en esta inversión es que sea segura?».	
R: «Bueno, por supuesto también me gustaría un buen interés, pero en todo caso, esto no es tan importante para mí como la seguridad. No quiero correr riesgos de perder lo que tengo».	

Al saber que el criterio más importante para este cliente es la seguridad, el consejero financiero puede ya ayudarle a conseguir lo que necesita. Dispone de muchas opciones, algunas de las cuales puede que sean mucho mejores para su cliente que los pagarés o las letras que en principio deseaba.

Con la experiencia, aprenderás cuáles son los tipos de criterios altamente valorados que tienen los clientes de tu área concreta de negocios. Disponiendo de esta información, te resultará más fácil ajustar tu presentación y selección de productos y servicios para que se adapte a sus necesidades.

Explora la estrategia de motivación

Se puede obtener aún más información explorando cómo piensan las personas sobre sus valores. ¿Recuerdas cuando en el capítulo 2 hablábamos de la motivación *acercarse a* y *alejarse de*? Vamos ahora a averiguar cuáles son las estrategias de quienes te rodean, aquellos en quienes quieres influir. Cuando le preguntas a alguien: «¿Qué representará para usted obtener esto?», te responderá con palabras acerca de sus valores o con palabras que indicarán cuál es la dirección de su estrategia de motivación. Por ejemplo, muchos clientes que buscan una casa quieren mucho espacio. Cuando el vendedor pregunta: «¿Qué significará para ustedes disponer de mucho espacio?», un cliente quizá responda: «Me *permitirá* tener libertad para moverme», mientras que otro dirá: «El espacio *impedirá* que me sienta comprimido».

Estos clientes son ejemplos de dos Direcciones de Motivación opuestas. Las personas que están motivadas a *acercarse a* utilizan palabras como: «conseguir», «ganar», «alcanzar» o «recompensa». Las que lo están a *alejarse de* utilizan en cambio palabras como: «evitar», «relajar», «aliviar» o «escapar».

Este es precisamente uno de los aspectos lingüísticos de la Programación Neurolingüística. Puedes encontrar perfectamente estas dos direcciones en el lenguaje de las personas. Algunas palabras de valor indican obviamente la dirección de motivación. «Diversión» por ejemplo, es un valor con una dirección de motivación *acercarse a,* al igual que «reto». «Seguridad», en cambio, es un valor con una dirección *alejarse de.* «Libertad» es ambivalente, por lo que es importante aclarar este valor con la pregunta: «¿Qué significa para usted tener libertad?». Si la respuesta es: «Apartarme de las limitaciones», estamos ante un valor *alejarse de.* «Poder experimentar más», en cambio, nos indica un valor *acercarse a.*

Muchas personas dicen: «Quiero tener éxito». Cuando les preguntas: ¿Qué te reportaría tener éxito?, algunas te responden que el éxito les permitiría *acercarse a:* «Podría viajar», «Me podría casar» o «Podría comprarme un rancho y criar caballos». Otras, en cambio, te hablan de aquello de lo que quieren *alejarse:* «Podría dejar el trabajo», «Podría saldar deudas» o «Me podría divorciar». Del mismo modo, el dinero puede ser utilizado como un valor tanto *acercarse a,* como *alejarse de.* Cuando consigas información sobre la dirección de motivación de las personas, guárdala en tu mente o anótala literalmente sobre papel. Esta información te permitirá ajustar tu comunicación para ser mucho más persuasivo.

Cuando trates de motivar o persuadir a alguien, asegúrate de que utilizas su dirección de motivación preferida, en combinación con sus palabras para criterios. Si tiende a usar *alejarse de* ante determinada situación, para motivarle deberás resaltar aquello que *no* sucederá si compra tu producto: «Comprando este coche, *evitará* (una palabra *alejarse de*) gastos en reparaciones y mantenimiento» (palabra criterio: gastos). Sin embargo, si tiende a estar más motivado por palabras *acercarse a* ante otra situación específica, descríbele el resultado positivo para incrementar su motivación: «Comprando este coche, conseguirá la admiración y el respeto de aquellos que saben apreciar un automóvil de alto rendimiento» (sus criterios: admiración, respeto, rendimiento).

Determina estrategias mentales

Utilizar la estrategia mental de otra persona es otra manera de persuadir y motivar. ¿Cómo saber a qué estrategia apelar? Los movimientos de los ojos y el lenguaje de los modos del pensamiento sensorial son probablemente las dos partes más conocidas de la PNL. Sus cofundadores, Richard Bandler y John Grinder, junto con el por aquel entonces estudiante Robert Dilts, descubrieron que los movimientos inconscientes de los ojos de una persona reflejan sus estrategias mentales internas. Un conocimiento básico de los movimientos oculares y corporales puede hacer que una presentación sea mucho más persuasiva, puesto que las personas permanecen en ocasiones durante cierto tiempo en el mismo modo de pensamiento. Como recordarás del capítulo 2, tenemos cinco sistemas sensoriales, pero utilizamos básicamente tres en el pensamiento: visión, oído y tacto. Podrás saber que alguien está procesando información *visualmente* cuando veas que mira de modo inconsciente hacia arriba, no a algo físico del exterior, sino hacia algo obviamente interno. Otras pistas adicionales son: que apunte a algún lugar del espacio como si se tratara de una pantalla, que hable rápido, en ocasiones con pensamientos aparentemente deshilvanados, o que emplee palabras que se refieran a *imágenes, fotografías o películas*. Si este comportamiento se prolonga durante algunos segundos, es que la persona está procesando su experiencia *visualmente*.

De otra forma de proceso mental se sirven quienes mantienen su mirada hacia abajo y a la izquierda al enumerar opiniones, mientras las cuentan probablemente con los dedos, o murmuran para sí, o hablan en voz monótona, tocándose o frotándose a menudo la cara, o bien emplean palabras que se refieren a lo que alguien *dijo, oyó* o *leyó*. Si mantienen esta conducta durante varios segundos, están procesando su experiencia con palabras y sonidos, es decir, *auditivamente*.

La tercera categoría la ocupan los que miran hacia abajo y a su derecha, suspiran, se tocan la zona del corazón o frotan su mano sobre un brazo o una pierna. Suelen hablar despacio y lo hacen empleando palabras que se refieren a cómo *notan, atrapan* o *tocan* el mundo en sus variados aspectos. Si lo hacen durante varios segundos, están procesando su experiencia básicamente mediante *sensaciones*.

Todas las personas pueden usar –y a menudo lo hacen– todas estas modalidades de pensamiento. Por lo general, pasamos rápidamente de una a otra a medida que nuestra experiencia cambia. Cuando percibas que alguien se encuentra durante unos momentos en alguna de estas modalidades, adopta su estilo de pensamiento para incrementar la sintonía.

Ante un estilo de pensamiento especializado en lo visual, presenta una imagen o una película: «Tal como *veo* que *contempla* usted esta adquisición...». Con el estilo auditivo, ofrece palabras, especialmente dentro de una lista: «Lo que me *dice*, me *suena* a...». Con la modalidad sensitiva, ofrece algo con sensaciones: «Si he *captado* bien lo que me ha *dado* hasta aquí, su *impresión* sobre la situación es...». Cuando veas que tu cliente sonríe al ver que alguien le entiende, puedes estar seguro de que lo que le presentes será fácilmente comprendido y tendrá una buena respuesta.

Añade submodalidades a la dirección de motivación

En los capítulos anteriores aprendiste el modo de convertir algo en más motivador y apasionante, incrementando la vivacidad de las submodalidades de tu imagen mental. Puedes convertir aquello que te atrae o te repugna en mucho más intenso, haciéndolo más cercano, grande, coloreado y tridimensional. Los persuasores profesionales añaden de modo natural esta poderosa dimensión a sus propuestas y presentaciones. Puedes aprender a hacerlo deliberadamente. Puedes, por ejemplo, decirle a un posible cliente que tenga motivación *alejarse de:* «Hay ciertas dificultades que me ha dicho que quiere usted evitar —tiempo muerto, pérdida de productividad y sobrecostes— antes de que estén *demasiado cerca,* como quien dice, antes de notar su aliento en la nuca. Permítame que le explique cómo puede resultar de ayuda lo que le ofrezco».

Con un posible cliente con motivación *acercarse a,* podrías decir: «Desconozco cuán *lleno de color* y de *acción* quiere que sea el futuro hacia el que se encamine esta compañía. Pero hablemos de sus *grandes* planes y sobre cómo mi contribución puede hacerlos aún *más grandes* y añadirles *dimensiones*».

Utilizar este tipo de palabras, añadiendo riqueza y vivacidad con submodalidades a los valores e imágenes ante los que tus compradores potenciales, clientes o empleados responden ya de por sí, resulta sumamente persuasivo. Es un modo excelente de hacer que tu producto o servicio sea más atractivo, motivador e influyente.

La manera más fácil de conseguirlo consiste en ajustar tus propias submodalidades, haciendo que tus imágenes y sonidos internos sean más intensos y motivadores. Si son grandes, apasionantes y espectaculares en tu mente, se manifestarán así de modo natural en tus actos, expresiones, gestos y tono de voz. Piensa espectacularmente, piensa a lo grande. Sé como un antiguo contador de cuentos, da vida a tus ideas y a tu visión. Después de todo, esto es que lo que intentan conseguir todas las transparencias en color, los gráficos generados por ordenador y las presentaciones espectaculares. Tratan de capturar la atención de la audiencia y hacer que sienta que sus valores más preciados se verán satisfechos con lo que se les está presentando mediante películas, gráficos, láser y música. Ahora tú puedes hacer lo mismo con tus clientes potenciales, de un modo mucho más personal, exacto y dirigido de lo que cualquier ordenador pueda conseguir jamás.

Cuando escuchamos algo, incluso procedente de una conversación ajena, no podemos evitar producir las correspondientes imágenes y sonidos en nuestra mente. El persuasor profesional lo sabe de manera intuitiva, en PNL lo sabemos explícitamente. *No puedes NO comunicar.* Estamos constantemente comunicando. La cuestión es, «¿cuán elegantemente?» o «¿cuán intencionalmente?».

¿Quieres que tu propuesta sea tan sólo vista, o aspiras a que las personas experimenten realmente hasta qué punto alumbrará objetivos importantes y producirá grandes e impactantes beneficios? Puedes añadir este importante matiz, utilizando palabras de submodalidad para darle chispa y color a tu presentación.

Con algo de práctica, te resultará fácil jugar con estos patrones de persuasión en toda entrevista importante, en cada nuevo contacto profesional y en cualquier rutina. Esto producirá cambios tremendos en tu eficacia personal. Muy pronto, la habilidad para influir en los demás se convertirá en algo natural en ti.

Recuerda: escuchar hace que la otra persona se sienta bien y te proporciona así la oportunidad para conocer sus necesidades y sus valores. Éstos incluyen tanto especificaciones materiales concretas (tamaño, color, conexiones, etc.) como criterios más generales (durabilidad, rentabilidad, seguridad). Para determinar valores pregunta: «¿Qué valora usted en ....?». Determina cuáles de estos criterios son los más importantes para la persona, ya que serán también los más motivadores e influyentes para ella. Dispondrás así de la mayor libertad para satisfacer sus necesidades con tus ofertas. Para averiguar los criterios más importantes pregunta: «¿Qué es lo importante para usted en ....?». Cuando conozcas sus necesidades y valores, te resultará fácil decidir si el producto o servicio que ofreces encaja con ellos. Averiguando si la dirección de su motivación es *acercarse a* o *alejarse de,* podrás describir tu oferta en términos paralelos a su forma de pensar. *Acercarse a:* «Este producto le proporcionará estos beneficios». *Alejarse de:* «Con este producto nunca tendrá problemas». Determinar el modo en que la persona procesa primariamente la información te permite igualar la manera en que experimenta los acontecimientos con la mayor intensidad, utilizando las frases «Ya *veo* lo que me quiere decir» con las personas visuales, «He *oído* lo que me quiere *decir*» con las auditivas, y «Ya *capto* lo que ha *puesto* sobre la mesa» con las sensoriales. Emplear lenguaje de submodalidades para describir las cualidades de tu producto y los beneficios que ofrece, hará que aparezca grande, brillante e irresistiblemente atractivo en la mente del comprador.

Establece congruencia personal

Existe un patrón aún más influyente que, llegado a este punto, debes aprender. Subyace en todos los que hemos descrito hasta ahora. A modo de sólidos cimientos, los sostiene a todos. No se trata de una técnica, sirve más bien para potenciar las técnicas que ya has aprendido. Se conoce bajo diversos nombres: pasión, entusiasmo, carisma y poder personal. En PNL lo denominamos congruencia personal. Congruencia significa que todas tus partes están perfectamente alineadas con lo que haces en cada momento. Significa que estás tan completamente en sintonía contigo mismo, que todo lo que dices surge con fuerza de tu interior y puede atraer e influir a los demás, antes incluso de que hayas pronunciado una sola palabra.

Quizás el mejor modo de ilustrar la congruencia consiste en describir la incongruencia. Si alguna vez has efectuado una presentación, y en ese momento parte de ti estaba pensando en las facturas o en los niños en la escuela, sabrás bien lo que representa tener la atención dividida entre lo que estás haciendo y otros asuntos de los que tendrás que ocuparte más tarde. Habrás notado también que tu presentación se ve perjudicada por esta división de tu atención.

Congruencia significa total atención a lo que estás haciendo aquí y ahora. En el clásico de ciencia ficción de Robert A. Heinlein *Stranger in a Strange Land* («Forastero en tierra extraña»), una mujer describe así la atención total de Michael Valentine Smith: «¡Cuando te besa, no está haciendo nada más!».

Cuando eres incongruente, las partes tuyas que no participan en la tarea que se supone que estás haciendo se manifiestan típicamente con un comportamiento no verbal como golpear con el pie, mirar por la ventana, hablar en tono de voz elevado, etc. En el mejor de los casos, todo ello conseguirá distraer a tu cliente. En el peor, el cliente interpretará estas señales como avisos de incompetencia o deshonestidad. Estudio tras estudio se confirma que aproximadamente el 80 por ciento de la comunicación es no verbal. Estos estudios demuestran también que, cuando las personas se enfrentan a una incongruencia entre el mensaje verbal y el no verbal (como, por ejemplo, las palabras «Te respeto», dichas en tono burlón), responden habitualmente a la parte no verbal del mensaje, ¡incluso sin darse cuenta de ello! Dado que las personas responden con tanta fuerza a la incongruencia, ésta te puede minar o destruir cualquier comunicación, aun cuando todo lo demás que hagas sea apropiado.

En el capítulo anterior aprendiste varias maneras específicas de construir relaciones fuertes con otras personas. Ahora que ya has decidido que, tanto las personas con las que tienes tratos comerciales, como aquellas con las que mantienes otro tipo de relaciones, merecen tu consideración, debes tener en cuenta a una persona más: tú, incluyendo todas tus distintas partes. Algún sabio dijo: «Eres la única persona con la que vas a levantarte cada mañana..., y puesto que vas a tener que hacerlo toda tu vida, mejor que sea alguien con quien te sientas a gusto y de cuya compañía disfrutes». A veces nos presionamos a nosotros mismos porque necesitamos un empujón para ir tirando por la vida. Sin duda, se presentan ocasiones en las que tenemos que vencer nuestra resistencia o suprimir algún sentimiento, pero este ejercicio nos agota rápidamente. Hay probablemente otras ocasiones en las que lo único que deseas es cuidar de ti mismo. Considera ahora la posibilidad de prestarte mucha más atención de lo que has venido haciendo.

Tratándose de nosotros mismos, tenemos en muchos casos más experiencia en romper la sintonía que en construirla. Piensa si no en la cantidad de ocasiones en que has preferido ignorar lo que de modo intuitivo sabías que era lo mejor para ti, momentos en los que dejaste de hacer algo que valorabas mucho. Seguramente, cuando esto sucedió las cosas no acabaron muy bien. En ocasiones, te habrás sentido fuera de sintonía contigo mismo cuando una parte tuya quería una cosa, mientras que otra parte anhelaba algo distinto. Es frecuente que las personas se den cuenta de ello tan sólo después de que haya sucedido. «¿Sabes?, en ese momento y en esas circunstancias tenía un curiosa sensación». El primer paso en relación con la congruencia es aprender a darse cuenta de ello cuando sucede, de modo que podamos hacer algo al respecto antes de que sea demasiado tarde.

Ejercicio 25
Descubre tus señales de congruencia e incongruencia

1. Incongruencia. El primer paso para restablecer la relación contigo mismo consiste en saber cuándo no te relacionas. Evoca alguna ocasión de falta de sintonía interior. Eras incongruente. Elige alguna experiencia muy conflictiva, en la que descubrieras que tus sistemas no estaban «operativos». Recordarla es como estar en ella. Observa qué ves, quién está presente, qué sucede, qué opciones tienes, qué te dices a ti mismo interiormente, y qué dice y hace la otra persona.

2. Señal de incongruencia. Observa ahora cómo te sientes. Recorre literalmente tu cuerpo con tu percepción en busca de algún indicio de que no estás en completo acuerdo contigo mismo. Aunque no seas capaz de describir en palabras el modo exacto en que sabes que estás en conflicto contigo mismo, es importante que puedas reconocer esta sensación que te alerta de tu incongruencia. A menudo, dicha señal consiste en una desagradable sensación corporal de que «algo va mal», localizada en el pecho o el abdomen. Algunas personas experimentan sensaciones muy distintas en las partes izquierda y derecha de dichas áreas. En el centro, donde ambas áreas confluyen, notan una desagradable sensación de desajuste. ¿En qué parte exactamente de tu cuerpo notas tú tu propia sensación de incongruencia? ¿Qué cualidad tiene esta sensación? Recuérdala. Recordarla con todo detalle te servirá para avisarte cada vez que pierdas tu congruencia. Relájate ahora un momento.

3. *Congruencia.* El próximo paso consiste en evocar algún recuerdo de plena congruencia y recrearlo en tu mente. En esta situación, ¿qué ves? ¿Qué oyes? ¿Qué sucede?

4. *Señal de congruencia.* ¿Cómo te sientes? ¿Cuál es la señal que te indica que todos tus sistemas están funcionando? Normalmente, la señal de congruencia consiste en una agradable sensación corporal de anticipación o disposición. Las personas la describen de muchas maneras. Algunas dicen: «No se puede describir, simplemente "lo sé", es una intuición». Otras escuchan una potente voz interior que dice: «¡Adelante!». Muchas hablan de una sensación casi física que acompaña a este sentimiento de «ir a por ello». A menudo existe una sensación corporal general de equilibrio y simetría. Experimentan también una sensación de apertura, frecuentemente en el pecho. Otra sensación consiste en sentirse impulsados hacia delante, también por lo general desde el pecho.

Observa en qué parte o partes de tu cuerpo experimentas tú la señal de congruencia. Intenta encontrar palabras para la cualidad de esta sensación y memoriza tanto la sensación como las palabras. Te servirán en el futuro como señal indicadora de fuerte congruencia, de que todas tus partes están alineadas.

5. *Compara las sensaciones.* Compara ahora la sensación de congruencia que acabas de experimentar con la de incongruencia que evocaste antes. Observa cuán distintas son. Compararlas hará que sean más claramente distinguibles para ti. Si ambas sensaciones se ubican en partes distintas de tu cuerpo, puedes incluso compararlas experimentándolas simultáneamente. No obstante, a la mayoría de personas les resulta más fácil compararlas secuencialmente, pasando de una a otra con bastante rapidez.

Comparando estas dos sensaciones en detalle y recordando

sus diferencias, siempre podrás saber si eres congruente o incongruente y utilizar esta información como futura realimentación. Si experimentaste alguna dificultad para encontrar la diferencia entre congruencia e incongruencia, quizá se deba a que no te tomaste el tiempo necesario para recordar realmente cómo era cada una de las experiencias. Es necesario que regreses verdaderamente a ambas experiencias para recuperar todas sus sensaciones y sentimientos y poderlos comparar.

Recupera tu propia sintonía

Ahora que ya sabes cuándo estás en sintonía contigo mismo y cuándo no, debes aprender qué hacer cuando seas incongruente. Gran parte de la documentación y de los programas de autoayuda hablan de «atravesar» y «superar» tu propia resistencia. Todos ignoramos o suprimimos en ocasiones una o varias partes de nosotros mismos para conseguir realizar algo. Sin embargo, la mayoría de personas descubre que cuando se intenta atravesar alguna resistencia interna, ésta simplemente se resiste más. Si tienes un conflicto con un socio o amigo y éste «prescinde» de tus objeciones, es probable que no te sientas muy bien. La mayoría de personas se sienten ignoradas, pisoteadas, o algo peor. Tus partes interiores también se sentirán así. Necesitarás algo mejor para tratar con tu conflicto interno.

Tal vez te has sentado para preparar un informe, pero te descubres mirando el espléndido sol que entra por la ventana. Tu mente insiste en divagar hacia imágenes de un agradable paseo por el bosque, o de ir de pesca al lago. Si tratas de detener estos pensamientos, lo más probable es que se cuelen de nuevo en tu mente, tan pronto como te distraigas y bajes la guardia. Este tipo de conflicto interno constituye un desagradable obstáculo para tu éxito en cualquier empresa. Es algo así como intentar conducir tu coche en una dirección, mientras una grúa tira de él en la dirección opuesta. Algunas personas albergan la convicción de que tener conflictos internos significa estar mal de la cabeza. No es cierto. Nuestras variadas y en ocasiones conflictivas partes no son más que la evidencia de nuestro amplio potencial de comportamientos, que hace de nosotros criaturas complejas y únicas. No es menos cierto, sin embargo, que reducir el conflicto interno mejora la salud mental y, a largo plazo, probablemente también la física.

Una cosa es desarrollar la autodisciplina como una poderosa herramienta para la evolución personal, y otra distinta ignorar o rechazar partes de nosotros mismos. Cuando suprimes alguna parte de ti mismo, normalmente esa parte regresa, sólo que reforzada. Hay, pues, mucha energía tras algún aspecto de ti mismo que regresa una y otra vez, por más que intentes suprimirlo.

Paradójicamente, si los reconoces aunque sea de forma temporal y les prestas más atención, aumentarás tu control sobre tus pensamientos erráticos. Al profundizar en tus imágenes del bosque o del lago, descubrirás que expresan alguna necesidad importante que has estado olvidando durante demasiado tiempo. Esa parte tuya se da cuenta de que necesitas desesperadamente el descanso y el disfrute, la soledad y el ejercicio que el bosque o el lago te podrían proporcionar.

Una vez que has reconocido que esta parte distraída de ti reclama algo en realidad muy importante, puedes hacerte la firme promesa de ir al bosque o al lago el próximo fin de semana, o quizás esta misma tarde. Una vez formulada esta firme promesa, aquella parte que ha efectuado la reclamación se dará por satisfecha y esperará hasta el fin de semana, con la confianza de que cumplirás el compromiso, por lo que no necesitará ya entrometerse de nuevo en lo que estás haciendo. De este modo, toda la poderosa energía involucrada en ella se convierte en un aliado, en lugar de un adversario. Del mismo modo que las personas constituyen tu mayor recurso y harás todo lo que esté en tu mano para convertirlas en tus aliados, puedes hacer de todas tus facetas aliados que trabajen juntos por tus intereses. Los aliados internos son tan importantes como los externos.

Aunque no exista un conflicto interno, necesitas construir la relación más sólida posible con la persona más importante de tu vida... tú. Para fortalecer la relación contigo mismo, puedes seguir los mismos pasos que aprendiste en el capítulo anterior para hacerlo con otras personas. Del mismo modo que al construir relaciones fuertes con otros, el primer paso consiste en establecer un objetivo que sea a la vez respetuoso y satisfactorio. ¿Qué objetivos tienes para tu relación contigo mismo?

El paso siguiente consistirá en situar a las otras partes tuyas en primera línea de tu planificación de objetivos, para darles más importancia y poder reconocerlas y utilizarlas más. Si le prestas, por ejemplo, más atención a una parte tuya juguetona, quizá decidas dar un aspecto más lúdico a tus actividades.

Mediante el proceso de consecución de objetivos podrás marcar a continuación los objetivos para la relación con esta parte de ti mismo, exactamente como hiciste cuando se trataba de otra persona. Sigue los siguientes pasos de planificación para tu relación interna: piensa en lo que quieres en términos positivos, imagina qué puedes hacer para que ocurra, averigua cuál será la prueba de que lo estás consiguiendo, planifica cuándo y dónde quieres que ocurra, toma conciencia de todos sus beneficios y consecuencias, y realiza los ajustes necesarios.

Conseguida mayor armonía con nosotros mismos, quizá pensemos en determinadas partes que se expresan mejor en determinados contextos, aunque a menudo no nos referimos a ninguna parte específica, sino a nuestra vida entera. La mejor manera de iniciar una gran relación contigo mismo consiste en ser claro sobre lo que estás haciendo con tu vida y con tu misión. Observa cuáles son las palabras que te dices a ti mismo que te hacen sentir completamente «dentro del propósito». Pregúntate qué sientes acerca de lo que haces en este mundo. Contémplate a ti mismo como una persona que simplemente avanza, de modo natural, hacia el cumplimiento de su misión en la vida.

Alinéate con tu voz interior

En el capítulo precedente aprendiste a alinearte físicamente con otra persona para incrementar tu sintonía con ella. Puedes seguir un proceso similar de alineación interna para edificar una sólida relación contigo mismo. El proceso completo recibe la denominación de Alineación de las posiciones perceptivas y fue desarrollado por Connirae Andreas. Aquí aprenderás un paso importante de dicho proceso: cómo alinearte con tu voz interior.

Muchos tenemos voces interiores críticas. En determinadas ocasiones nos decimos: «¡Qué tonto!», o «¡No puedo creer que lo hayas vuelto a hacer!», o «¡Podrías haberlo hecho mejor!». Por lo general, estas voces son fuertes y rápidas, o tienen tonalidades ásperas y burlonas.

Otras voces nos causan problemas de índole distinta. Quizás alguna voz juzga, culpa y critica a las otras. «¡Si ese tipo no fuera tan tonto!» Algunas voces nos distancian de los demás al analizarlo todo: «Lo que de verdad está pasando aquí es *x*, *y* y *z*». En otras ocasiones, una voz predice repetidamente un futuro negativo: «Nunca aprenderé a triunfar».

Si escuchamos de verdad a estas voces, descubriremos algo muy interesante. Casi nunca proceden de donde procede la voz con la que hablamos físicamente: de nuestro pecho, de la garganta y la boca. Más bien parece que proceden de otra parte y que están dirigidas *hacia* nosotros, en vez de *desde* nosotros. A menudo dan la sensación de que proceden del exterior de nuestro cuerpo, quizá de arriba, de nuestra derecha o de nuestra izquierda. Incluso cuando las percibimos dentro del cuerpo, se ubican en una oreja, en la parte posterior del cráneo, en la frente o en algún otro lugar. Si estas voces estuvieran plenamente alineadas con nosotros, nos sonarían exactamente como nos suena la voz con la que hablamos, con el aire saliendo de nuestros pulmones a través de nuestra garganta, nuestra boca y nuestros labios. Las voces internas no están casi nunca alineadas así. Si nos tomamos la molestia de alinearnos con ellas, viviremos de forma espontánea muchos cambios positivos. Las voces resultan más suaves y agradables de escuchar, pasando de ser antagonistas críticos a convertirse en una parte amigable de nosotros mismos. El ejercicio siguiente te permite experimentar esta clase de alineación interna.

Ejercicio 26
Crea alineación interna

1. *Voz molesta.* Piensa en alguna ocasión en que una voz interior te haya criticado o molestado de alguna otra forma y revive aquella situación. Cuando te sientas en ella, escucha la voz y observa qué dice, cómo suena, de dónde procede y hacia dónde se dirige.

2. *Lleva la voz a tu garganta.* Deja ahora que esta voz se desplace lentamente hacia el área de tu cuerpo de la que proviene tu propia voz cuando hablas. Observa cómo va cambiando a medida que se aproxima cada vez más a tu pecho y a tu garganta. Es posible que incluso las palabras, el tono y el volumen cambien también.

3. *Observa las diferencias.* Cuando esté plenamente ubicada en el área de tu garganta, dentro de la fuente de tu propia voz, observa cuán diferente es. Por lo general, se habrá vuelto más suave y su tonalidad revestirá un aspecto amistoso. Quizá las palabras han pasado de ser acusaciones críticas a hechos y sugerencias constructivas. Tal vez las palabras se han convertido en una clara declaración sobre cómo te sientes, lo que piensas o lo que quieres.

4. *Busca el patrón tú-yo.* Las voces molestas acostumbran a iniciar sus monólogos con la palabra *tú,* a la que sigue un calificativo, como «Tú, tonto ....» o «Eres tonto, ...». Con esta táctica te hablas a ti mismo *como si* se tratara de otra persona: dices «tú» en lugar de «yo». Cuando desplazas estas voces en tu cuerpo, suelen convertirse espontáneamente en una simple afirmación formulada en primera persona con verbos como «siento», «veo», «oigo», «pienso» .... «Me disgusta lo que ha pasado», «Yo quiero recibir una respuesta distinta», etc. Si tu voz no ha experimentado aún este cambio, invítala a que lo haga y observa cómo cambia tu experiencia. Pídele que formule afirmaciones como: «Yo pienso que ....», «Yo siento que ....» o «Yo quiero que ....».

5. *Planifica el futuro.* Piensa ahora en qué situaciones futuras querrás disponer de esta alineación interior. Sitúate en alguna de estas situaciones y recorre rápidamente los cuatro pasos anterio-

res, observando cómo esta realineación te hace sentir más completo y lleno de recursos, convirtiendo la situación en mucho más manejable.

La mayoría de personas se sienten con muchos más recursos cuando se realinean con alguna voz interior. A menudo manifiestan que pueden ver más claramente lo que piensan y sienten, y que esta mayor claridad les hace más fácil emprender la acción adecuada. Otras experimentan un sentimiento de relajada apertura y plenitud, en lugar de la anterior sensación de confusión, frustración y tensión.

Algunas personas, sin embargo, se sienten incómodas tras realizar el proceso de realineación. Si éste fuera tu caso, significaría que debes realizar el proceso completo de alineación de las posiciones perceptivas para conseguir una alineación plena y confortable.[1] De momento, devuelve la voz al lugar donde la encontraste.

La importancia de una congruencia personal profunda

Cuanto más estudiamos qué es lo que se requiere para tener éxito, ser eficaz y sentirse realizado, más claro queda que nuestra congruencia personal es de primordial importancia. Muy a menudo, lo que nos limita no es nuestra falta de habilidades o pericia, sino nosotros mismos. Si soñamos cómo nos gustaría que fuera nuestra vida, pero no nos consideramos merecedores de ello, probablemente nos impediremos a nosotros mismos hacer lo necesario para convertir nuestros sueños en realidades. La mayoría de nosotros tenemos en ocasiones reacciones emocionales o respuestas que interfieren en nuestras vidas. Quizá se trate de miedos que nos impiden emprender la acción adecuada. Intimidación, celos, autosuficiencia e inseguridad son algunas de las emociones que pueden interponerse en la dirección o camino que nos hemos marcado. En ocasiones resulta más fácil verlas en los demás, como suponer, por ejemplo, qué es lo que le impide a un socio o a un compañero de trabajo colaborar plenamente contigo y con los demás. Todos podemos obtener grandes beneficios observándolas también en nosotros mismos.

Muchos hemos tratado, en algún momento, de superar estas partes limitadoras de nosotros mismos. Habrás podido comprobar que intentar apartar miedo, enfado o inseguridad, simplemente no funciona. Nuestra mayor oportunidad de éxito y plenitud consiste precisamente en respetar a todas las partes de nosotros mismos y englobarlas en un todo unificado.

Los métodos que presentamos en este capítulo te pueden ayudar a estar más alineado interiormente, a disfrutar de una relación más armoniosa contigo mismo. Para avanzar en la conquista de la armonía interna, te resultará de gran ayuda el reciente descubrimiento de Connirae Andreas, cofundadora de *NLP Comprehensive*.[2] Su proceso de transformación nuclear, que ha sido descrito como el florecimiento de la PNL, te ayudará a alcanzar tu congruencia personal de forma profundamente comprensiva. Lo que considerabas como tus defectos se convertirá en tus aliados más valiosos. Cuando estamos completos, todo nuestro ser está disponible para dar testimonio de nuestros sueños.

Desarrolla tu congruencia física

Alinearte con tu voz interior es un medio poderoso para ampliar tu congruencia personal. Del mismo modo, alinear tu conducta de modo que sea coherente con tus valores te conducirá a una mayor sintonía, armonía interna y plenitud. A menudo las personas aseguran que aspiran a la «buena vida» y que están dispuestas a sacrificarse para conseguirla. Nada que objetar, si sacrificarte significa para ti hacer en ocasiones aquello que te resulta difícil o no estás seguro de poder hacer. Sin embargo, si crees que debes ignorar tus valores o negar grandes partes de ti mismo en tu búsqueda del éxito, deberías reconsiderarlo. Muchas personas sacrifican en nombre del éxito sus matrimonios, las relaciones con sus hijos o incluso su propia salud. Si realmente no valoras todo esto, quizá lo puedas ignorar y mantener tu congruencia. Cuando valoramos algo, sin embargo, deseamos abrazarlo, dedicarle tiempo e incorporarlo plenamente a nuestras vidas.

Demuéstrate a ti mismo que sabes hacer honor a tus propios valores alineándote con ellos. Dedica tiempo a cultivarlos. Si valoras tu cuerpo físico, haz algo por cuidar de él. Si valoras pasar un tiempo de calidad con tus hijos, encuéntralo. Si deseas intimidad con tu cónyuge, créala. Debes aprender a reconocer, aceptar y respetar lo que es realmente importante para ti, antes de que sea demasiado tarde. No existe técnica rápida alguna para este proceso de alineación contigo mismo. Se trata más bien de una cuestión de atención constante, de saber en todo momento cuáles son tus valores y propósitos más valiosos y de actuar en consecuencia. Cuando hayas aprendido a prestar esta atención, debes edificar confianza dentro de ti y contigo mismo. Si has roto tu sintonía interior con demasiada frecuencia, el proceso se parecerá más bien a recuperar la confianza de un amigo tras una dura prueba. Requerirá tiempo, paciencia y humildad, pero la recompensa vale la pena.

Consigue sentirte bien

El tercer aspecto en relación con el establecimiento de una fuerte congruencia personal, consiste en asociar los buenos sentimientos contigo mismo. Alinear tu voz interior y alinear tu conducta con tus valores constituye gran parte del camino. Tampoco es mala idea que, además, te trates bien a ti mismo. Ofrécete algo que puedas hacer para ti mismo hoy, ahora. Unas buenas zapatillas de deporte, la colonia que te gusta o un bombón cuestan poco, en comparación con la oportunidad que te proporcionan de confirmarte, ahora, cuánto te aprecias. Un masaje, una escapada de fin de semana, una sesión de cine o las entradas para la temporada del equipo favorito constituyen otras formas de tratarnos bien a nosotros mismos. Es importante comprender que no se trata de gastar por gastar, de hacer ostentación, de comprar algo porque se supone que debemos hacerlo o porque los demás lo hacen. Si no se trata de algo que realmente quieres, carecerá de todo valor. El objetivo es ofrecerte aquellas cosas que sirvan para recordarte lo mucho que te aprecias.

Prestando simplemente atención a tus objetivos y valores, alineándote con tus aspiraciones y deseos más profundos, hablándote con afecto a ti mismo como si fueras tu mejor amigo, y haciendo por ti aquellas cosas grandes o pequeñas que te hacen sentir bien, puedes desarrollar una increíble congruencia para toda tu vida. Desde esta plena congruencia, todo lo que hagas tendrá el total apoyo de todas tus partes. Esto trascenderá a los demás incluso sin que pronuncies palabra alguna, y de este modo contribuirás en gran manera a tu éxito personal.

Repasemos lo que has aprendido

En el presente capítulo has aprendido algunos de los secretos que se ocultan tras el poder de persuasión. Aprender a escuchar te proporciona la información específica que necesitas para ofrecer valor irresistible a los demás: la clave para toda buena comunicación.

Específicamente, has aprendido lo siguiente:

- Técnicas de persuasión que motiven a los demás a hacer lo que ellos quieren hacer.
- Cómo relacionar persuasión y valores entre sí.
- Cómo descubrir los valores de los demás, formulando las preguntas oportunas.
- Cómo trabajar con submodalidades y utilizarlas con estrategias de motivación y de pensamiento para persuadir a otras personas.
- Valorar la importancia de la congruencia personal como poderoso instrumento de persuasión.
- Recuperar la sintonía interna contigo mismo.

No existen palabras ni frases mágicas que te puedan ayudar a ser más persuasivo. El aspecto más importante de la persuasión consiste a menudo en el simple arte de escuchar. Recuerda que, obteniendo la información que precisas para igualar los valores de tu cliente potencial con lo que le puedes ofrecer, conseguirás la máxima influencia sobre su decisión. Ello te permitirá decidir por ti mismo si lo que tienes para ofrecerle le resultará o no beneficioso. Por encima de todo está tu congruencia personal, la alineación contigo mismo. Se trata no sólo de la base más fiable para influir sobre los demás, también constituye los cimientos de toda tu vida y de tu misión en ella.

8

Elimina tus miedos y fobias

Emplea la disociación para ganar seguridad

El miedo es algo normal. Tiburones y corrientes marinas en la playa, calles tenebrosas por la noche, perros fieros, tribus urbanas y cabezas nucleares generan en nosotros los correspondientes sentimientos de temor. Algunas partes de nosotros perciben los peligros que encierran estas situaciones. Los sentimientos de ansiedad que nos transmiten nos permiten evitar riesgos ilógicos y nos motivan para intentar cambiar las cosas.

A veces, sin embargo, nos asustamos ante cosas y situaciones que no son en sí mismas peligrosas. Es lo que se conoce como fobias. *Phobía,* la palabra griega para miedo, es la denominación que recibe toda fuerte aversión hacia algo del entorno que nos desagrada. Como ejemplos podríamos citar el hablar en público, las alturas, las tempestades, ir al médico o al dentista, subir a un avión, conducir por autopistas, encontrarse con algún superior, vender a puerta fría, entrevistarse para obtener un empleo y tratar con abogados. Piensa en cualquier situación y probablemente podrás encontrar alguien que la tema. No se trata por fuerza de miedos «racionales». Si exageras mentalmente el peligro de una situación, o te vuelves aprensivo ante algo que no asusta a los demás, es muy probable que se trate de una fobia o de un miedo irracional. El psicólogo Gerald Rosen afirma en su libro *Don't Be Afraid: A Program for Overcoming Your Fears and Phobias* [No temas. Un programa para superar miedos y fobias],[1] que «investigaciones realizadas en la Universidad de Vermont demostraron que uno de cada diez estadounidenses sufre de algún miedo serio. Con toda seguridad, la proporción hubiera sido mucho mayor de haberse contabilizado los casos de mediana ansiedad». Según Rosen, los investigadores de Vermont estudiaron una cierta cantidad de fobias identificadas durante cinco años para conocer mejor sus causas naturales. La investigación puso de manifiesto que la mayoría de fobias infantiles desaparecen sin necesidad de tratamiento alguno. Este hecho concordará seguramente con tu experiencia, si has criado niños. Un año al niño le asusta la oscuridad; al siguiente, los extraños, y al siguiente, los perros.

A diferencia de los miedos infantiles, las fobias de los adultos no desaparecen por sí solas. Más de la mitad de los adultos analizados en Vermont no habían conseguido mejorar en los cinco años que duró el estudio. Un tercio de ellos había empeorado. Si bien tan sólo una de cada diez personas sufre de una fobia grave, todos nosotros albergamos miedos que nos impiden dar lo mejor de nosotros mismos y nos frenan en la vida. Ya sea miedo a hablar en público, temor a ser rechazado al solicitar una cita, pánico ante un encuentro o ante una venta en frío, cada uno de nosotros tiene miedos que no se corresponden con el peligro real de la situación.

Puesto que todos hemos sufrido miedo en alguna ocasión, estarás probablemente bien familiarizado con las sensaciones de ansiedad, pánico o incomodidad que suelen acompañar a dicho estado mental. Lo que quizá desconozcas es que hay modos de substituir estos miedos, e incluso la falta de confianza, por la capacidad para actuar cómodamente. Es una capacidad que ya tienes, pero que quizá no has utilizado aún nunca convenientemente.

Recuerda que en PNL decimos que *el mapa no es el territorio*. El plano de Nueva York no se parece mucho a lo que ves cuando te encuentras en medio de Manhattan, rodeado de rascacielos. Tus sensaciones provienen de *cómo piensas* en las personas, los acontecimientos, las circunstancias o las cosas, y no de las personas, los acontecimientos, las circunstancias o las cosas en sí mismas.

Connirae Andreas, formadora de PNL y coautora del libro

Heart of the Mind [Corazón de la mente],[2] trató en una ocasión a una mujer que sentía pánico a hablar en público. Connirae le pidió que observara conscientemente la imagen interna que generaba cuando se sentía asustada. La mujer se dio cuenta de que se veía a sí misma rodeada de personas con gigantescos ojos críticos mientras realizaba su presentación. En el momento en que Connirae consiguió que aquella mujer se desvinculara de la situación y se *viera* a sí misma, todas sus sensaciones de miedo se desvanecieron. Pudo ver entonces que la audiencia no era más que un grupo de personas normales. Se situó *literalmente* en otro punto de vista, lo que cambió por completo su mapa interno.

Los métodos del presente capítulo te enseñarán cómo adoptar perspectivas diferentes ante recuerdos y acontecimientos que te han hecho sentir miedo, fobia o tensión. Como resultado, te sentirás más seguro, eficaz y lleno de recursos.

Crea nuevas perspectivas

La gente ha estado hablando de «puntos de vista» durante siglos. Sin embargo, siempre se ha tomado esta expresión como metafórica más que como literal. No obstante, puedes ver literalmente algo desde cualquier punto del espacio. Cada punto de vista diferente te proporcionará información y sensaciones distintas. ¿Recuerdas que en el capítulo 2 te proponíamos que te vieras a ti mismo en la distancia, montado en una montaña rusa, y compararas esta experiencia con la de estar realmente montado en ella, descendiendo en picado, a toda velocidad? (pág. 33). Denominamos *asociación* a tu visión desde la atracción, y *disociación* a tu visión desde fuera de ella.

La disociación te permite distanciarte de tus sentimientos al tomar la perspectiva de un observador. Mediante el Ejercicio 29, «La técnica rápida de la fobia», tú también podrás aprender a rebajar de inmediato los miedos que quizá limitan tu vida, el miedo a decir lo que piensas, a hacer una llamada en frío, a realizar una presentación en público, o cualquier otro miedo *personal* que te esté frenando.

Cuando nos sentimos asustados ante algo, tendemos a imaginar la situación antes de que se presente, y a penetrar en ella y experimentarla como si ya estuviera sucediendo realmente, es decir, nos asociamos. Si imaginamos en cambio que la observamos, experimentaremos únicamente las sensaciones del observador. La disociación te permite verte a ti mismo en una situación desagradable y manejarla sin temor, mientras permanezcas en la posición del observador desvinculado. uni dol Dsumbto

La fisiología de los estados mentales

Cuando utilizas una imagen disociada, tu perspectiva de observador no es la única parte de ti que puede ayudarte a controlar tus estados mentales. Tu postura contribuye también a estos estados mentales de asociación y disociación. Prueba el siguiente experimento rápido. Recuerda que la PNL trata sobre *experiencia* y no únicamente sobre conocimiento teórico. *Hacer* los ejercicios es la mejor manera de utilizar esta información. Siéntate en una silla de respaldo recto, con tu espalda separada unos 10 cm de éste. Apóyate con comodidad en el respaldo y deja que tus hombros caigan aún un poco más atrás. Mientras lo haces, relaja tus ojos y no los enfoques hacia ningún lugar. Deja que tu barbilla se eleve ligeramente y tu cabeza vaya un poco hacia atrás. Deja tu cuerpo en reposo. Nota cómo esta postura, esta fisiología, empieza a cambiar tu perspectiva del mundo. Observa la sensación de desapego que la acompaña. Es la fisiología de la disociación.

Deslízate ahora hacia atrás en la silla, de modo que la parte baja de tu espalda toque al respaldo, e inclínate ligeramente hacia delante. Mirando alrededor de ti en ambas direcciones, imagina qué deberías hacer con tu cuerpo para atrapar una pelota que te lanzaran. Esta fisiología está más inmersa en la situación. Se trata de una fisiología asociada.

Observa que las personas adoptan esta postura cuando están plenamente involucradas en lo que está sucediendo. Tu fisiología puede tener mucho que ver con tu habilidad para asociarte y disociarte. Cuando realices algún proceso o técnica que utilice la asociación y la disociación, deberás adoptar la fisiología adecuada a cada paso.

Resulta muy útil distinguir entre asociación y disociación en tu comunicación con otras personas. Cuando las personas están disociadas, son capaces de analizar la experiencia y reflexionar sobre lo que sucede sin involucrarse. Cuando están asociadas, se encuentran «dentro» de la experiencia y la experimentan plenamente.

Cómo acceder a tus estados mentales

Hagamos otro breve experimento. Evoca dos momentos de tu pasado, uno agradable y otro desagradable. Tómate unos minutos para revivir plenamente cada uno de estos dos recuerdos, del modo que te resulte más conveniente. Observa si los revives asociado con ellos o bien si observas simplemente la experiencia disociado y te ves a ti mismo en la distancia, como en una transparencia o en una película.

Cualesquiera que hayan sido los modos en que has revivido ambas experiencias, empieza de nuevo, invirtiendo los términos. Si estabas disociado en el recuerdo desagradable, entra en la imagen y observa cómo cambian tus emociones. Si por el contrario estabas asociado con esa experiencia, sal de tu cuerpo, obsérvate a ti mismo disociado y comprueba cómo cambian también tus emociones.

Piensa ahora en cómo recordaste la experiencia agradable. Si lo hiciste disociadamente, entra en ella como si estuviera ocurriendo ahora mismo. Si, por el contrario, estabas asociado con la experiencia, contémplala desde el exterior y observa cómo te sientes.

Cuando estás asociado con algún recuerdo, tiendes a experimentar todas las sensaciones que experimentaste en la situación original, tanto las agradables como las desagradables. Estando disociado, no experimentarás por lo general más que las emociones propias de un observador desvinculado. Después de este pequeño experimento, seguramente tendrás claro en qué forma quieres recordar los acontecimientos. Sin duda, querrás revivir los agradables en forma asociada y los desagradables en forma disociada.

Un buen ejemplo de cómo no usar estas habilidades es la historia de la mujer que se lo estaba pasando en grande en una fiesta de Noche Vieja. Durante horas se divirtió, bailó, e incluso cantó para todos. Cerca de las dos de la madrugada, poco antes de que la fiesta terminara, alguien tropezó con ella y golpeó su brazo cuando estaba tomando café, que se derramó por su hermoso vestido blanco. Horrorizada, dio un salto y gritó: «Toda la noche se ha ido a pique». Unos meses después, en la tienda de comestibles, se encontró con alguien que había estado en la fiesta. Cuando la persona empezó a hablarle de ella, la interrumpió, diciendo con voz exasperada: «Por favor, no me hable de aquella fiesta, ¡fue una noche horrorosa!».

Esta mujer tenía la experiencia de haber sido el alma de la fiesta durante horas, para ver después cómo todo se estropeaba por un momento negativo. En lugar de recordar todos los momentos agradables de la velada, se asoció a la experiencia del café derramado al final de la fiesta, disociándose de todas las horas de diversión que había vivido. No es ciertamente la mejor manera de recordar una fiesta, ni tampoco el modo más útil de ir por la vida.

Consideremos a quienes se deprimen. Se trata con frecuencia de personas que se *disocian de sus experiencias positivas y se asocian con las negativas.* Piensa ahora en ese tipo de persona, que quizá conozcas, que se encuentra en una incesante montaña rusa emocional. Arriba y abajo todo el tiempo. Son personas que se asocian en casi todas sus experiencias –agradables y desagradables– y que pocas veces se disocian. Hay también personas que tienden a experimentar gran parte de su vida desde la posición de observador. Normalmente se ven atraídas por profesiones que requieren análisis, incluyendo ciencias como la ingeniería o la computación. Están por lo general más orientadas hacia los conceptos, la información y lo que todo ello representa para otras personas.

Si aspiras a disfrutar realmente de tu vida, asóciate con tus recuerdos, disfruta de las sensaciones agradables y utilízalas como recursos positivos que refuercen tus actitudes constructivas encaminadas hacia futuros resultados.

La fisiología de las sensaciones agradables es además mucho más saludable que la fisiología cargada de estrés correspondiente al malestar. Por regla general, el cuerpo responde ante el malestar con una fisiología de «lucha o huida». Esto resulta útil para escapar de una situación verdaderamente peligrosa, pero en los incidentes desagradables corrientes sólo produce tensión, presión arterial elevada y todo el repertorio de respuestas fisiológicas asociadas al estrés. Ya es bastante malo que hayas tenido que pasar por todos estos sentimientos desagradables una vez, ¿por qué repetirlos ocasión tras ocasión? Al disociarte de un recuerdo desagradable seguirás viéndote a ti mismo infeliz, de modo que podrás ser consciente de lo que no deseas experimentar en el futuro. No pierdes información valiosa alguna y puedes recordar las lecciones importantes de estas experiencias. Lo único que pierdes son las sensaciones negativas que tienden a limitar tu capacidad para pensar y tu creatividad justo cuando más las necesitas. Al disociarte de los recuerdos desagradables, podrás permanecer en posesión de tus recursos y tu creatividad, y estarás mejor capacitado para tratar con las dificultades que se presenten en tu vida. Aprender a elegir cuándo asociarte y cuándo disociarte te proporciona un medio poderoso para cambiar tu vida. El paso siguiente será empezar a entrenar tu mente inconsciente, de modo que esta elección se convierta en automática. Si experimentas ya este tipo de elección automática, el ejercicio siguiente no te resultará en principio necesario. No obstante, es divertido y, de todos modos, puede significar un cambio importante en tu vida.

Ejercicio 27
Asociación y disociación

I. Asociación

1. *Fisiología.* Utiliza la fisiología de la asociación. Inclínate hacia delante, mira a ambos lados, experimenta todos tus senti-

mientos presentes y siéntete preparado para moverte, para actuar en respuesta a lo que ocurra a continuación.

2. *Asóciate con un recuerdo agradable.* Piensa ahora en algún recuerdo agradable y asóciate plenamente con él. Penetra en su interior, ve lo mismo que viste en aquella ocasión, oye lo que oíste, y disfruta de todas aquellas agradables sensaciones que experimentaste en la situación original.

3. *Repite el Paso 2.* Utiliza varios recuerdos placenteros, uno por uno, manteniendo la fisiología de la asociación. Escoge recuerdos de diversos contextos como puedan ser trabajo, hogar, vacaciones, deporte, algo sensual, satisfacción personal, reconocimiento ajeno, etc. Asóciate en cada uno de ellos por completo, de modo que puedas experimentar plenamente sus sentimientos positivos y llenos de recursos.

4. *Pide a tu mente que te asocie sólo positivamente.* Cierra ahora los ojos y pídele a tu mente inconsciente que tenga la bondad de convertirse en un recurso positivo para ti, permitiéndote asociarte de forma automática a todos tus recuerdos positivos siempre que los evoques. Toma conciencia de que en casi todos los casos ésta será una sabia elección que te permitirá disfrutar más de la vida, así como disponer de mayores recursos ante las inevitables dificultades que se te presenten en ella. Asegúrate de que tu mensaje ha sido escuchado y respondido positivamente. Descansa y relájate.

II. Disociación

1. *Fisiología de disociación.* Adopta la fisiología de la disociación. Échate atrás en la silla e inclina tus hombros aún un poco más atrás. Deja que tu barbilla se eleve ligeramente y echa la cabeza un poco hacia atrás. Deja tu cuerpo en reposo.

2. *Disóciate de un recuerdo desagradable.* Piensa ahora en algún recuerdo moderadamente desagradable y tómate el tiempo necesario para disociarte de él. Contémplate a ti mismo en aquella situación como si la vieras en una pantalla. Quizá te ayude hacer que la película sea en blanco y negro, o alejar la pantalla hasta que la visión se haga tenue e imprecisa. Si te cuesta disociarte de ella, imagina que la ves a través de una gruesa plancha de ple-

xiglás. Disfruta de la sensación de ser un observador desapegado, aunque interesado y curioso.

3. *Repite el Paso 2*. Utiliza varios recuerdos moderadamente desagradables procedentes de diversos contextos como puedan ser trabajo, hogar, vacaciones, deporte, solo o en compañía de otros, errores, disgustos, etc. Uno tras otro, disóciate por completo de cada uno de ellos, de modo que puedas disfrutar plenamente de esta sensación de ser un observador desapegado, aunque interesado y curioso.

4. *Pide a tu mente que te asocie sólo positivamente*. Cierra ahora tus ojos y pídele a tu mente inconsciente que tenga la bondad de convertirse en un recurso positivo para ti, permitiéndote disociarte de forma automática de todos tus recuerdos desagradables siempre que los evoques. Toma conciencia de que en casi todos los casos esta será una sabia elección que te permitirá disfrutar más de la vida, así como disponer de mayores recursos ante las inevitables dificultades que se te presenten en ella. Asegúrate de que tu mensaje ha sido escuchado y respondido positivamente. Descansa y relájate.

Otro procedimiento útil para procesar los recuerdos desagradables y convertirlos en recursos positivos consiste en visionarlos hacia atrás. Utiliza el siguiente ejercicio para comprobar cuán efectivo puede ser este procedimiento.

Ejercicio 28
Pasa la película hacia atrás

1. *Recuerdo desagradable*. Piensa en alguna situación moderadamente desagradable y conviértela en una película, tal y como la recuerdas ahora. Mientras ves y escuchas la película, observa todas las sensaciones desagradables que experimentes. Visiónala con claridad de principio a final.

2. *Pasa la película hacia atrás*. Empieza ahora por el final de esta película y proyéctala en sentido inverso, en color y a gran velocidad, de modo que no precises para hacerlo más de un segundo y medio. Será como si estuvieras en la experiencia y el

tiempo corriera muy deprisa en sentido inverso. Repítelo dos o tres veces más si lo deseas.

3. *Compruébalo*. Proyecta ahora de nuevo la película que creaste en el Paso 1, y observa una vez más tus emociones al verla.

En la mayoría de personas, los sentimientos desagradables que tenían quedan neutralizados con este procedimiento. Revivir la experiencia hacia atrás a gran velocidad cambia el orden de su desarrollo en el cerebro, de tal forma que el miedo queda suprimido. Simplemente no puedes ya sentir miedo. Es algo así como si al seguir este proceso, la mente expulsara al miedo de la situación. Vivir una situación hacia atrás, significa que saltas literalmente dentro de su final e imaginas que lo haces todo al revés, hablas hacia atrás, te mueves hacia atrás, efectúas todo el proceso hacia atrás, como si visionaras un vídeo en posición de «busca rápida atrás», acabando en el principio de la experiencia, justo antes de que ésta se produjese.

Cuando este procedimiento no funciona, es porque la persona ha hecho tan sólo una película de ella misma yendo hacia atrás, viéndose a sí misma haciéndolo, en lugar de estando realmente dentro de la misma, recibiendo las sensaciones de ir hacia atrás. Debes vivirla realmente hacia atrás. Quizá te ayude imaginar que te ves proyectado por un tirachinas gigante, retrocediendo por la experiencia a toda velocidad en dirección a su inicio.

Combinar la disociación con la proyección rápida de la película hacia atrás constituye un método aún más poderoso que cualquiera de los dos por sí solos. Se trata de un método capaz de neutralizar hasta la fobia más intensa o el recuerdo más traumático. Este método fue desarrollado por Richard Bandler[3] para mejorar otro anterior, que había desarrollado en colaboración con John Grinder.[4]

Un vendedor de seguros tenía pánico a los ascensores. Si la oficina de su cliente estaba situada en un tercer o cuarto piso, no le quedaba más alternativa que subir a pie o evitar la visita. Su miedo limitaba seriamente sus ingresos, si bien le mantenía en buena forma gracias al ejercicio de subir escaleras. Al interrogarle sobre las causas de su miedo, no podía aportar pista alguna. No recordaba una primera vez, y afirmaba que desde siempre había sentido terror a los ascensores. Si recordaba perfectamente que, siendo niño, tuvo que subir a pie hasta un séptimo piso para ir al dentista porque era incapaz de montarse en el ascensor. Aún sentía escalofríos al recordarlo. Para ayudarle a superar su miedo, se le pidió que se imaginara a sí mismo subiendo en el ascensor, que visionara una película en blanco y negro de aquel niño subiendo siete interminables pisos en ascensor, como si estuviera observando la escena desde la distancia. Además de verse a sí mismo en el ascensor, era muy importante que escuchara también el llanto y las protestas de aquel chiquillo aterrorizado. Su diálogo interno debía ser el apropiado para la disociación, para el desapego a su miedo, utilizando frases como: «¡Qué asustado está! Está aterrorizado».

Tras ver cómo aquel niño hacía el terrible trayecto y llegaba finalmente a la seguridad de la planta séptima, se asoció a la situación de un modo muy especial: saltó sobre el final de la escena y la recorrió muy rápidamente hacia atrás, de fin a principio. Lo hizo a todo color, en no más de un segundo y medio. Al final de este recorrido hacia atrás se encontró en el inicio de la experiencia, justo antes de que ésta se produjese.

Acto seguido, comprobó el resultado del proceso tomando un ascensor de cristal para subir a un restaurante situado en la planta trece, donde tomó una copa de buen vino para celebrarlo. Seis años después de haber realizado el proceso, sigue perfectamente.

Alivia tus traumas mediante la visualización

La misma técnica es válida para los recuerdos traumáticos, incluso si no desembocaron en una fobia. Un hombre tuvo una experiencia especialmente difícil. Llegó a su casa del trabajo antes de lo habitual para compartir con su esposa la buena noticia de una promoción profesional inesperada. Entró por la parte de atrás, donde sabía que ella estaría atendiendo el jardín. Desgraciadamente, la encontró muerta de un ataque al corazón; tenía treinta y cinco años.

No podía desprenderse de esta escena, lo que le afectaba seriamente. Siempre que pensaba en su esposa o en sus diez años de casados, la veía vívidamente muerta en el jardín, y experimentaba una y otra vez el shock de la trágica experiencia. Para procurar cambiar la naturaleza de su traumática experiencia, la contempló como si estuviera situado a unos treinta metros de altura, entonces se contemplaba sí mismo entrando en el jardín y econtrándose con su esposa muerta en el suelo. Se vio a sí mismo sentarse, poner su cara entre las manos, permanecer así durante unos minutos y llorar después, con la llegada de la ambulancia. Al final de la película, saltó dentro de ella e imaginó que una gigantesca aspiradora lo succionaba, transportándole al inicio en menos de un segundo y medio. Esto desconectó de su recuerdo el shock y el miedo, con lo que pudo empezar a recordar su vida con ella con menos dificultades. Sólo entonces pudo asociarse a los múltiples recuerdos agradables que podía evocar de sus años de matrimonio.

¿Qué son realmente las fobias?

Ante cualquier clase de miedo hay que tener presentes dos cosas. En primer lugar, algunas personas con fobias creen que están mal de la cabeza, que están locas y que es absurdo tener miedo. En realidad, una respuesta fóbica ante algo significa que el cerebro aprende muy rápido. Las fobias son por lo general el resultado del aprendizaje a través de una única experiencia. Por ejemplo, una mujer tenía fobia a las serpientes porque en su infancia otros niños le habían arrojado una. De algún modo, y más allá de su conciencia, cada vez que veía una serpiente o pensaba en una aparecía la imagen aterradora de aquella serpiente volando hacia ella. Aquella única experiencia había generado un miedo que permaneció en ella durante más de veinte años. De hecho, *nunca* olvidó asustarse al ver una serpiente, prueba irrefutable de su capacidad para aprender muy deprisa.

El segundo aspecto importante que recordar es que el miedo es una *comunicación* de nuestra mente inconsciente, que intenta avisarnos de la presencia de un peligro para que tomemos las medidas oportunas.

En el siguiente ejercicio, «La técnica rápida de la fobia», es indispensable realizar explícitamente cada uno de los pasos con cuidado. Observarás que existen semejanzas con los dos ejercicios anteriores. Tras haber experimentado el impacto de ambos ejercicios, estás preparado para asimilarlos en un proceso único. Con esta técnica podrás transformar cualquier experiencia temible en un recuerdo desapegado. Este método resulta indicado para cualquier situación, recuerdo o suceso del que quieras suprimir fuertes sentimientos negativos. Intenta que alguien te ayude si realizas el proceso para un recuerdo muy desagradable.

Ejercicio 29
La técnica rápida de la fobia

Si bien este método funciona bien para miedos y fobias muy intensos, te recomendamos vivamente que lo aprendas a conciencia, utilizando primero una situación *moderadamente* temible.

1. *Situación temible.* Busca una situación que te inspire un miedo moderado. Quizás una llamada en frío, una presentación o cualquier otra situación que te atemorice. Piensa en ella lo suficiente como para que empieces a sentir algo de temor. Asegúrate de que tienes acceso a la parte de ti que ha creado ese miedo.

2. *Sala de proyecciones.* Imagina ahora que te encuentras en una gran sala de cine. Obsérvate a ti mismo como una imagen fija en la pantalla justo antes de que tuvieras la reacción de miedo por primera vez. (Si no puedes recordar la primera vez en que experimentaste este miedo, piensa en la más intensa que hayas vivido.)

3. *Abandona tu cuerpo.* Imagina ahora que flotas fuera de tu cuerpo y te sitúas en la cabina de proyección, desde donde puedes observarte a ti mismo cuando apareces en la pantalla. (Si tu fobia es a las alturas, en lugar de situarte en la cabina de proyec-

ción desplázate diez filas hacia atrás en el anfiteatro.) Quédate ahí a la espera de nuevas instrucciones.

4. *Mira la película.* Mientras observas desde la cabina cómo te miras en la pantalla desde el anfiteatro, empieza a proyectar una película en blanco y negro de lo que realmente sucedió en aquella ocasión, observándote a ti mismo cuando vivías esa experiencia. Continúa visionando la película desde la cabina, hasta que llegue al final de la situación, donde termina el trauma y te sientes seguro nuevamente. En este punto, detén la película y deja en pantalla la imagen fija de ti mismo después del trauma.

5. *Pasa la película hacia atrás.* Abandona ahora la cabina, introdúcete en la imagen fija de la pantalla y pasa la experiencia hacia atrás, en color, como si el tiempo se hubiera invertido y te vieras succionado por una gigantesca aspiradora. Hazlo muy deprisa, en no más de un segundo y medio. Repite este paso varias veces si lo consideras necesario. Cuando acabes, levántate real y físicamente y mueve tu cuerpo. Anda un poco, sacude los brazos e inspira profundamente.

6. *Comprobación.* Piensa ahora de nuevo en la experiencia y observa tu respuesta. Gradúa el miedo de 1 a 10 en una escala mental, con el 10 para el miedo más intenso. Si tu miedo residual indica más de 2, repite todo el proceso con la atención necesaria para realizar cada paso concienzudamente.

Es importante tener cuidado al comprobar en el mundo real el cambio que acabas de producir. Si, por ejemplo, tenías miedo a las alturas, querrás subir a un edificio alto y mirar desde una ventana para comprobar la intensidad del cambio. Hazlo con precaución y respeto a tu integridad personal. Toma las debidas precauciones en situaciones peligrosas. Probablemente tu miedo anterior te ha estado apartando de manera sistemática de esas situaciones, por lo que seguramente careces de experiencia sobre cómo tratarlas. Algunas tienen un peligro intrínseco, por lo que es importante respetarlas y aprender a tratarlas de forma adecuada, con la precaución y los medios apropiados.

La necesidad del cambio rápido

A muchas personas les cuesta creer que se pueda cambiar tan rápida y fácilmente una intensa respuesta de temor o repulsión. Cometen el error de creer que el cambio tiene que ser lento y tedioso. La única razón de que sea así es que los métodos utilizados para cambiar eran primitivos e inadecuados. Con la adecuada comprensión y los métodos oportunos, el cambio puede producirse rápidamente.

De hecho, ¡no podemos cambiar despacio! Nuestro cerebro aprende muy rápido. Difícilmente podrías contar a alguien el argumento de una película si tan sólo vieras de ella un fotograma al día. Sólo puedes captar la historia cuando los fotogramas se suceden con gran rapidez. Como Richard Bandler dice: «Tratar de cambiar algo despacio es como pretender mantener una conversación al ritmo de una palabra al día».

A menudo nos preguntan: «¿Cuánto debo practicar este proceso para que funcione?». Una vez que lo hayas realizado a conciencia, no deberías necesitar repetirlo nunca. El cambio es permanente. Aprendiste a tener este miedo o fobia muy rápidamente. Puedes aprender a cambiarlo con la misma rapidez.

Hemos descrito y demostrado ya lo que la técnica rápida de la fobia hace, cómo funciona y para qué sirve. En PNL, todas las técnicas están cuidadosamente descritas explicando qué hacen y para qué sirven. Sin embargo, también resulta importante señalar qué es lo que no hacen y para qué no deberían ser utilizadas.

Si utilizaras el proceso para fobias con tus experiencias agradables, éstas quedarían igualmente neutralizadas, lo cual no es de desear. Si aplicaras este proceso a todas las buenas experiencias de una relación, sus buenas sensaciones se desvanecerían y la relación probablemente acabaría.

Puedes emplear la técnica para la fobia en situaciones de shock repentino, u otras respuestas traumáticas ante el modo en que haya muerto una persona, como en el ejemplo expuesto anteriormente. Esta respuesta traumática al hecho de la muerte es muy distinta de la sensación de pérdida de la valiosa relación y las hermosas experiencias compartidas con la persona que ha muerto.

En caso de aplicar el proceso para la fobia a una persona en duelo, o bien no surtiría efecto o bien empeoraría las cosas, puesto que la estructura mental del duelo es exactamente contraria a la de la fobia. En la fobia, la persona *se asocia* a un recuerdo muy *desagradable,* mientras que en el duelo se *disocia* de un recuerdo muy *agradable.* Puesto que la estructura de ambos problemas es totalmente distinta, las soluciones también deben serlo, lo que nos proporciona pistas sobre otros posibles usos de la asociación y la disociación en otras técnicas de PNL.

Las tres posiciones perceptivas

Hasta aquí, hemos explorado dos perspectivas del pensamiento: asociación y disociación. Has visto cómo empleando ambas perspectivas de la manera adecuada puedes introducir cambios impresionantes en tu vida. Existe una tercera perspectiva, que puedes también utilizar para incrementar tanto tu eficacia personal como tu sabiduría de vida.

En primer lugar, vamos a poner nuevas etiquetas a la asociación y la disociación. Estar asociado puede también ser visto como estar en la posición del *sí mismo.* Experimentas las cosas a través de tus propios ojos, sientes tu propia fisiología y piensas con tus propios valores y a través de tus propios filtros mentales. Esta posición del *sí mismo* constituye una determinada perspectiva sobre el mundo. La disociación proporciona otra perspectiva distinta, en la que eres un *observador* que se observa a sí mismo. Se trata de un punto de vista neutral y desapegado, que te permite considerar la situación de un modo objetivo.

La tercera y nueva perspectiva que te ofrecemos es la posición del *otro,* en la que adoptas las experiencias de otra persona. La capacidad para situarse en la posición del *otro* resulta muy importante y útil para ver las cosas literalmente desde «su punto de vista», cuando te encuentras en desacuerdo o conflicto con alguien. Ver la situación desde el punto de vista de otra persona no significa que debas estar de acuerdo con ella ni que tengas que abandonar tu propio punto de vista, pero te puede proporcionar la información vital que necesitas para encontrar un terreno común desde el que empezar a solucionar las cuestiones que os dividen.

Estar en la posición del *otro* es como encontrarse dentro de su experiencia, lo que en ocasiones recibe el nombre de empatía. Es el punto de vista que adoptas cuando entras en la piel de otra persona y experimentas las cosas a través de sus ojos, sientes su fisiología y piensas con sus valores y a través de sus filtros mentales. Tomar la posición del *otro* es algo que la mayoría de personas hacen de modo natural y automático con alguien a quien aman profundamente. Este maravilloso sentimiento de conexión y comunión proviene en parte de esta alineación con el punto de vista, los deseos y las perspectivas de la persona amada.

Cuando le pedimos a alguien que vea las cosas con nuestros ojos, le estamos invitando a que adopte la posición del *otro* –la nuestra en este caso– sobre un tema determinado, y que sienta cómo sentimos nosotros. Le estamos pidiendo que experimente una profunda empatía con nosotros. Muy pocas personas aprenden a hacerlo de modo concienzudo y congruente. Sin embargo, la capacidad para adoptar la posición del *otro* nos proporciona una poderosa y útil perspectiva sobre nuestro comportamiento o sobre cualquier situación.

Para tener una idea más clara de la posición del *otro,* imagina que te encuentras en una sala de proyecciones viendo tu película favorita. De modo natural, adoptas las sensaciones y emociones de algún personaje, convirtiéndote en ella o él en tu imaginación. Si se trata, por ejemplo, de una persecución, experimentarás sudor en las manos y rápidas palpitaciones, a pesar de que estás cómodo y a salvo en tu butaca. Esto es tomar verdaderamente la posición del *otro.*

La capacidad para entrar en la piel de sus personajes y convertirse en ellos es una calidad reconocida en los actores y actrices más eficaces. Un actor famoso confesaba que en su imaginación se *transformaba* realmente en su personaje. Veía y entendía el mundo de modo diferente y hacía de modo espontáneo cosas que su verdadera personalidad no haría, pero que se correspondían perfectamente con la psicología del personaje que interpretaba.

Gandhi escribió que para prepararse ante una negociación, consideraba la situación con los ojos de un hindú, de un mahometano y de un británico. Evocaba a personas reales que consideraba que representaban dichos puntos de vista y adoptaba sus posturas corporales, para comprender en profundidad cómo pensaban sobre los temas a tratar.

Una de las personas que trabajaron con él relató que, antes de una negociación, Gandhi andaba por su casa sujetándose las manos como el inglés con el que se iba a encontrar, mientras analizaba cada uno de sus intereses. Esta es una clara referencia a la posición del *otro*. Gandhi dijo también que antes de proponerlos, consideraba los resultados de la negociación con los ojos del mundo o, lo que es lo mismo, desde la perspectiva del *observador*. Gran parte de su sabiduría provenía de su habilidad para adoptar distintas perspectivas. Cuando adoptas la posición del *otro*, recibes nueva y útil información sobre cómo experimenta la situación esa persona.

Quizás el mejor modo de darse cuenta de la importancia de la posición del *otro* sea pensar en situaciones en las que no está presente. Piensa en cuán frecuente es –y en cuán limitador y perjudicial puede ser– tomar decisiones desde una perspectiva única. Por ejemplo, las empresas que contaminan el agua y el aire o talan selvas tropicales para obtener beneficios a corto plazo, toman decisiones estrictamente desde su propia perspectiva. Piensa en algún superior abusivo o autocrático que hayas tenido que sufrir. ¿No estaba esta persona atascada en tomar decisiones únicamente desde su propia posición del *sí mismo*, sin ninguna consideración con tu experiencia?

Probablemente recordarás muchos otros ejemplos desagradables, en los que alguien no intentó adoptar la posición del *otro*, con lo que comprenderás qué se siente desde el otro lado de la situación. ¡Cuánto más sencilla y agradable no hubiera resultado la situación de haber entrado realmente cada parte en la experiencia de la otra! Utiliza el ejercicio siguiente para incrementar tu capacidad para adoptar la posición del *otro* y entrar en la experiencia de otra persona.

Ejercicio 30
Adopta otra posición

1. *Situación conflictiva.* Piensa en una situación concreta moderadamente difícil en la que experimentaras desacuerdo o conflicto con otra persona.

2. *Posición del **sí mismo**.* Proyecta la película de esta situación vista desde tu propia perspectiva. Imagina que recorres de nuevo toda la situación, que la ves con tus propios ojos y que experimentas lo que realmente ocurrió. Observa lo que oyes y sientes, es decir, toda la información disponible. Cuando llegues al final del episodio, rebobina la película y deténla justo antes del inicio de la situación conflictiva.

3. *Estudia a la **otra** persona.* Con la película en «pausa» al inicio, mira a la otra persona. Observa su respiración, su postura, su expresión facial, el modo en que habla y se mueve, el tono y el tempo de su voz, así como toda la información no verbal que te dice cómo es su experiencia. Revisa también todas tus experiencias con ella, todo lo que sabes sobre lo que le gusta y lo que no, sus actitudes, su historia personal y todo lo que contribuye a que sea quien es.

4. *Adopta la posición del **otro**.* Deja ahora que tu conciencia abandone tu cuerpo y se alinee con la de esta otra persona, quizá mirando por encima de su hombro, de modo que puedas empezar a ver lo que ve y oír lo que oye.

Empieza a adoptar sus gustos y su historia personal y di: «Soy una persona que...», y sigue con todos los rasgos y características que conozcas de ella.

Deja que tu conciencia penetre en su cuerpo, adopta su postura y sus movimientos, así como todo el comportamiento no verbal que observaste antes. A medida que vas siendo esta persona cada vez más, siente cómo es ser realmente esta persona.

5. *Proyecta una película desde la posición del* **otro**. Proyecta de nuevo la película de la situación, pero esta vez vista desde la perspectiva de la otra persona. Siendo ella, ¿cómo experimentas la misma situación conflictiva? ¿Qué sensaciones notas? ¿Cuáles son tus exigencias, deseos y temores? ¿Cuáles son tus intenciones positivas y cómo esperas solucionar el conflicto? ¿Qué observas sobre cómo ve y experimenta esta persona tu propio comportamiento, mientras proyectas la película hasta el final? ¿Qué más puedes descubrir sobre la experiencia de esta persona?

6. *Regresa a la posición del* **sí mismo**. Deja que tu conciencia regrese a tu propio cuerpo. Tómate el tiempo que necesites para volver a ser tú mismo antes de abrir los ojos, dejando por completo en la otra persona todos los elementos de su propia identidad.

La mayoría de personas que se toman el tiempo necesario para realizar a la perfección este ejercicio descubren mucho, tanto sobre la otra persona como sobre el modo en que aparecen ellas mismas ante dicha persona. Normalmente esta información transmite mensajes importantes sobre lo que hay que hacer para sentar las bases para el acuerdo y la resolución del conflicto.

En el ejercicio anterior has aprendido cómo abandonar la posición del *sí mismo,* entrar en la posición del *otro* y experimentar plenamente dicha posición. Antes habías aprendido ya cómo adoptar la posición del *observador* en relación con tu propia experiencia, a fin de disociarte de las sensaciones desagradables y disponer de más recursos. Existe, sin embargo, una aplicación más de esta posición, utilizándola para observar la interacción entre la otra persona y tú. Realiza el ejercicio siguiente para comprobar dicha utilidad.

Ejercicio 31
El *observador neutral*

1. *Situación conflictiva.* Regresa a la misma situación conflictiva que utilizaste en el ejercicio anterior.

2. *Posición del* **sí mismo**. Adopta de nuevo la posición del sí

mismo ante dicha situación. Siempre y cuando puedas situarte en ella plenamente, no será necesario que proyectes otra vez la película completa de la situación.

3. *Posición del otro*. Adopta ahora la posición del *otro*. Una vez más, no será necesario que proyectes la película completa, a condición de que te conviertas plenamente en la otra persona en esa situación.

4. *Adopta la posición del* **observador**. Desplázate ahora a una posición desde la que puedas ver y oír claramente tanto a la otra persona como a ti mismo en la situación. Asegúrate de situarte a la misma distancia de ambos, así como de que tu posición esté nivelada con la de ellos, ni más arriba ni más abajo.

5. *Proyecta una película desde la posición del* **observador**. Proyecta ahora la película completa de cómo se desarrolla la situación vista por el *observador*, como si vieras a ambas personas por primera vez. Desde esta perspectiva neutral, observa con atención la interacción entre ambos. Presta especial atención a cómo lo que uno hace o dice desencadena las reacciones del otro, a cómo el comportamiento de una persona estimula emociones en la otra persona, y viceversa. Desde tu privilegiada posición de *observador*, descubre todo cuanto puedas sobre esta interacción. ¿Cómo te sientes al observar la interacción desde esta posición?

Mediante este ejercicio, muchas personas adquieren una importante y útil comprensión acerca de cómo su propio comportamiento desencadena reacciones en los demás, y viceversa. Aparte de esto, a menudo suelen experimentar una profunda compasión por aquellas personas que se encuentran tan terriblemente atrapadas en una disputa.

Una base para la sabiduría y el genio

Cada una de las tres posiciones –*sí mismo, otro* y *observador*– proporciona su propia información y comprensión. Cuando aprendes a navegar entre las tres a voluntad, la combinación de toda su información se convierte en la base de la verdadera sabiduría.

Robert Dilts, uno de los que más ha desarrollado la PNL, dijo: «La *excelencia* es el compromiso apasionado con algo desde la posición del *sí mismo*. La *sabiduría* es la capacidad de moverse conscientemente a voluntad entre las posiciones del *sí mismo*, del *otro* y del *observador*». Cuanto más completa y plenamente seas capaz de hacerlo, más incrementarás tu eficacia personal. Ampliarás también tu propia capacidad para mantener un proceso mental lleno de recursos en cualquier negociación, presentación, acercamiento a un nuevo cliente o simplemente para responder a tu hijo. Por último, utilizando estos procesos incrementarás tu flexibilidad mental y tu capacidad para tratar poderosa y positivamente con una gran variedad de personas y situaciones.

La capacidad para adoptar absolutamente una posición del *sí mismo*, del *otro* y del *observador* es poco corriente en nuestro mundo. Einstein, Gandhi, Mozart, Disney y muchos otros genios escribieron sobre estos puntos de vista, e indicaron que los utilizaban activamente como parte de sus procesos mentales. Einstein, por ejemplo, empleó las perspectivas del *sí mismo* y del *observador* para crear su teoría de la relatividad. Imaginó cómo sería viajar en el extremo de un rayo de luz a 300.000 kilómetros por segundo, mientras «otro» Einstein lo miraba desde la perspectiva del *observador*. Estos pensamientos fueron la base de la teoría que transformó nuestra forma de ver la estructura del universo.

Walt Disney utilizaba también estas perspectivas en su proceso imaginativo para crear historias. Intercambiaba posiciones con sus espectadores mientras planificaba y dibujaba, porque quería ver el relato desde el punto de vista de éstos. Puesto que la capacidad de poderse mover con libertad de una a otra perspectiva es tan valiosa, tómate tiempo para realizar los Ejercicios 30 y 31. Si los haces a conciencia, descubrirás lo útil que resulta adoptar cada una de estas tres posiciones perceptuales.

Practica tus técnicas

Quizá la mejor ocasión de comprender cuán valiosas pueden ser estas tres perspectivas sea cuando trabajes en la resolución de conflictos, con habilidades de negociación y de servicio al cliente, o cuando tu empresa u organización necesite formar equipos competentes. En estas situaciones te resultará ideal moverte conscientemente entre las perspectivas del *sí mismo*, del *otro* y del *observador*. Ello te permitirá planificar y actuar con sabiduría y seguridad en relación con los demás.

Tómate ahora el tiempo necesario para pensar en alguna situación que involucre a otras personas y sobre la que te sientas inseguro, o para la cual quisieras disponer de más opciones. Por ejemplo, quizá temes tratar con alguien en una confrontación. O tal vez sientes aprensión a solicitar esa promoción profesional que sabes que mereces. Quizá te asusta abordar a ese cliente que te intimida. Sea cual fuera tu miedo, tómate unos minutos para transformarlo en eficacia personal, utilizando las técnicas que has aprendido sobre la posición perceptual. Tendrás sobre tus sentimientos de temor y ansiedad un control mucho mayor de lo que jamás hubieras podido soñar.

Repasemos lo que has aprendido

Aprender a eliminar tus miedos y tus fobias es algo tan sencillo como aprender algunas técnicas fáciles de PNL. Repasando lo que hemos visto en este capítulo, verás que has aprendido a:

- Utilizar la disociación o el proceso de verte a ti mismo para distanciarte de tus sentimientos sobre sucesos desagradables.
- Acceder a tus estados mentales asociado y disociado para disfrutar de las experiencias agradables y neutralizar las desagradables.
- Proyectar hacia atrás la película de un suceso desagradable para neutralizarlo.

- Aplicar la técnica rápida de la fobia para eliminar rápidamente tus miedos.
- Utilizar deliberadamente las tres posiciones perceptuales —el *sí mismo*, el *otro* y el *observador*—, para mejorar tus relaciones y proporcionarte una sólida base sobre la que poder tomar decisiones sabias y creativas.

Eliminar miedos y malestar es un objetivo importante que puede liberar tus capacidades y permitirte avanzar con seguridad. Sin embargo, estos objetivos resultan triviales en comparación con la sabiduría que puedes obtener utilizando las tres posiciones perceptuales en cada área de tu vida. Recuerda que los ejercicios no son más que eso: instrumentos con los que ejercitar y fortalecer tus «músculos mentales» ante cualquier tarea que quieras acometer. Cuanto más a menudo los utilices, más ágil y flexible será tu mente.

9

Genera autoconfianza

*Cualquier gran manifestación de arte reposa firmemente
sobre una base de habilidad técnica. El ballet, por ejemplo,
requiere dominio del «plié» y la «pirouette».
La PNL es para mí lo más parecido que conozco
a la base técnica del arte del ser humano al completo.*

LARA EWING,
consultora internacional
de gestión empresarial

Comprende tus autoevaluaciones

Del mismo modo que los miedos y las ansiedades pueden interponerse en tu camino hacia el éxito, los malos sentimientos procedentes del juicio y la autocrítica que experimentan algunas
personas pueden también ser obstáculos importantes. Nada te
puede debilitar o desviar más eficazmente que el aguijón de la
autoevaluación negativa. Las personas emplean por lo general
dos procesos mentales para desdeñarse a sí mismas: generar imágenes internas de fracaso y escuchar voces internas que les
recuerdan lo que están haciendo mal.

   ¿Te has descubierto, ante una presentación inminente, contemplando imágenes mentales de ti mismo poniéndote nervioso
ante la audiencia y quedando como un tonto? Quizás, en alguna
ocasión, mientras le explicabas algo a alguien una voz interior te
decía: «¡Idiota!, ¿quién te mandaba decir esto?». Casi todos

hemos vivido experiencias de este tipo, en las que nos convertimos en nuestro peor enemigo. Son procesos mentales que nos
conducen al fracaso por adelantado.

Consideremos a Bill, un hombre con un gran problema de
autoevaluación negativa. Confesaba que llevaba más de un año sintiéndose triste y deprimido. Explorando sus procesos mentales,
descubrió que generaba imágenes de todo aquello que hacía mal y
que comentaba internamente cuán catastrófico era, utilizando los
dos fastidiosos procesos antes mencionados. Ante la pregunta: «¿Y
qué hay de lo que haces bien?», respondió que sabía que sus éxitos
estaban en alguna parte de su cerebro, pero que no podía concentrarse en ellos. Utilizando las técnicas del presente capítulo descubrió nuevas posibilidades, tanto para sus imágenes como para sus
voces interiores, con lo que sus sentimientos depresivos se transfor-
maron en autoconfianza, lo que le ayudó a participar de modo más
dinámico y eficaz en su trabajo y en la vida.

Localiza tus voces críticas

Empecemos por trabajar con las voces internas. Recuerda alguna
situación en la que hayas notado que una voz interior te criticaba o hacía comentarios poco respetuosos sobre ti. En primer
lugar, ponte de nuevo en aquella situación y revívela brevemente. Al recordarla, presta especial atención a esa voz crítica.

En el capítulo 6 aprendiste a cambiar la posición de una voz
impertinente, de modo que se alinease contigo y se integrase
dentro de ti. En esta ocasión vamos a enseñarte un enfoque distinto. Puede que el tono de esa voz sea alto o bajo, y el habla,
rápida o lenta. Su tonalidad será quizá sarcástica o estridente.
Tal vez suene como tu propia voz, o quizá como la de alguien
cercano a ti que te ha criticado en el pasado, como un padre, un
hermano mayor o algún otro pariente. Observa tu respuesta
emocional al escuchar la voz.

Experimenta ahora con distintas tonalidades. Observa qué
sucede si aceleras o desaceleras la voz, como si modificaras la
velocidad de un tocadiscos. Haz que suene como la de algún

personaje de dibujos animados o como la de una grabación digitalizada. Trata de hacerla juguetona, irritante o seductora. Observa cómo cambia tu respuesta emocional con cada modificación en el tempo, la tonalidad y la velocidad de la voz, a pesar de que las palabras sean siempre las mismas.

Descubre las intenciones positivas

Vamos ahora a descubrir la *intención* de esta voz crítica, preguntándole qué es lo *positivo* que está tratando de hacer por ti. Una de las presuposiciones de PNL afirma que *bajo todo comportamiento subyace una intención positiva* para nosotros; si no, no continuaríamos con él. Puedes, pues, dar por sentado que esta voz crítica tiene algún propósito positivo para ti, por lo que es importante averiguar cuál es esta intención positiva.

Escucha, pues, de nuevo esta voz en tu mente y pregúntale como si se tratara de otra persona:

«¿Cuál es tu intención para mí?».
«¿Qué estás tratando de conseguir para mí?»
«¿Qué propósito tienes en mente al criticarme?»

Cuando le hayas formulado estas tres preguntas, permanece en silencio y escucha las respuestas. He aquí algunas respuestas habituales:

«Intento evitar que quedes como un tonto.»
«Intento protegerte.»
«Intento asegurarme de que hagas lo correcto.»
«Quiero que seas todo lo que puedes ser.»

Tras escuchar las respuestas de la voz, observa cómo reaccionas ante su intención.

Probablemente no aprecias lo que te dice ni el tono en que lo hace, pero ¿aprecias su intención? Si experimentas dificultad para admitir que lo que estás escuchando es positivo, sigue interrogando a la voz hasta que descubras una intención con la que puedas estar de acuerdo. Por ejemplo, si la voz dice: «Intento motivarte», pregúntale: «¿Y en qué me beneficia que intentes motivarme?». Quizá la voz responda: «Bueno, si estás motivado realizas cosas y ganas más dinero». A lo cual le puedes responder: «¿Y en qué me beneficia realizar cosas y ganar más dinero?». A lo que la voz quizá responda: «Tendrás éxito y te sentirás satisfecho de ti mismo». He aquí por fin una intención que sin duda apreciaremos; estaremos contentos de que alguna parte nuestra se preocupe de nosotros.

Si la voz en principio dice: «Quiero castigarte», probablemente no estarás de acuerdo con esta intención, pero si le preguntas: «¿Qué conseguirás castigándome?», quizá te responda: «Me prestarás atención y recordarás lo que te digo». Al preguntarle de nuevo por su intención positiva tal vez te responda: «Intento apartarte de situaciones en las que fracasarías y te sentirías mal». He aquí una intención con la que la mayoría estaríamos de acuerdo, con la salvedad de que está formulada en negativo. Lo que la voz realmente quiere es positivo: que tengas éxito y te sientas bien.

Una vez determinada la intención positiva de la voz crítica, el siguiente paso consistirá en manifestar tu acuerdo con ella y darle las gracias por tenerla. Afirma que valoras su intención para ti. «Me alegro de que tengas esta intención positiva para mí. Gracias por desearme esto.» Al hacerlo has dado un paso crucial. Puesto que la voz y tú estáis de acuerdo sobre la intención positiva, habéis dejado de ser enemigos para convertiros en aliados, que pueden trabajar juntos para solucionar el problema que queda: el del modo en que la voz intenta conseguir su objetivo –refunfuñando y criticando– y que causa tu desazón. De hecho, refunfuñando y criticando podría incluso conseguir hacerte fracasar, justamente lo contrario de su intención positiva, que es ayudarte a triunfar.

Negocia con tu voz crítica

Ahora que la voz y tú estáis de acuerdo sobre la intención positiva, podéis explorar otras formas, quizá menos incómodas y más efectivas, de conseguir lo que ambos queréis. El siguiente paso del proceso consiste en preguntarle a la voz lo siguiente: «En caso de existir algún modo alternativo de conseguir esta intención positiva, que fuera tan bueno –o quizá mejor– que el que estás empleando, ¿te interesaría probarlo?».

Es una oferta que la voz no puede rechazar. Si no está de acuerdo en probar más y mejores opciones, es obviamente porque no entiende del todo tu oferta. A veces la voz cree que tendrá que abandonar lo que está haciendo o utilizar una opción con la que no esté de acuerdo. Si la voz rechaza la oferta, simplemente reformúlala y aclárala. Busca opciones adicionales y no te des por satisfecho hasta que la voz esté por completo de acuerdo en que funcionarán mejor que lo que ha estado haciendo hasta ahora. Pasa al siguiente paso tan sólo cuando la voz se manifieste dispuesta para la búsqueda conjunta de nuevas opciones.

Necesitamos ahora la ayuda de tu parte creativa, esa parte tuya que hace planes y aporta nuevas ideas. Pídele a esa parte tuya creativa que genere gran cantidad de ideas sobre cómo puede la voz cumplir su intención positiva para ti. Deja que la voz escoja tres maneras distintas de conseguir su propósito que le gusten, opciones que sean al menos tan buenas o incluso mejores que lo que está haciendo actualmente. Lo que buscas son nuevas formas de comportamiento que refuercen tu confianza, en lugar de abatirte. A medida que tu parte creativa genera cientos de opciones, la voz y tú escogéis tan sólo aquellas en las que estéis de acuerdo en que significan mejoras notables.

He aquí un ejemplo de cómo funciona este proceso. John se quejaba de que desde hacía un tiempo se sentía un poco triste y deprimido. Al analizar la cuestión, descubrió una voz interior que le decía: «Eres una mala persona». Al preguntar a la voz: «¿Cuál es tu intención al decirme esto?», ésta le contestó: «Quiero que prestes más atención a cómo tratas a los demás. Has estado muy negativo con los demás últimamente y deberías dejar de estarlo».

John quedó en principio sorprendido ante esta respuesta, aunque, pensando en ello, pudo comprobar que la voz tenía razón. En efecto, últimamente había estado negativo con los demás. Respondió preguntando: «Y si dejo de estar negativo con los demás, ¿qué significará esto para mí?». La respuesta fue: «Te respetarás más a ti mismo y te sentirás mejor», ante lo cual preguntó: «¿Qué gano con tener más respeto por mí mismo?», a lo que la voz respondió: «Cuando te sientas bien contigo mismo serás positivo con los demás, por lo que tendrás más amigos y mejores relaciones».

John consideró que se trataba de una valiosa información. Se dio cuenta de que habitualmente sólo veía lo que iba mal, tanto en su vida como en la de los demás. Se percató del gran valor de disponer de una voz que deseaba que se respetara a sí mismo, de modo que pudiera mejorar sus relaciones con las otras personas.

Siguió adelante, preguntando a la voz si, para conseguir su intención, estaría interesada en comportamientos alternativos, es decir, en opciones que no consistieran en decirle que «era una mala persona», lo cual, en realidad, empeoraba la situación. Tras llegar a un acuerdo sobre esto, pidió a su parte creativa que generara ideas para nuevos comportamientos. Las tres opciones que la voz eligió y para las que mostró su acuerdo fueron: respirar profundamente y sonreír antes de responder a alguien; reconocer y elogiar lo que la persona hiciera de positivo; ofrecer ánimos a John sobre lo que hiciera bien, reconociendo los aspectos positivos de su comportamiento. En el nivel consciente, John comprendió que estas tres opciones funcionarían, con toda seguridad, mucho mejor que una voz interior crítica.

Puedes también negociar con la voz sobre *cuándo* debe aportar su respuesta correctora. Si la respuesta, o *feedback,* tiene lugar durante la acción, normalmente la interfiere y la interrumpe, mientras que si se dispone de la misma respuesta *después* de la acción, puede resultar mucho más útil. Pídele a la voz que formule su aportación y sus sugerencias después de que hayas completado la acción. Muchos atletas de elite tararean una tonadilla o repiten mentalmente una frase positiva sin cesar para impedir que sus voces interiores los interrumpan y les impidan mantener al máximo su nivel de seguridad en sí mismos. Han podido comprobar que, durante su actuación, es mucho más agradable escuchar un suave murmullo interior que una voz crítica.

Lo que viene a continuación es una adaptación del proceso denominado «Reencuadre en seis pasos», desarrollado por Richard Bandler y John Grinder.[1] Ofrecemos el siguiente resumen a modo de ejercicio. Como sucede con los restantes ejercicios de este libro, cuanto más a menudo lo practiques, más se convertirá en una parte automática de tu pensamiento y tu respuesta.

Ejercicio 32
Reencuadra la voz interior

1. Voz crítica. Piensa en alguna situación en la que una voz interior te haya criticado. Sitúate de nuevo en aquella situación y escucha atentamente lo que la voz dice, así como el tono, tempo y ritmo en el que pronuncia sus palabras.

2. Intención positiva. Pregunta a la voz: «¿Cuál es tu intención positiva?» o «¿Qué es lo que quieres conseguir para mí al criticarme de este modo?». Escucha su respuesta. Sigue formulando estas preguntas hasta que puedas estar completamente de acuerdo con la intención expresada en la respuesta.

3. Reconoce y agradece. Reconoce la intención positiva y dale las gracias a la voz por tener esta intención para ti.

4. Pide a la voz que participe en la búsqueda de alternativas. Pregúntale: «En caso de que exista algún modo alternativo de conseguir esta intención positiva que fuera tan bueno como el que estás empleando o mejor aun, ¿te interesaría probarlo?». Espera hasta obtener una respuesta plenamente afirmativa.

5. Parte creativa. Pide a tu parte creativa que te ayude a generar ideas para muchos comportamientos alternativos posibles. Deja que la voz escoja los tres que más le gusten y que considere que habrán de funcionar tan bien como lo que ha estado haciendo hasta ahora o mejor.

6. Planifica el futuro. Para comprobar cómo funcionan, imagina que sigues cada uno de los comportamientos elegidos, en las situaciones apropiadas. Si alguno no funcionara tan bien como esperabais, retrocede al Paso 5 para crear nuevas opciones. Cuando hayáis escogido tres que os satisfagan a ambos, pregúntale a la voz si estaría dispuesta a utilizar uno o más de ellos cuando se presente la ocasión.

Cuando hayas conseguido soltura con este proceso, podrás obviar pasos intermedios, a condición de preservar la función de todos ellos.

Por ejemplo, si una voz te ofrece un buen consejo, pero lo que no te gusta es su tono burlón o irritante, puedes decirle: «Aprecio en lo que vale lo que me dices, pero te aseguro que me resultaría mucho más fácil escucharte si utilizases un tono de voz suave y amistoso, como el que emplean mis amigos. ¿Estarías dispuesta a hacerlo?».

Si una voz llama tu atención sobre todos los errores que cometes después de que se produzcan, dile: «Sabes mucho sobre el tipo de errores que tiendo a hacer en cada situación, así como sobre el momento en que suelo cometerlos. ¿Te importaría actuar como alarma amistosa y aconsejarme de antemano sobre lo que voy a hacer, de modo que me equivoque cada vez menos?».

El reencuadre es un proceso perfeccionado y efectivo, que puede ser utilizado en una gran variedad de negociaciones internas. Los mismos principios resultan también muy eficaces en la negociación y mediación entre personas y organizaciones. Primero, establece un acuerdo sobre la intención positiva o en los objetivos. Después –y sólo después– explora en equipo las posibles soluciones alternativas.

Ahora que ya has sintonizado con tus voces interiores y con las cosas que te dices a ti mismo, te resultará fácil prestar atención a los patrones de habla que interfieren con tu eficiencia personal.

El problema de las negaciones

En el capítulo 1 hablábamos del impacto de las manifestaciones negativas: te hacen pensar exactamente en aquello que no quieres pensar. Del mismo modo, al dirigir declaraciones negativas a otras personas conseguimos que piensen precisamente en aquello que no queremos que piensen. El mismo proceso tiene un enorme impacto en la autoconfianza.

Repite internamente las siguientes manifestaciones y observa las imágenes y emociones que provocan:

«No pienses en lo mucho que podrías estropear la reunión».
«No te preocupes por lo que piense tu jefe del informe.»
«No es necesario que te preocupes por lo que pudiera salir mal en tus vacaciones.»

Como señalábamos en el capítulo 1, transformando estas declaraciones en afirmaciones de lo que queremos, podemos mejorar mucho la confianza en nosotros mismos. También resulta de ayuda cambiar estas manifestaciones positivas del «tú» al «yo». Las afirmaciones tipo «tú» parecen provenir de otra persona y, en función de nuestra historia previa, probablemente las escucharemos en un tono desagradable. Las afirmaciones tipo «yo» proceden de nosotros mismos, por lo que experimentamos mejor la fuente del poder y la capacidad, y es más fácil así que nos lleguen en una tonalidad positiva.

«Me pregunto lo bien que estaré en la reunión de mañana.»
«¿Qué será lo que más le guste al jefe de mi informe?».
«Me gustaría saber qué es lo que saldrá especialmente bien en mis vacaciones.»

Cambia las generalizaciones

La excesiva generalización es otro aspecto del lenguaje interno que puede interferir seriamente en el sentimiento de confianza en nosotros mismos. Afirmaciones como, «Nunca hago nada bien», «Soy un desastre de padre», «Todos me rechazan», «Más vale que me rinda, soy un fracasado» desarman la confianza en uno mismo porque también incorporan negaciones ocultas. «Nunca» significa «*no* siempre», «desastre» significa «*no* bueno», «rechazado» significa «*no* aceptable» y «fracaso» significa «*no* éxito».

Cuando te diriges alguna de estas manifestaciones a ti mismo, ¿qué le ocurre a tu estado emocional? Te sientes abatido. Además de las mencionadas negaciones, todas estas manifestaciones incorporan algo muy dañino. Cada una de ellas contiene, explícita o implícitamente, un *todo*, un *nada*, un *siempre* o un *nunca*, lo que en lingüística se conoce como generalizaciones universales. Si realmente *todos* me rechazan, mi situación no tiene remedio y es lógico que me sienta desesperado. Si *nunca* hago nada bien, debo admitir que soy un fracasado. La próxima vez que te descubras formulando una generalización universal, emplea el siguiente método para cuestionar tu charla interna. Mientras realizas el ejemplo, observa cómo cambian tus imágenes mentales.

Si te dices a ti mismo: «Nunca hago nada bien», pregúntate: «¿Realmente... *nunca*? ¿Quieres decir que no ha habido *nunca* una ocasión en la que hiciera algo bien? ¿Qué es exactamente lo que ha salido mal de lo que he hecho?».

Entonces quizá te des cuenta de que «He hecho algunas cosas bien. En realidad, he hecho muchas cosas bien, sólo que algunas veces meto la pata».

Observa hasta qué punto tu charla interior empieza a cambiar tanto el contenido como las submodalidades de tus imágenes mentales. Al formularte este tipo de preguntas, puedes pasar de las generalizaciones universales sobre ti mismo, a una situación insatisfactoria concreta, en la que puedes concentrarte e introducir cambios.

He aquí otro ejemplo: «Todos me rechazan». Observa la imagen mental que generas ante esta afirmación. Ahora pregúntate: «¿Cuántas personas hay en la imagen cuando afirmo esto?».

Quizá cientos, quizá ninguna. Pregúntate ahora: «¿Concretamente, quién me rechaza?». Tal vez entonces te des cuenta de que: «En realidad, tan sólo Mary Lou (o quien sea) me rechaza».

Es mucho más fácil responder al rechazo de *una* persona que al de centenares. La idea de que tan sólo te rechaza una persona deja intacta una parte mucho mayor de tu confianza en ti mismo. Te estarás dando cuenta, sin duda, de que una de las funciones importantes de tu voz interior consiste en generar imágenes y películas mentales que impacten positivamente en tus emociones, ayudándote a permanecer creativo, capaz y seguro de ti mismo.

Genera charla interior afirmativa

Las afirmaciones son manifestaciones sobre ti mismo formuladas en términos positivos. Dicho de otro modo, son manifestaciones sobre lo que quieres que suceda. Están formuladas en presente o en futuro, como si ya estuvieran ocurriendo o fueran a suceder pronto.

Tan poderoso como utilizar el tiempo presente en los verbos de las afirmaciones, lo es emplear el gerundio. Observa la diferencia entre «siento» y «estoy sintiendo» o «mi voz suena» y «mi voz está sonando». El gerundio aporta más acción a la experiencia, de modo que ésta te parece más real y te resulta más fácil asociarte a ella, como si ya estuviera sucediendo realmente. Esta formulación activa convierte además las imágenes mentales fijas en películas animadas, que proporcionan mucha más información.

Hay otro criterio que vale la pena mencionar. Si en una afirmación introduces una declaración que se contradice con el modo en que te percibes a ti mismo, te parecerá irreal. Si te parece irreal, o no funcionará o tendrá un efecto bumerán.

Por ejemplo, si te das cuenta de que a menudo te comportas de modo poco considerado con los demás, formular la afirmación: «Soy considerado con los demás» será una pérdida de tiempo. En cambio, si la substituyes por «Puedo aprender a ser considerado con los demás», ésta no entrará en conflicto con tu conclusión de que te comportas a menudo de modo poco considerado con los demás.

He aquí algunos ejemplos de afirmaciones útiles:

Aprendo con facilidad.
Puedo ser cada día más amable y afectuoso con los demás.
Soy una persona valiosa que cuida de sí misma.
Puedo aprender a comportarme responsablemente.
Puedo amarme a mí mismo.

Puedo disfrutar actuando honradamente en mis tratos con los demás.

Antes que nada, debes tomarte el tiempo que precises para construir una afirmación que sea importante para quien pretendes ser. Luego deberás decírtela a ti mismo y comprobar internamente si da el resultado esperado. En caso contrario, modifícala hasta que puedas responder ante ella plena y congruentemente, o negocia con aquella parte tuya que la rechaza.

Las afirmaciones pueden resultar de gran ayuda para construir un diálogo interno completamente diferente, el tipo de diálogo que reforzará tu confianza ante determinadas situaciones. A menudo, cuando nos adentramos en situaciones en las que no nos sentimos seguros de nosotros mismos, nuestro diálogo interior no nos apoya.

Benjamin Franklin se servía regularmente de afirmaciones para mejorar sus sentimientos hacia sí mismo. Tenía un catálogo de trece virtudes, por las que trabajaba constantemente. Éstas eran: templanza, silencio, orden, resolución, frugalidad, laboriosidad, sinceridad, justicia, moderación, claridad, tranquilidad, castidad y humildad. Tenía incluso afirmaciones sobre estas virtudes anotadas en papeles que ponía en el interior de su reloj de bolsillo, de modo que cada vez que consultaba la hora, tenía a mano un recordatorio positivo sobre cómo mejorar su vida. Era un modo de incrementar considerablemente su nivel de confianza en sí mismo.

Si bien las afirmaciones le funcionaban bien a Franklin, en ocasiones tienen un efecto bumerán y empeoran la situación. Muchos tenemos más de una voz interior, algunas de ellas sarcásticas y escépticas. Si cuando pronuncias una bonita afirmación sobre ti mismo otra voz comenta con sarcasmo: «¡Mira qué bien!», probablemente acabarás con algunas imágenes no muy alentadoras para el objetivo que persigues.

Si prestas una cuidadosa atención a tu experiencia interior, podrás decir con facilidad cuándo una afirmación cumple o no con el cometido que esperas de ella.

Cuando te dices, por ejemplo: «Puedo aprender a ser más

considerado con los demás», ¿qué respuesta aflora a tu mente? Quizás experimentes una serie de imágenes de ti mismo siendo más considerado, o preguntando a otros que lo son cómo lo hacen, y te sientas bien con esta nueva dirección en tu vida.

O quizás escuches una voz interior burlona y veas un enorme *collage* de todas las ocasiones en que has sido desconsiderado con los demás, y te sientas peor. En caso de que tu respuesta sea de este tipo, siempre puedes recurrir a la técnica del reencuadre que aprendiste en el capítulo anterior para cambiarla. La intención positiva de tu parte burlona consiste probablemente en apartarte del falso optimismo y del correspondiente desengaño. En consecuencia, no utilices las afirmaciones hasta haber introducido las modificaciones necesarias, ya que, como has visto, pueden volverse en tu contra.

Hasta aquí hemos mencionado dos criterios para las afirmaciones: formularlas en positivo y situarlas en el presente o en el futuro inmediato.

Transforma la frustración en flexibilidad

El ejercicio siguiente te proporcionará más opciones de conducta mediante la visualización sistemática de comportamientos alternativos. Este método puede resultarte particularmente útil cuando te encuentres frustrado y atascado en situaciones en las que preferirías estar relajado y disponer de alternativas.

Durante un seminario de negociación, una gerente se quejaba de que no era tan flexible como le gustaría ser cuando trataba con su jefe. Mencionó que por lo general era muy comunicativa y expresaba sus opiniones sin problemas abiertamente, pero que era incapaz de hacerlo ante él.

Relató una experiencia reciente en la que la llamó a su despacho para informarle de algunos cambios drásticos en su trabajo como responsable de un área de mecanografía. Se quedó sentada en silencio, sin poder facilitar a su jefe información vital de la que éste carecía, información que probablemente habría cambiado por completo su decisión. Se sintió pasiva e incómoda ante esta situación, en la que actuó con tan poca confianza en sí misma. Le hubiera gustado comportarse de modo más controlado, centrado e inteligente.

Para intentar sentirse así probó la técnica de crear películas mentales, correspondientes a tres comportamientos distintos que podría adoptar en semejante situación. En la primera, se vio a sí misma respirando profundamente y repitiéndose: «Mente, alerta; cuerpo, relajado». En la segunda película, imaginó que se situaba en la posición del *otro,* para ganar empatía con su jefe. En la tercera, se preguntó en primer lugar cuáles podían ser las intenciones de su jefe al cambiar las responsabilidades de su trabajo, ofreciéndole acto seguido la información que necesitaba para revisar su decisión.

Al entrar en estas películas y ensayar los tres comportamientos en el despacho de su jefe, pudo comprobar que la primera opción –controlar la respiración y relajarse– era la que mejor le servía para sentirse cómoda y pasar a la tercera opción. La segunda, aunque normalmente útil, no le resultó tan operativa como las otras dos para su situación concreta.

Como señal para poner estos comportamientos en marcha, escogió la imagen de su jefe hablándole desde el otro lado de su mesa. Luego imaginó que realizaba por completo el proceso, escuchando al mismo tiempo una voz interior que decía: «Voy a hacerlo. Puedo manejar esta responsabilidad adicional». Sus sentimientos sobre sí misma y sobre el trato con su jefe cambiaron espectacularmente tras seguir esta técnica.

Ejercicio 33
De la frustación a la flexibilidad

1. *Situación de bloqueo.* Piensa en alguna situación del pasado en la que no hayas actuado con los recursos que hubieras deseado. En primer lugar, colócate en ella durante el tiempo suficiente como para experimentar lo que sentiste en aquella ocasión. Etiqueta luego tus sensaciones. Dales nombres como «confuso», «asustado», «ansioso», «perdido», «temeroso», etc.

2. *Posición del* **observador.** Distánciate ahora de este aconteci-

miento y contémplate cómodamente a ti mismo actuando como lo hiciste entonces. Mientras visionas esta película recogerás información, tanto consciente como inconscientemente.

3. *Selecciona un sentimiento.* Mientras contemplas la escena, pregúntate qué emoción o sentimiento quisieras poder experimentar en aquella situación. Ponle una etiqueta, quizá «centrado», «competente», «seguro», «tranquilo», «excitado», «tenaz», etc.

4. *Revisa nuevas conductas.* Manteniendo en mente esta emoción positiva, contémplate a ti mismo siguiendo diversos comportamientos que la podrían generar. Tómate tiempo para verte a ti mismo en la situación, al menos en tres conductas distintas a la que seguiste en su momento, una de las cuales debería ser lo más atrevida y jocosa posible, algo que, definitivamente, jamás hubieras considerado posible en el pasado. No es necesario que lo repitas en todas las ocasiones, pero hacerlo aumentará tu flexibilidad mental. Ensaya variantes de todas estas conductas y revísalas en consecuencia. Tómate todo el tiempo que necesites para hacerlo a conciencia.

5. *Ensaya nuevas conductas.* Asóciate ahora con el primer comportamiento que has elegido e imagina que te encuentras en aquella situación, comportándote de modo que puedas experimentar el sentimiento deseado. ¿Con qué intensidad genera esta conducta la emoción deseada?

Abandona ahora este comportamiento y repite la prueba con la segunda elección que has imaginado. Experiméntala y comprueba con qué intensidad genera esta conducta la emoción deseada.

6. *Compara opciones.* ¿Cuál de estas dos opciones te proporciona la emoción más intensa o crees que es la mejor elección? Regístrala como candidata preferente y déjala a un lado.

Entra ahora en la tercera y última opción, comprobando la intensidad de la emoción deseada que experimentas en ella. Compárala con la que acabas de seleccionar y elige tu favorita.

Si ninguna de las tres resulta suficientemente satisfactoria, vuelve a crear nuevas opciones hasta que encuentres una que te convenga. Tras elegir la nueva favorita, escucha una entusiasta aclamación interior que dice: «¡Esta es la que voy a hacer!».

7. *Planifica el futuro.* Convierte ahora esta elección en conducta automática, pensando en una señal externa que deba estar presente cuando se inicie la situación. Si la situación es, por ejemplo, hablar en público, la señal podría ser ver a un grupo de personas esperando que les hables, o la visión de un estrado vacío ante ti. Si eliges la situación de hablar con tu jefe, la indicación podría ser verle u oírle. Si la situación que te interesa es tratar con un cliente molesto por teléfono, la señal puede ser escuchar tonos de voz desagradables al otro lado de la línea. Para programar tu nueva conducta, imagina primero la señal y colócate después en la situación, comportándote de la nueva manera que has elegido.

Visualización creativa

Tanto en este ejercicio como en muchos de los anteriores, hemos utilizado procesos de dos pasos que no hemos comentado explícitamente. Para visualizar un objetivo o un comportamiento futuro resulta útil adoptar la posición del *observador.* Desde esta posición es fácil ser un «montador de películas», que accede rápidamente a distintas escenas, corta lo que no encaja y añade nuevos aspectos hasta conseguir una película al gusto del *observador.* Desde esta posición, además, tienes acceso preferente a buena información sobre cómo te sentirías si entraras en la situación, puesto que puedes ver la expresión de tu cara y de las demás personas involucradas a medida que avanza la película.

Para que esta película del *observador* se transforme en un comportamiento real en el mundo real, resulta indispensable que te asocies a dicho comportamiento y adoptes la posición del *sí mismo,* viviendo la situación para poder ver qué se siente estando en ella a medida que se desarrolla. Con ello, haces tres cosas distintas: primero, te aseguras de que este argumento es realmente tan bueno como parecía desde el exterior. Segundo, quizá descubras al recorrerla que deseas introducir algunas pequeñas revisiones, o que olvidaste alguna contingencia importante y debes regresar a la cabina de edición para empezar de nuevo. Tercero, ensayas tu actuación real en la nueva conducta, programándote para responder de forma automática a las señales adecuadas del modo que has diseñado en tu película del *observador*, añadiendo sensaciones, sabores y olores, para hacer que estas experiencias sean plenamente reales y motivadoras.

En todo lo que antecede hemos dado por sentado que la persona es competente, y que lo único que necesita es confianza para sentirse cómoda y motivada para ejercer esta competencia. Este sería el caso, por ejemplo, del miedo al público. Sabemos que la persona está capacitada para hablar fluidamente en otras situaciones, pero que se bloquea ante una audiencia.

Si bien la confianza en uno mismo constituye una de las bases para ejercer nuestras capacidades, en ocasiones no disponemos de ella por una buena razón: no tenemos aún la competencia adecuada para hacer bien algo concreto. Por ejemplo, puede que a alguien le falle la confianza en sí mismo en la primera ocasión en que tiene que hacer algo que nunca antes ha hecho. ¿Has conocido algún orador seguro de sí mismo y que te aburriera por su incompetencia en presentar su tema?

¿Qué hace falta para llegar a ser competente, o incluso muy bueno, en alguna materia? Piensa en algo que ya estés haciendo bien, con facilidad y pericia, por ejemplo, conducir un automóvil. ¿Recuerdas la primera vez que te sentaste ante un volante? Probablemente, te sentías desbordado por la cantidad de cosas que tenías que hacer de manera consciente para conseguir que el vehículo avanzase, sobre todo si el coche tenía palanca de cambio. Ahí estabas tú, tratando de dirigir con el volante, mirando a través del parabrisas y por el retrovisor, combinando embrague y acelerador e intentando recordar las normas de conducción, todo al mismo tiempo. Quizás incluso se caló el motor un par de veces antes de conseguir arrancar. Transcurrido un tiempo adquiriste competencia para conducir, pero hacerlo requería aún grandes dosis de atención consciente. Ahora, tras mucho más tiempo de experiencia, coges tu coche y conduces cien kilómetros por la autovía y ni siquiera tienes que pensar en lo que estás haciendo. Has desarrollado una parte tuya que conduce de forma automática –y, es de suponer, con seguridad–, sin tener que pensar conscientemente en ello. Cada vez que aprendes algo bien, pasas por las mismas etapas de aprendizaje:

Incompetencia inconsciente. Antes de que te plantees aprender algo, no eres consciente de lo incompetente que eres en la materia; nunca pensaste en ello antes.

Incompetencia consciente. Cuando empiezas a aprender una nueva habilidad, te vuelves muy consciente de tu incompetencia en ella.

Competencia consciente. Después de alguna práctica puedes adquirir competencia, pero gran parte de ella es aún consciente: debes pensar en lo que haces.

Competencia inconsciente. Por último, quizás alcances un punto en el que has aprendido la habilidad tan bien que ésta se convierte en inconsciente. Simplemente la ejecutas sin tener que prestarle atención consciente.

Puesto que sabemos que no podemos evitar estas etapas del aprendizaje cada vez que queramos aprender algo nuevo, podemos ser tolerantes con los errores inevitables que, con toda seguridad, cometeremos en nuestro camino hacia la pericia.

En muchos casos nos marcamos unos estándares tan altos a nosotros mismos que nos negamos la posibilidad de intentar algo nuevo, al no vernos capaces de hacerlo bien a la primera. Imagina por un momento lo que sería hoy tu vida si en tu pasado te hubieras negado a ti mismo la posibilidad de probar cosas nuevas. Imagina que cuando aprendías a andar, mientras te agarrabas a una silla, te incorporabas, dabas un paso tambaleante y te caías, te hubieras dicho a ti mismo: «He hecho el ridículo. No lo volveré a intentar». De haberlo hecho, la vida no sería hoy muy interesante para ti; seguirías gateando a cuatro patas. En estas etapas tempranas, seguías probando hasta que conseguías tu propósito. Los procesos de visualización de PNL no te harán perfecto de inmediato, pero te prepararán a conciencia y te pondrán en el buen camino para seguir aprendiendo. No olvides que en el proceso de aprender algo nuevo, el *feedback,* la reacción, constituye uno de los elementos más importantes.

Otra de las presuposiciones de PNL dice que *no existe el fra-*

caso, tan sólo reacciones. Robert Dilts tiene un amigo inventor que ensaya montones de cosas que no funcionan. En una ocasión Robert le preguntó: «¿Cómo es posible que no te desanimes probando tantas cosas que no funcionan?». A lo que su amigo respondió: «Oh, cuando algo no funciona pienso que he dado con la solución para otro problema».

Otra presuposición de PNL nos dice que *cualquier comportamiento es útil en algún contexto*. Si programas un nuevo comportamiento y no funciona bien, indica que no es el adecuado para aquel contexto específico. Cada vez que lo que ensayas no funciona, obtienes información sobre lo que podría funcionar. Como alguien dijo: «El buen discernimiento nace de la experiencia. La experiencia nace del mal discernimiento».

Construye día a día la confianza en ti mismo

Incorporar como práctica cotidiana el proceso de transformación de la frustración en flexibilidad constituye un medio excelente para asegurarte de que generas opciones de conducta y refuerzas la confianza en ti mismo. He aquí cómo hacerlo.

Antes de dormirte, por la noche, proyecta la película mental de tu día y de las actividades que has desarrollado a lo largo de él. Detén la película cuando llegues a alguna escena en la que no te sientas plenamente satisfecho de tu comportamiento. Revisa la escena para obtener información sobre lo que sucedió y sobre cuáles eran tus objetivos. A continuación, vuelve a proyectarla, substituyendo tu comportamiento anterior por otro que te satisfaga y te proporcione mejores resultados. Reajusta la escena hasta encontrar el comportamiento adecuado. Piensa luego en alguna señal que vaya a estar presente en el entorno e imagina que te encuentras en esa situación, actuando según este nuevo comportamiento. Con este proceso, consolidas una nueva y más provechosa pauta de conducta para futuras ocasiones.

He aquí un método para revisar constantemente tus acciones y substituir aquellos comportamientos que no te sirvan. Hacerlo, convierte lo que hubieras considerado un fracaso en información útil, información positiva sobre posibles cambios y mejoras. Utilizar esta revisión diaria tal como la hemos descrito, te proporcionará una increíble sensación de satisfacción sobre tu modo de actuar en el mundo y tu capacidad para incidir en él, multiplicando la confianza en ti mismo.

Esperanzas y expectativas

Al estudiar los distintos tipos de visualización que se proponen para cambiar comportamientos, resulta sorprendente descubrir que algunas personas consiguen grandes cambios con la visualización, mientras que a otras sólo les produce escasos o nulos resultados. Entre ambos casos existe una gran diferencia.

Exploremos tu propio pensamiento para descubrir otra dimensión de esta cuestión. Piensa en algo que pudiera suceder mañana. Imagina, por ejemplo, que has planeado una excursión al aire libre y que la predicción meteorológica anuncia un día espléndido. Di: «Espero que mañana haga sol», y observa cómo representas en tu mente la esperanza mediante imágenes, sonidos y quizá palabras. Di ahora: «Estoy a la expectativa de que mañana haga sol», y observa cómo representas mentalmente la expectativa.

Mientras contrastas ambas experiencias, presta atención a los siguientes detalles: ¿tienes una o dos imágenes?, ¿son fijas o animadas? Observa la ubicación, brillo, claridad, intensidad de color, dimensión, encuadre, etc. ¿Lo ves con tus propios ojos o eres más bien un observador distanciado? Observa también cualquier sonido o palabra que esté presente en tu mente. ¿Hay una, dos o varias voces? Observa todas las peculiaridades, como procedencia, dirección, velocidad, tonalidad o intensidad de todas las voces y sonidos que percibas. Observa especialmente las diferencias entre todas estas submodalidades, dependiendo de si esperas algo o estás a la expectativa de que suceda algo. ¿Cuán fuerte es tu convicción de que hará sol mañana, al comparar esperanza con expectativa? Toma nota, mentalmente o por escrito, de las cualidades que asocias con la expectativa, puesto que pueden resultarte muy importantes para la programación de nuevos patrones de conducta.

Muchas personas representan la expectativa con una imagen única. Puede empezar como disociada, pero acaba siendo asociada, es decir, vista a través de los propios ojos. A menudo es en colorido real, brillante, clara e incorpora movimiento. De incorporar sonidos, éstos son claros, quizá con alguna voz que da por sentado que «por supuesto, eso es lo que va a ocurrir». Las expectativas se experimentan como reales.

La mayoría de personas experimentan, en cambio, la esperanza en dos imágenes, una de lo que podría suceder y otra de lo que podría no suceder, con una voz de fondo que dice: «Quizá sí, quizá no». En ocasiones la esperanza se presenta en una sola imagen, pero distante, borrosa, estática y con poco colorido. Pensar en algo utilizando semejantes cualidades te deja con la duda sobre si sucederá o no, mientras que la expectativa es habitualmente algo mucho más sólido y real en nuestra mente.

Dicho esto, sigamos con el proceso. Empieza por crear un desenlace que esté relacionado con tener más seguridad en determinada situación. ¿Cómo deseas comportarte en el contexto que has elegido? Quizá quieras sentirte más seguro de ti mismo en una entrevista para conseguir trabajo. Tras pensar en cómo quieres comportarte en esa situación, quizá decidas que quieres estar tranquilo, relajado, sin que te suden las manos, en una posición cómoda y flexible, con una agradable sonrisa en la cara, con capacidad para hablar con claridad, con voz armoniosa y firme, sereno y controlando la situación. Si lo quieres hacer realmente bien, escribe sobre tu desenlace en profundidad. Examínalo con detalle, para estar seguro de que es algo que realmente quieres y vale la pena. Pregúntate: «¿Hay alguna razón por la que no deba darse este desenlace?» o «¿Tengo alguna reserva sobre él?». En este punto, quizá debas negociar con alguna de tus partes sobre su resistencia.

Una vez que tengas el desenlace firmemente definido, relájate y entra en un estado mental receptivo. Empieza a visualizar este desenlace, empleando las submodalidades de expectativa que has descubierto antes. Esta es la parte más importante del proceso. Al utilizar estas submodalidades de expectativa, le das a tu mente la poderosa instrucción de que esto es lo que sucederá. Volviendo al ejemplo de la entrevista para conseguir un trabajo, puedes recorrer toda la entrevista de principio a fin, creándola a la medida de tus expectativas sobre cómo quieres que se desarrolle, con la confianza en ti mismo instalada en origen gracias a haber empleado las submodalidades de expectativa.

Visualiza el desenlace como una expectativa, hasta que te sientas por completo satisfecho con él. Libéralo entonces y espera a que suceda. Utilizando este proceso regularmente para generar tus propios desenlaces, mantendrás una activa implicación con tu propia evolución personal.

Repasemos lo que has aprendido

En este capítulo, has descubierto diversas técnicas para construir confianza en ti mismo. En concreto, has aprendido a:

- Convertir una voz interior crítica en un poderoso aliado, descubriendo su intención positiva.
- Generar distintas maneras para que esta voz consiga su intención positiva de forma más útil.
- Reformular en positivo tu charla interior negativa, transformándola en una afirmación positiva desde el «yo».
- Convertir las situaciones frustrantes en oportunidades para la elección, mediante la visualización creativa.
- Generar expectativas sólidas y convincentes.

Como has podido comprobar, tu cerebro actúa siempre del mejor modo posible y hace lo que ha aprendido a hacer. Puedes emplear su propio lenguaje para modificar su programación, creando así más de aquello que quieres para ti. Reserva en tu agenda un espacio de tiempo todos los días para estar contigo mismo, en el que poder realizar estas poderosas técnicas para generar confianza en ti mismo. Nadie puede hacerlo por ti. Tú y todas tus partes os lo merecéis.

10

Genera autovaloración y autoestima

Nos convertimos en aquello en lo que pensamos.

EARL NIGHTINGALE

Las virtudes de la autovaloración

¿Qué es la autoestima? Probablemente el mejor modo de definirla sería decir que es una impresión objetiva y favorable sobre uno mismo que afecta a todas nuestras experiencias. No es poca cosa y, sin embargo, cualquier psicólogo, consejero o persona motivadora y con éxito en los negocios estaría de acuerdo en que la autoestima constituye la base para la paz de la mente y la satisfacción de la persona.

Por supuesto, cuanto más positiva sea tu autoestima, mejor será tu vida. La autoestima positiva es una actitud que impregna toda tu vida, te hace sentir a gusto contigo mismo y te permite apreciarte plenamente. Te confirma que estás en tu lugar, aquí y ahora, tal como eres. Te permite sentirte seguro y capacitado para empezar a cambiar. Te proporciona la energía necesaria para afrontar nuevos desafíos, explorar nuevas áreas de tu vida y añadir riqueza a la textura y sabor de todas tus experiencias.

Dedica un momento a recordar alguna ocasión en la que te sentiste particularmente a gusto contigo mismo. No importa cuánto tiempo haya transcurrido, retrocede hasta aquel momento de tu vida y ve lo que viste entonces. Observa lo bien que te sentías y lo bien que te sientes incluso ahora, simplemente pensando en ello. Imagina lo que podría ser tu vida si tuvieras la oportunidad de sentirte así o aun mejor en relación contigo mismo siempre que quisieras, simplemente decidiéndolo. La cuestión es: ¿qué te lo impide? ¿Por qué no puedes optar por una alta autoestima? La mayoría de personas no lo hacen simplemente porque ignoran los pasos específicos para generar autoestima.

Aunque prácticamente todos los profesionales que trabajan en el rendimiento personal están de acuerdo en el valor e importancia de la autoestima, de hecho sólo unos pocos son capaces de enseñarnos *cómo* conseguirla. Todos nos hablan de la autoestima, pero al parecer ninguno sabe cómo enseñarnos la forma práctica de lograrla.

Por fortuna, aquí es donde en realidad brilla la tecnología de la PNL orientada hacia el perfeccionamiento personal. Con la PNL puedes aprender fácilmente los pasos específicos para conseguir que tu cerebro mejore de forma poderosa tu autoestima, lo que a su vez mejorará tu nivel de perfeccionamiento personal.

Fuerza de voluntad y autoestima

La fuerza de voluntad tiene muy poco que ver con la mejora de la autoestima. No se trata de devanarse los sesos para cambiar lo que se piensa de uno mismo. Con sinceridad, la fuerza de voluntad no basta para generar autoestima. Probablemente, lo habrás comprobado ya por el camino más difícil en más de una ocasión y, sin embargo, quizá necesitas que te lo repitamos: toda la fuerza de voluntad del mundo nunca podrá crear una impresión objetiva y favorable sobre ti mismo que afecte a todas tus experiencias. Utilizar la fuerza de voluntad para generar autoestima no es más que un esfuerzo agotador que, simplemente, no funciona. Lo que necesitas es saber cómo hacerlo.

En PNL sabemos que la autoestima proviene de tus mapas internos de representación de ti mismo. Dicho de otro modo, la autoestima no se debe a la realidad de cómo eres, sino a la mane-

ra en que te representas ti mismo, al modo en que *piensas* sobre
ti. Cambia las representaciones internas de ti mismo y cambiarás
tu autoestima. No es, pues, cuestión de fuerza, sino simplemente de *pensar* en ello. Así de sencillo.

Forma y contenido

En PNL sabemos que el modo en que pensamos visualmente
sobre nosotros determina en gran manera lo que sentimos por
nosotros mismos. En concreto, la forma y el contenido de las
imágenes internas sobre nosotros mismos son los elementos
básicos para la construcción de una baja o alta autoestima.

Como en toda experiencia, la intensidad de la imagen propia
de cualquier persona viene determinada por submodalidades
visuales, los elementos que otorgan forma y estructura a cualquier imagen. Una imagen propia que aparezca pequeña, oscura
y lejana parecerá menos intensa y menos real que otra grande,
brillante y próxima. Puesto que la forma es distinta, la intensidad es diferente.

Por otra parte, el contenido de la imagen propia de una persona determinará que su intensidad sea positiva o negativa. Por
ejemplo, si el «tú» de tu propia imagen está distorsionado o de
algún modo mal formado, te experimentarás probablemente a ti
mismo de un modo muy distinto a si dicha imagen es positiva,
completa y bien definida.

El contenido de la baja autoestima

La baja autoestima se encuentra asociada de modo característico
con una imagen propia visualmente muy intensa en la forma y
muy negativa en el contenido. Por ejemplo, Jean, una profesional con treinta años recién cumplidos, no conseguía alcanzar el
grado de seguridad económica que sabía que estaba capacitada
para conseguir. Trabajaba duro, pero de algún modo, algo salía
siempre mal. Cuando se tomó el tiempo necesario para analizar

las imágenes internas de su representación de sí misma, descubrió que mantenía una imagen propia negativa y turbadora. Se veía a sí misma literalmente retorcida y hueca, pero eso no era todo. Veía esta distorsionada imagen de sí misma grande, en vívidos colores, brillante y pegada a su cara.

Puesto que no sólo el contenido de su propia imagen (un cuerpo retorcido y hueco) no era nada agradable de ver, sino que además su forma era intensa (grande, brillante y próxima), Jean se sentía emocionalmente disgustada cada vez que pensaba en su valía personal, lo que la mantenía en un nivel de autoestima muy bajo.

Por supuesto, nada de lo que sus colegas le decían sobre la calidad de su trabajo ni ningún estímulo o recompensa podían convencer a Jean de su valía como ser humano. Simplemente, no podía verse como la veían los demás. Al comparar sus propias imágenes mentales con lo que los demás le decían, Jean creía en lo que veía y se sentía fatal consigo misma. La combinación de la forma intensa con el contenido negativo dejaba su moral por los suelos. La falta de autoestima resultante interfería en su capacidad para crear la clase de seguridad económica que deseaba.

La forma y el contenido de la autoestima muy elevada

La autoestima muy elevada, por el contrario, se caracteriza por una imagen propia positiva dotada de submodalidades visualmente muy intensas en su forma. Cuando Jean completó, por ejemplo, «La autobiografía», un ejercicio de PNL que aprenderás en este capítulo, pudo por fin verse de modo distinto a sí misma. Se vio completa, en tamaño real, sonriente y radiante en su confianza en sí misma. Esta imagen propia adquirió la intensidad de una película de gran formato, brillante y en color. Esta combinación generó en ella sentimientos de elevada autoestima. Hoy no tan sólo se siente bien consigo misma, sino que se encuentra en el camino hacia la libertad financiera que anhela.

La estructura de la autoestima: variaciones en forma y contenido

Puesto que el contenido puede ser positivo o negativo y la forma intensa o débil, disponemos de cuatro variaciones en contenido y forma. Como has visto en el ejemplo de Jean, las estructuras subjetivas correspondientes a la autoestima muy elevada y muy baja son las siguientes:

1. La autoestima muy elevada está constituida por forma intensa y contenido positivo.
2. La autoestima muy baja está constituida por forma intensa y contenido negativo.
3. La autoestima medianamente alta está constituida por una imagen propia positiva, representada en forma muy tenue. En este caso, el débil sentido de autoestima podrá mejorarse modificando simplemente la forma, mediante la intensificación de las submodalidades. La forma de la imagen propia positiva podrá volverse más colorida, grande y brillante, y se convertirá en una película o adoptará cualquier submodalidad que consiga intensificarla. El contenido positivo seguirá siendo el mismo, mientras que la forma se intensificará para hacerla más poderosa.
4. La autoestima medianamente negativa está constituida por una imagen propia negativa, representada en forma muy tenue. En este caso, deberán modificarse tanto la forma como el contenido. En primer lugar, la imagen propia negativa podrá convertirse en positiva cambiando el contenido aparente, para incrementar luego el poder del impacto mediante el cambio en la forma de lo que se ve.

Las imágenes propias que mantenemos en nuestra mente pueden ser intensamente negativas, intensamente positivas, o estar en cualquier punto entre ambas. Con tus conocimientos de PNL sobre el impacto de las submodalidades y del contenido, la elección es tuya.

El ejercicio siguiente te proporciona un ejemplo más de

cómo nuestros propios pensamientos, hechos de imágenes, sonidos y sensaciones, pueden generar un comportamiento audaz y conducirnos a la independencia, al logro y a la libre elección, o acobardarnos y hacernos ineficaces. Lo que marca la diferencia es la capacidad personal para cambiar dichos pensamientos, la propia imagen. Cuando sabes cómo modificar deliberadamente estas representaciones internas de ti mismo, cuando sabes cómo cambiar por decisión propia, puedes sin duda mejorar eficazmente tu nivel de autoestima.

Ejercicio 34
Desarrolla tu autoestima

1. *Propia imagen.* Tómate un momento para obtener una imagen mental de ti mismo. Piensa simplemente en cómo te ves. ¿Es la forma mediana o fuertemente intensa?

2. *Ajusta el contenido.* ¿Es el contenido de la imagen positivo o negativo? Detecta cualquier distorsión física y obsérvate a ti mismo como realmente eres. Observa lo que parezca negativo de esta imagen y transfórmalo en una representación positiva, pensando en algún aspecto más positivo que el que ves representado. Por ejemplo, si te ves moviéndote lentamente y lo asocias con que eres corto de reflejos o tiendes a dejar las cosas sin hacer, comprende que tomarse tiempo significa también no obrar impetuosamente y reflexionar concienzudamente antes de actuar.

Utiliza cualquiera de los métodos que has aprendido en este libro para convertir el contenido de tu propia imagen en una fiel y positiva representación de tus puntos fuertes y tus mejores habilidades, actitudes y capacidades. Contémplate a ti mismo completo y total, tal como te sientes cuando has logrado algún objetivo muy deseado.

3. *Ajusta la forma.* Deja ahora que esta imagen se convierta en una película en dimensiones, de gran formato, brillante, cercana y llena de colorido. Habrás descubierto ya qué submodalidades puedes utilizar para hacer que esta imagen te resulte aún más poderosa y motivadora.

4. *Comparas.* ¿Qué diferencias notas al comparar la imagen

propia que acabas de crear con la que acudió a tu mente al principio del ejercicio? La mayoría de personas que se toman el tiempo necesario par realizar este sencillo ejercicio descubren que su autoestima se ve profundamente afectada por las diferencias de forma y contenido entre las imágenes que tienen de sí mismas. Cuando estas imágenes son tanto positivas como intensas, sienten una mayor autoestima.

Cómo puede cambiar tu vida la autoestima

Tú no eres fundamentalmente distinto de las personas que mantienen una alta autoestima. No es que nunca se sientan tristes, disgustadas o deprimidas. Experimentan estos estados emocionales desagradables de vez en cuando. Por supuesto, las personas que se aprecian a sí mismas son también humanas. La diferencia estriba, simplemente, en que son conscientes de que sus emociones les proporcionan información muy importante sobre cómo están viviendo su vida. Se toman muy en serio esta información procedente de sus emociones para realizar los cambios oportunos en su forma de pensar y, en consecuencia, de actuar. Desde la perspectiva de la PNL, puedes ver tus emociones como una fuente de realimentación (*feedback*), que te brinda la oportunidad de cambiar tu vida, tus representaciones mentales o ambas cosas.

Por ejemplo, un joven hombre de negocios llamado Fred se dio cuenta de que, sin saber por qué, no llegaba a sentirse a gusto consigo mismo. Hacía poco tiempo había empezado a sentirse triste y deprimido. Algunos amigos le aconsejaban consultar a un psiquiatra, mientras que otros le recomendaban tomarse unas largas vacaciones. Otros, en cambio, le aseguraban que lo que le convenía era entregarse por completo a su trabajo. Este estado de cosas se prolongó durante una semana. Cuando Fred se percató de que no era probable que sus sentimientos cambiaran por sí solos, decidió tomar el mando de su vida emocional. Ahí fue donde empezó a utilizar sus emociones como fuente de realimentación.

Lo que hizo fue comparar sus sentimientos depresivos y de tristeza con sus sentimientos hacia el trabajo, la casa y sus relaciones íntimas. Al hacerlo, se dio cuenta de que amaba la vida que había creado. Su vida privada era rica y satisfactoria. Los sentimientos de pesar no podían, pues, proceder de su estilo de vida o de sus relaciones.

Como tenía algunas nociones sobre cómo enfocaba la PNL las reacciones emocionales, observó la representación interna de su depresión, descubriendo que estos sentimientos procedían de una imagen concreta que veía en su mente. Había creado inconscientemente la imagen de un gran muro negro, situado justo frente a él. Esta imagen era la fuente de sus emociones negativas y hacía que se sintiera triste y ligeramente deprimido.

Una vez que adquirió conciencia del gran muro negro, utilizó sus habilidades en PNL para cambiar simplemente de negro a blanco el color del muro, lo que, en su caso, tuvo como resultado que se derrumbara ante él, quedando reducido a polvo y dejándole con una nueva sensación de apertura, fuerza interior y seguridad. Este simple procedimiento fue todo lo que precisó para obtener los resultados que deseaba.

Repetimos una vez más que, con las técnicas y procedimientos de PNL, cuando una persona que se autoestima se siente mal, sabe que dispone de los medios para cambiar de la forma adecuada y a voluntad sus representaciones mentales, su vida emocional y, en consecuencia, su comportamiento. El secreto de estas personas consiste en disponer de esta capacidad para cambiarse a sí mismos si quieren y cuando quieran.

Ser contra hacer

John Bradshaw, autor de *Healing the Shame That Binds You* [Curar la vergüenza que te amarra], ha dicho: «Eres un ser humano, no un hacer humano; eres un ser humano, no un resultado humano».[1] Cuando aprendes a separar quién eres de qué haces, puedes empezar a darte cuenta de que tu ser es fundamentalmente bueno. Es tan sólo tu comportamiento –el modo en el que actúas–, el que resulta efectivo o ineficaz para conseguir los resultados que de verdad deseas. Saber que tú no eres tu comportamiento evita muchos sentimientos turbadores como el remordimiento, la autoinculpación y la vergüenza, y libera toda tu energía para examinar cómo vives y cambiar los comportamientos y las respuestas que no te satisfacen.

Las imágenes propias de muchas personas utilizan únicamente la posición del *observador*. Se ven a sí mismas como lo haría un espectador externo. Puede resultar muy útil enriquecer tu imagen propia con perspectivas de *otros*. Una perspectiva del *otro* particularmente útil consiste en verte a través de los ojos de quien te ama. Las demás personas nos ven a menudo de modo diferente a como lo hacemos nosotros mismos, mientras que aquellas que nos aman ven a menudo cosas en nosotros que quizá nunca veríamos por nosotros mismos.

Eileen, una mujer de negocios que trabaja por su cuenta, participó en un seminario de PNL sobre autoestima. Cuando llegó al seminario, no podía creer que la gente la amara por ella misma. Al verse desde la perspectiva de otra persona, de alguien que ella sabía que la amaba realmente, pudo ver más allá de su comportamiento su propia esencia, lo que realmente era. Nunca antes lo había hecho. Quizás el mayor impacto de haberlo hecho sea que ahora se gusta mucho más a sí misma, se acepta como es y lo que es. Dijo: «Soy mucho menos crítica conmigo misma. Me siento más cómoda y relajada conmigo y con los demás. Ello afecta indudablemente tanto a mis negocios como a mis relaciones».

Otro ejemplo de utilización de este proceso proviene de un consultor empresarial y de negocios con mucho talento. Trent se encuentra ahora inmerso en un proceso de expansión de sus negocios en el extranjero. También en su caso, y tras verse a través de los ojos de alguien que le ama, afirmó que había conseguido desarrollar amor por sí mismo en áreas que nunca hubiera considerado posibles, e incluso en otras que ni tan sólo sabía que necesitaba. Dijo: «Creó una plenitud de ser en mi personalidad y en mi cuerpo; una integración. El amor por uno mismo existe realmente. Este proceso ha significado un impulso increíble en mis negocios, y afectará sin duda a cada una de las restantes áreas de mi vida».

El siguiente ejercicio, titulado «La autobiografía», está adaptado del libro de PNL *Solutions*, de Leslie Cameron-Bandler,[2] y te proporciona la rica experiencia de verte como te ve alguien que te ama. Puedes utilizarlo de diversas maneras, pero algunas funcionan mejor que otras. Podrías, por ejemplo, leerlo simplemente una vez, pensando que con hacerlo ya es suficiente. Este sería tal vez el método menos efectivo. Una opción mejor podría consistir en memorizar el procedimiento general, encontrar un tiempo y un lugar adecuados en que sepas que no serás molestado y recordar mentalmente todo el ejercicio. Un modo aún más efectivo consistiría en grabar el ejercicio en cinta magnetofónica con tu propia voz y realizar todo el proceso cuando dispongas del tiempo necesario. Un método más, probablemente el mejor, podría consistir en pedirle a un amigo de confianza que te lo lea en voz alta, deteniéndose para que puedas completar cada uno de los pasos, y reanudando la lectura cuando se lo indiques. De este modo puedes disfrutar de la experiencia, sabiendo que tendrás alguien de confianza con quien compartirla cuando termines.

Ejercicio 35
La autobiografía

1. *Relájate por completo.* Busca un lugar cómodo y tranquilo para realizar este ejercicio, quizá tu silla favorita. Es más aconsejable que permanezcas sentado que tumbado. Debes estar muy relajado y permanecer a la vez alerta y atento.

Relájate ahora... respira... deja que tu cuerpo se relaje. Respira lentamente... profundamente... plenamente... puedes hacer ruido al respirar. Imagina que aspiras el aire por las plantas de los pies... sube por tus piernas hasta los pulmones. Llena tu cuerpo de aire bueno, fresco. Mientras respiras cómodamente, lentamente, profundamente, piensa en cómo debe ser apreciarte de verdad tal y como eres.

A medida que sientas que tu cuerpo se relaja, libera también cualquier tensión física o emocional. Tómate un instante para reconocer tu cuerpo y liberarte de cualquier sensación de contención que notes. Líbrate de ella por completo.

2. Piensa en alguien que te ama. Antes de iniciar el proceso, piensa en alguien que en verdad sabes que te ama. Alguien sobre quien tengas la absoluta certeza de que te ama plenamente: amigo, amante, esposo, esposa, padres, hijos..., quien sea; simplemente observa quién es para el proceso que vas a aprender. Si no puedes pensar en alguien que te ama, piensa en alguien a quien hayas ayudado de algún modo y que sepas que te aprecia profundamente. En cualquier caso, y de momento, observa sólo quién es. Más adelante te resultará de gran utilidad.

3. Escribe tu autobiografía. Imagina ahora que escribes tu autobiografía. Quizás utilices una pluma o un lápiz, una máquina de escribir o un ordenador. Sea como fuere, estás escribiendo tu autobiografía, contando la historia de tu vida. Te sientes cómodo haciéndolo. Puedes sentir la silla y la mesa que usas. Observarás, ahora mismo..., quizá dentro de unos segundos... o quizás un poco más tarde, cómo poco a poco empiezan a acudir a tu mente las palabras que relatan tu vida. Mientras escribes, te das cuenta de que estás pensando en alguien que sabes que te ama... o que te aprecia. Empiezas a pensar con claridad sobre esta persona que sabes que te ama.

4. Ve a la persona que sabes que te ama. Tómate ahora tiempo para darte cuenta de que ves, tras una puerta de cristal al otro extremo de la habitación en la que estás escribiendo tu autobiografía, a una persona, la persona que te ama. Cuando miras hacia esta persona, te das cuenta de que ella también te está mirando, te está observando. Entonces decides describirla en tu biografía, hablar de ella y del papel que ha desempeñado en tu vida. Tómate tiempo para describirla, a lo que ves en ella y a lo que sientes por ella. Incluye incluso lo que te dices a ti mismo interiormente sobre esta persona que sabes que te ama. Escríbelo todo en tu autobiografía. Tómate todo el tiempo que necesites.

5. Obsérvate desde otra perspectiva. Ahora que ya sabes lo que sientes al describir a esta persona que sabes que te ama, abandona con suavidad tu cuerpo en la silla y desplaza tu percepción al otro lado de la habitación, más allá de la puerta de cristal, y observa lo que sientes al estar junto a la persona que te ama. Tómate tiempo para mirar a través de la puerta de cristal y para observarte a ti mismo escribiendo tu autobiografía. Quédate ahí y observa cómo te ves desde esta perspectiva, tras la puerta de cristal. Observa también cuánto te aprecias ahora, cuáles son tus sentimientos presentes hacia ti mismo, mientras te observas a través de la puerta de cristal. Quizá notes mucho autoaprecio o quizá poco. Sea lo que sea, acepta simplemente la experiencia.

6. *Obsérvate a ti mismo a través de los ojos de la persona que te ama.* Ahora, suave y dulcemente, introdúcete en el cuerpo de la persona que sabes que te ama. Tómate el tiempo que necesites para hacerlo de modo fácil y confortable. Cuando estés por completo en el cuerpo de esa persona que sabes que te ama o que te aprecia profundamente, obsérvate a ti mismo con sus ojos mientras escribes tu autobiografía. Obsérvate a través de los ojos de la persona que te ama. Contempla cómo te ves al otro lado de la habitación mientras escribes tu autobiografía. Contempla cómo te mueves y respiras. Tómate el tiempo necesario para apreciar plenamente las cualidades y aspectos concretos de ti mismo de los que te das cuenta, quizá por primera vez, al verte a través de los ojos del amor. Mientras estás en el cuerpo de quien te ama, escucha los pensamientos que tiene sobre ti y siente las emociones que experimenta por ti. Observa el tono de voz de los pensamientos positivos y apreciativos que oyes sobre ti, mientras te observas escribiendo ante la mesa, desde la perspectiva de alguien que sabes que te ama.

7. *Regresa a tu propia perspectiva.* Cuando seas del todo consciente de las cualidades y aspectos concretos de ti mismo que te hacen ser quien eres, deja que tu percepción abandone suave y dulcemente el cuerpo de la persona que sabes que te ama y regresa, a través de la puerta de cristal y de la habitación, a tu propio cuerpo y a tu lugar en la mesa en la que estás escribiendo tu autobiografía.

8. *Escribe sobre tu experiencia.* Tómate tiempo ahora para escribir en tu autobiografía lo que acabas de experimentar, contemplándote a ti mismo a través de los ojos del amor y del apre-

cio. Cuando escribas sobre esta experiencia, asegúrate de que describes varias de las cualidades y aspectos concretos de ti mismo que percibiste al verte a través de los ojos del amor.

9. *Piensa en el futuro.* Mientras escribes sobre esta experiencia en tu autobiografía, empieza a pensar en el futuro, tanto en las experiencias que esperas que se produzcan como en las que se presentarán y te sorprenderán. Piensa en todos los lugares y momentos de tu futuro... mañana, pasado mañana, semanas, meses e incluso años a partir de hoy, en que quieres poder revisar, evocar y recordar esta preciosa experiencia de contemplarte a ti mismo a través de los ojos del amor, profundamente apreciado por tu unicidad y por ser quién eres y lo que eres en el mundo.

10. *Regresa al momento presente.* Empieza ahora a regresar a la plena conciencia presente. A tu ritmo, recupera poco a poco un estado de conciencia despierta y alerta. Regresa al momento y al lugar presentes, sintiéndote mucho mejor que antes. Presta atención a los sonidos de la habitación. Nota las sensaciones de tu cuerpo. Dentro de un momento podrás abrir los ojos y regresar con suavidad a tu plena conciencia del presente. Estira tus brazos y tus piernas. Bienvenido.

11. *Observa los cambios.* Ahora que has tenido la oportunidad de experimentar realmente la autoestima que se resiste a tantas personas, tómate tiempo, por favor, para observar con tranquilidad hasta qué punto este ejercicio ha cambiado tu percepción interna de ti mismo, de maneras sutiles y quizá no tan sutiles. Observa cómo puedes ahora verte a ti mismo desde una perspectiva nueva, más apreciativa y amorosa. La experiencia que acabas de vivir te ha proporcionado un profundo autoaprecio que constituye frecuentemente el primer paso hacia el aliento y apoyo incondicional a ti mismo.

Autovaloración paso a paso

Una buena definición de la persona con autoestima es la de alguien capaz de ver la gran película, incluyendo a su realizador.

Esto es exactamente lo que has hecho en el ejercicio de la auto-biografía: contemplarte a ti mismo desde una perspectiva singu-larmente amante. Te has visto a través de los ojos del amor.

Verte a ti mismo dentro de la gran película desde esta pers-pectiva de reconocimiento te ayuda a aceptarte más plenamente tal como eres. Te resulta así más factible librarte de gran varie-dad de luchas internas innecesarias y aceptar y amar el hecho de que un árbol es un árbol, una flor es una flor y tú eres quien eres y lo que eres.

No hace mucho, un consultor profesional próximo a cum-plir los cuarenta años siguió un curso sobre los fundamentos de la PNL. Quería descubrir por sí mismo si esta tecnología estaba a la altura de lo que había leído y escuchado sobre ella. Durante el curso participó de forma activa en el ejercicio que acabas de aprender. Más tarde dijo: «No tenía ni idea del poder de verme a mí mismo a través de los ojos del amor. Veo ahora cosas de mí mismo que nunca supe que existían. Me siento realmente mucho más en contacto con mi valía personal y con el impacto que causo en las demás personas. Esta experiencia será válida para todas las facetas de mi vida. Nunca la olvidaré».

Incluso después de emplear esta técnica una sola vez puedes darte cuenta de lo mucho que aumenta tu autoaprecio. Puesto que de este modo la misma base de tu autoaprecio mejora y se amplía, tómate por favor el tiempo que necesites ahora para ase-gurarte de que preservas para el futuro todas las formas de pen-sar sobre ti mismo que puedan permitirte desarrollar nuevos y mejores aprendizajes y comprensiones, a medida que continúas abriéndote a una autoestima cada vez mayor. Prométete a ti mismo repetir pronto el ejercicio con otra persona que sepas que te ama, de modo que puedas seguir beneficiándote de ella.

Distínguete de los demás

Otro aspecto de la autoestima es el reconocimiento de la propia individualidad. La persona con autoestima tiende a utilizar afir-maciones en primera persona –«yo»– más que en segunda

–«tú»– o en plural –«nosotros»–. Una persona con autoestima te dirá: «Me siento espléndidamente hoy», en lugar de: «¿Sabes?, a veces uno se siente bien» o «Qué día más espléndido». Ello se debe a que se distingue a sí misma con facilidad de las demás personas, cosas y conceptos.

Las afirmaciones en primera persona te aseguran la propiedad sobre tus experiencias, deseos y necesidades, lo que te da fuerza para defender tu identidad y reconocer lo que sientes y lo que quieres. Desde la autoestima puedes afirmar: «Soy yo mismo. Soy esta persona y no otra. Me amo a mí mismo, imperfecciones incluidas».

La persona con autoestima cree también en los derechos de los demás y les permite y les anima a que tengan su propia identidad, a que expresen lo que sienten y lo que quieren. La autoestima te permite tener diferencias, expresarlas y vivir según ellas. Desde la autoestima te sientes seguro siendo tú mismo, tal y como eres. Te sientes seguro de ser quien eres, un individuo único con sus propias ideas, sentimientos, objetivos y valores. Ser un individuo único significa ser capaz de expresarte a ti mismo, lo que puede resumirse en la capacidad para decir sí y no.

Sin la capacidad para decir no, todos tus «sí» carecen básicamente de sentido. Si te sientes obligado a decir sí, careces de elección y, por lo tanto, de la autoestima que nace de ser capaz de elegir tu vida.

Lo mismo sucede si te sientes obligado a decir «no» a todo lo que se te presenta. En cualquier caso, tanto si tu condicionamiento es a decir siempre que sí como si lo es a decir que no, ambas compulsiones conducen a la falta de elección y, por lo tanto, a la baja autoestima.

Se habla mucho hoy en día de una determinada carencia de capacidad de elección denominada «conducta codependiente». La Primera Conferencia nacional Sobre la Codependencia que tuvo lugar en Estados Unidos, en 1989, en Scottsdale, Arizona, definió la codependencia como un «patrón de dependencia de conductas compulsivas y de aprobación externa, en un intento de encontrar seguridad, valía e identidad». Valía e identidad son simplemente otros términos para autoestima. Está claro que la baja autoestima, el dar escaso valor al propio ser, conduce a un número cada vez más reducido de opciones. Esta falta de opciones caracteriza con frecuencia la codependencia y otras conductas adictivas o compulsivas.

Es interesante porque cuando una persona siente que tiene poco o ningún valor, tiende a perder o ignorar muchas de las opciones a su alcance. Esta falta de elecciones conduce a su vez a la repetición de conductas, por más que éstas no resulten efectivas. Las conductas ineficaces conducen a su vez a menos éxitos en la vida, lo que lleva al sentimiento de no-valía, con lo que se cierra el círculo vicioso de la baja autoestima.

Una mujer de negocios de mediana edad llamada Claire relataba, por ejemplo, que había tomado hacía poco algunas decisiones importantes para crear una mayor independencia en su vida, a pesar de lo cual se sentía completamente fracasada. Afirmaba estar segura de ser codependiente porque, cuando se encontraba a solas, no se sentía ni cómoda ni productiva. A pesar de que intentaba todo lo que se le ocurría para mejorar su autoestima, se sentía siempre fracasada, literalmente, en todas las facetas de su vida. Sentirse así hacía que jugara sólo sobre seguro. En consecuencia, producía menos, por lo que recibía menos reconocimiento, tanto de sí misma como de los demás, y de este modo aumentaba su sentimiento de no valer nada.

En el plano intelectual, Claire sabía perfectamente que no era ninguna fracasada. Muchas personas habrían cambiado con gusto su situación en la vida por la de ella. Sin embargo, en su interior, en el plano emocional, seguía convencida de su nula valía.

Cuando se tomó tiempo para seguir la pista de sus sentimientos de baja estima hasta sus representaciones mentales, descubrió una enorme e impresionante imagen de su madre sacudiendo la cabeza, en señal evidente de desagrado y desaprobación de su conducta. Claire se dio cuenta de que tanto su sensación de ser un completo fracaso como la falta de opciones que esta sensación engendraba estaban directamente relacionadas con esta imagen. Existen múltiples enfoques terapéuticos para tratar las raíces históricas de semejantes imágenes, algunos de los cuales pueden ser útiles para transformarlas en algo menos negativo. Con la PNL, sin embargo, disponemos de muchas formas para transformar directamente una imagen molesta. Utilizando submodalidades, Claire descubrió que podía cambiar el tamaño de la imagen de su madre. Cuando la hacía grande se sentía peor, y mucho mejor cuando la hacía más pequeña. Después de experimentar en este sentido, descubrió que haciendo la imagen de su madre pequeña, distante, borrosa, sin relieve y en blanco y negro, ésta ya no la afectaba. Así alejó la imagen que le hacía sentirse mal, aunque no la substituyó de manera automática por algo más positivo. Dejar de sentirse mal no era suficiente; quería sentirse realmente bien. Para conseguirlo, aprendió el patrón de substitución, desarrollado por Richard Bandler.[3]

El patrón de substitución

He aquí un ejemplo de cómo funciona el patrón de substitución, así como de la inmediatez de su efecto. Durante una breve presentación de PNL ante una audiencia especialmente interesada, surgió el tema de la realización personal y del miedo a hablar en público. Las encuestas demuestran que el miedo a hablar en público es el número uno en Estados Unidos. El número de personas que reconocen tener miedo a levantarse y hablar ante una audiencia es muy superior al relacionado con cualquier otro miedo, incluyendo las alturas, los perros, la oscuridad y la muerte.

En el transcurso de la discusión, Tom, un hombre de negocios de mediana edad, levantó la mano. Dijo que tenía pánico a hablar en público. Lo había tenido siempre y ello le había impedido participar en determinadas funciones profesionales. Cuando pensaba en la posibilidad de tener que dirigirse a una audiencia, sentía malestar y ansiedad, lo que mermaba constantemente sus posibilidades para alcanzar objetivos. Incluso desde la seguridad de su asiento, le costaba mucho expresar sus problemas y necesidades. Cuando se le preguntó si no le importaría ser objeto de una demostración, respondió que no podía, ya que le resultaba del todo imposible levantarse y ponerse ante la audiencia. Tom era un caso ideal para demostrar el patrón de substitución, ya que, al final del proceso, resultaría muy fácil comprobar su resultado, pidiéndole simplemente que se expresara ante la audiencia.

El monitor de PNL pidió a Tom, que permanecía sentado en su butaca, que se representara en su mente lo que pensaba sobre hablar en público. Tom dijo que veía una imagen grande y brillante de muchas personas que le miraban. Curiosamente, todas ellas tenían ojos del tamaño de bombillas. Al ver esta imagen, se le secaba la boca y se le encogía el estómago.

Acto seguido, el monitor ayudó a Tom a crear una imagen positiva de sí mismo, un «Tom maravilloso», la clase de persona que respondería ante una audiencia de modo muy distinto a como hacía él. Luego, mientras la audiencia miraba, escuchaba y aprendía, Tom colocó esta imagen positiva de sí mismo en un punto luminoso situado en el centro de su imagen de la audiencia con ojos de bombilla, substituyendo rápidamente una imagen por otra, haciendo que la imagen del «Tom maravilloso» se convirtiera en grande y brillante. Se le indicó luego que repitiera mentalmente el proceso diez veces sobre una pantalla en blanco, acabando siempre con la pantalla en blanco y haciéndolo más rápido cada vez.

Cuando el monitor quedó convencido de que Tom había seguido con atención y a conciencia varias veces el patrón de substitución, le invitó a ponerse ante la audiencia y a hablar de los resultados. Tom se levantó, anduvo hasta situarse cómodamente frente a la audiencia y dijo, algo sorprendido, que se sentía muy a gusto hablando en público. La audiencia rompió en un gran aplauso.

El patrón de substitución no trata tan sólo del comportamiento autoderrotista y demás obstáculos a la autoestima, también orienta el cerebro hacia más y más autoestima, permitiéndote avanzar hacia un futuro más brillante. Este patrón trata a un mismo tiempo las preocupaciones y los asuntos pasados, presentes y futuros relacionados con la autoestima, puesto que esta imagen del «tú maravilloso» construye literalmente una parte de imagen propia positiva.

Mary, una mujer de 42 años de edad que se estaba preparando como terapeuta, empleó el patrón de substitución para resolver una cuestión pendiente que la había acompañado toda la vida. Una rabia y un miedo no resueltos, relacionados con el hecho de que su padre la abandonara siendo niña, le impedía ser ella misma y alcanzar su pleno potencial. Cuando se puso a pensar sobre qué era lo que le impedía dar lo mejor de ella misma, se percató de pronto de la imagen del puño de su padre precipitándose hacia ella. Junto con esta imagen, oía su voz que decía: «No te quiero». Esta combinación de imagen y voz resultaba más que suficiente para generar profundos sentimientos de no-valía, acompañados de rabia y miedo.

Como en el caso de Tom, se le pidió a Mary que se tomara todo el tiempo que necesitara para crear una imagen visual de sí misma como si ya fuese la persona que había resuelto su conflicto con las actitudes, creencias y actos de su padre. Luego Mary convirtió esa imagen en un punto brillante en el espacio, que situó en el centro de la imagen del puño de su padre. Substituyó rápidamente la imagen del puño por la de la «Mary maravillosa», haciendo que ésta se volviera grande y brillante, hasta ocupar por completo su visión mental. Cada vez que substituía la imagen del puño de su padre por la de la «Mary maravillosa», se escuchaba a sí misma diciendo: «Me siento bien conmigo misma». El sonido de la voz de la «Mary maravillosa» resonaba en su cabeza. En pocos minutos, Mary había realizado el patrón de substitución varias veces, experimentando una profunda transformación interior.

Meses después de esta experiencia, Mary escribió: « Disfruto ahora de libertad y gozo interior y me veo a mí misma viva y radiante en el futuro. Al verme así, siento una mayor fuerza para vivir el presente. Experimento un profundo amor por mí misma». Su relación consigo misma y con el recuerdo de su padre había cambiado por completo. Poco después de esta experiencia transformadora, se independizó profesionalmente y cortó una larga e improductiva relación sentimental con un hombre casado.

Te invitamos ahora a seguir este proceso de aprendizaje y profundo cambio personal realizando el ejercicio siguiente.

Ejercicio 36
El patrón de substitución

Tómate todo el tiempo que necesites para completar cada paso de este ejercicio a conciencia, cómodamente, con facilidad y según tu propio ritmo.

1. *Identifica la imagen clave.* Piensa en algún momento de tu vida en el que hayas sido particularmente duro contigo mismo, en el que te faltara la autoestima. Alguna ocasión, reciente o lejana, en la que no tuvieses la autoestima suficiente para dar los pasos necesarios hacia la realización personal que en verdad deseabas. Una situación en la que no te sentiste capaz de ser lo mejor que podías ser. O quizá prefieras pensar en algo que estés anticipando, algún acontecimiento futuro que, al pensar en él, te hace sentir intranquilo o desesperado.

Introdúcete realmente en esa experiencia, viendo lo que ves, sintiendo lo que sientes y escuchando lo que escuchas. Deja que se intensifiquen incluso estos sentimientos desagradables que asocias con ese momento de tu vida. A medida que estas sensaciones se hacen más fuertes dentro de ti, observa en qué parte de tu cuerpo las notas con mayor intensidad.

Siempre consciente de estos sentimientos, observa lo que ves en tu mente. Percibe qué imagen asocias con estas sensaciones. Quizás esta imagen tenga sentido para ti, quizá no. En todo caso, observa lo que ves en tu interior. Fíjate también en lo que oigas, algo que quizá te dicen o te dices tú mismo y que contribuye también a estas desagradables sensaciones.

Deja a un lado ahora temporalmente esta imagen y estos sonidos desagradables.

2. *Distracción.* Para ayudarte a dejar esta experiencia a un lado, repite en voz alta tu número de teléfono. Ahora, para distraerte y divertirte un poco, intenta repetir tu número de teléfono, pero esta vez en sentido inverso.

3. *Crea una imagen propia llena de recursos.* Tómate ahora uno o dos minutos para crear frente a ti una imagen de ti mismo, tal como te gustaría ser tras haber resuelto la cuestión que afecta a tu autoestima. Se trata de un «tú» futuro, un «tú» que ha apren-

dido ya el modo de resolver este asunto que te disturba. Este «tú» futuro ha solucionado ya la cuestión, empleando métodos que aún desconoces. Sabe que tú también lo conseguirás, porque él ya lo ha logrado. Se trata de un «tú» que ha pasado por todo lo que tú has pasado, y un poco más. Piensa en ti con amor y cariño y sabe que triunfarás.

Contempla este «tú maravilloso» frente a ti; una imagen grande, brillante y colorida de ti mismo, llena de recursos para manejar la cuestión que tanto te ha bloqueado. Un «tú» que dispone de múltiples opciones a su alcance, de muchas formas distintas de solucionar lo que sea que vieras en tu imagen perturbadora. Asegúrate de que este «tú maravilloso» no sea perfecto, y de que tenga sentido del humor.

Más importante aún, observa cómo te sientes profundamente atraído por ella o él. Sólo mirándola, experimentas un fuerte deseo de convertirte en esa persona. Si no te sientes profundamente motivado a volverte lo más parecido posible a esta imagen del «tú maravilloso», tómate todo el tiempo que necesites para hacer que esta imagen sea más real, más creíble y más parecida a quien quieres ser. Puedes hacerlo enriqueciendo sus submodalidades. Puedes, por ejemplo, hacer la imagen mayor, más brillante, con más colorido y con movimiento. Otra forma de crear un «tú» motivador consiste en formularte la siguiente pregunta: «Si la imagen del "tú maravilloso" fuera poderosamente motivadora, ¿cómo sería?». Este tipo de pregunta «si-cómo» le permitirá inmediatamente a tu cerebro generar una imagen mucho más atractiva de este «tú» motivador.

Ahora que ya te atrae con fuerza la idea de convertirte en este «tú maravilloso», observa que, con voz sincera y honesta, dice: «Me siento bien conmigo mismo». Las palabras «Me siento bien conmigo mismo» vienen hacia ti y rodean tu cabeza, envolviéndola por completo. Escucha las palabras alrededor de tu cabeza... resonando ligeramente como si tu cabeza estuviera dentro de una gran campana de oro. Mientras escuchas una y otra vez las palabras «Me siento bien conmigo mismo», deja que los buenos sentimientos te bañen y te inunden.

4. Practica la expansión de la imagen propia llena de recursos.

Toma ahora la imagen del «tú maravilloso» y colócala en un diminuto punto luminoso en el espacio frente a ti. Deja que florezca y crezca rápidamente, hasta que ocupe todo el campo visual de tu mente y puedas ver a este «tú maravilloso»... justo delante de ti... grande, brillante y lleno de color. Escucha cómo repite, de manera franca y sincera: «Me siento bien conmigo mismo»... Estas palabras rodean tu cabeza, como si estuvieras dentro de una gran campana de oro, mientras los buenos sentimientos te bañan y te inundan. Contempla ahora una pantalla en blanco en tu mente, como la de un cine justo antes de empezar la proyección. Repite este proceso varias veces, hasta que se vuelva automático.

5. *Coloca la imagen propia llena de recursos dentro de la imagen clave.* Sitúa ahora este diminuto punto luminoso en el centro de la imagen clave que has descubierto en el Paso 1.

6. *Intercambia las imágenes (substitúyelas).* Como en un fundido cinematográfico, deja ahora que la imagen desagradable se desvanezca y se desintegre, mientras que el punto luminoso que contiene la imagen del «tú maravilloso» se hace mayor y más brillante con rapidez, hasta que... la imagen del «tú maravilloso» sobrepasa a la desagradable, ocupando todo tu campo de visión mental, de tal modo que no ves más que este «tú maravilloso». Mientras ves esta imagen de ti mismo, grande, brillante y llena de color justo frente a ti, repitiendo: «Me siento bien conmigo mismo»..., sientes cómo estas palabras rodean tu cabeza con un ligero eco..., como si tu cabeza estuviera dentro de una gran campana de oro... y los buenos sentimientos te bañan y te inundan.

7. *Contempla una pantalla en blanco.* Contempla ahora una pantalla en blanco en tu mente, como la de un cine justo antes de empezar la proyección.

8. *Repite diez veces.* Repite ahora los pasos 4-6 un poco más rápido. Sitúa el diminuto punto luminoso en el centro de la imagen desagradable. A medida que ésta se desvanece y se desintegra velozmente, observa cómo tu propia imagen se hace rápidamente mayor y más brillante, mayor y más brillante, hasta que... la imagen del «tú maravilloso» substituye por completo a la desagradable. Este «tú maravilloso» es grande, brillante y lleno

de color y dice: «Me siento bien conmigo mismo»... y estas palabras rodean tu cabeza con un ligero eco... como si tu cabeza estuviera dentro de una gran campana de oro... y los buenos sentimientos te bañan y te inundan. Luego ves una pantalla en blanco, como la de un cine antes de empezar la proyección.

Repite el proceso cuatro veces más, aumentando en cada una de ellas la velocidad. Repítelo luego tres veces más y comprueba que ves la pantalla en blanco al final de cada una de ellas. Para terminar, repite el proceso dos veces más, tan rápido como puedas. Al hacerlo realmente rápido, quizá no percibas de manera consciente el cambio de posición de las imágenes. Hacerlo diez veces será más que suficiente para la mayoría de personas. Sin embargo, a otras les basta con una o dos veces, mientras que algunas pueden necesitar hasta veinte veces o más. Sean las que fueren, repítelo tanto como sea necesario, hasta que dejes de notar las sensaciones desagradables.

9. *Multiplica la imagen propia llena de recursos.* Puesto que la autoestima es una impresión objetiva y favorable sobre ti mismo que influye en todas tus experiencias, te resultará de la máxima utilidad ver esta imagen positiva de ti mismo mires donde mires: pasado, presente o futuro. Imagina que puedes sostener físicamente al «tú maravilloso» en tus manos. Extiende tan sólo tus manos y tómalo entre ellas. Cuando lo toques, empezará a brillar. Multiplica ahora esta imagen haciendo miles de «tús maravillosos», uno tras otro, como en un inmenso mazo de cartas, relucientes y en color.

Deja ahora una de esas imágenes frente a ti y lanza todas las demás al espacio. Mira cómo van descendiendo, depositándose en círculos concéntricos alrededor de ti hasta allí donde alcance tu visión, en todas direcciones... en tu pasado, tu presente y tu futuro. Imagina que ves círculo tras círculo de imágenes del «tú maravilloso» y que todas ellas repiten a coro, con amor y sinceridad: «Me siento bien conmigo mismo»... mientras que los buenos sentimientos te bañan y te inundan.

10. *Comprueba tu trabajo.* Ahora que ya has repetido este proceso varias veces, es importante que compruebes el resultado de tu trabajo. Tómate un momento para observar qué sientes al

intentar evocar en tu mente esa desagradable imagen inicial. Si no consigues experimentar los sentimientos desagradables que te causaba o incluso te cuesta evocarla, es que has triunfado.

Si te quedara algún sentimiento desagradable al evocar dicha imagen, basta con que repitas el proceso prestando atención a cada paso hasta que estos sentimientos desaparezcan.

El patrón de substitución constituye un medio muy simple y eficaz para crear una imagen objetiva y favorable de ti mismo que produzca resultados inmediatos en situaciones específicas problemáticas. Una de las prestaciones más interesantes de esta técnica es que no sabes de antemano qué harás exactamente la próxima vez que te encuentres en una situación similar a otra que te haya resultado conflictiva. Mientras que muchos de los procesos de PNL crean una serie específica de conductas para tratar con determinado tipo de situación, el patrón de substitución deja que la mente inconsciente de la persona trate creativamente con la situación, en una espléndida confirmación de la presuposición de PNL que nos dice que *las personas están dotadas de todos los recursos que necesitan.*

Otra particularidad del patrón de substitución consiste en que crea una imagen propia motivadora muy poderosa de quién quieres ser. Esta poderosa motivación dirige y organiza todos tus recursos conscientes hacia la situación problemática e imagina cómo tratar con ella. La imagen propia que generas con el patrón de substitución influye también sobre todas tus experiencias pasadas, presentes y futuras.

El patrón de substitución aquí presentado utiliza el tamaño y el brillo para intercambiar las dos imágenes. Puedes emplear también combinaciones de blanco y negro/color, lejano/próximo, unidimensional/tridimensional, película/imagen fija o cualquier otra pareja de submodalidades para intercambiar imágenes. Puesto que cada persona responde mejor a determinadas submodalidades, tal vez alguna de estas combinaciones te resulten más eficaces que la presentada aquí. También es posible adaptar el patrón de substitución al sistema auditivo, intercambiando un sonido clave por la voz de la imagen propia positiva.[*]

Miedo a la crítica

Para la mayoría de personas, el miedo a la crítica constituye uno de los mayores obstáculos a ser simplemente ellas mismas. Puesto que nuestras relaciones con los demás constituyen la fuente de nuestros mayores gozos —así como de otras cosas tan importantes como el alimento y el trabajo—, todos experimentamos la necesidad de encajar y llevarnos bien con los demás. Para protegernos de la crítica ajena, a menudo nos reprendemos y criticamos a nosotros mismos. Habrás escuchado en alguna ocasión una voz interior que te dice que no podrás realizar determinada tarea, que no estás capacitado para actuar a cierto nivel o simplemente que eres tonto e incompetente. Todos lo hacemos en ocasiones. En el capítulo anterior te enseñamos algunas estrategias para tratar con estas voces autocríticas.

Transforma la timidez

La incómoda timidez es un estado mental poco práctico, muy relacionado con la autocrítica y debido por lo general al hecho de sentirse criticado o «despreciado» por otras personas reales más que por una voz interior crítica. Muchas personas se sienten cohibidas al descubrir que son objeto de las críticas de otra persona. Otras, sin embargo, pueden sentirse cohibidas aun estando solas. Que alguien que esté completamente solo pueda sentirse criticado y, en consecuencia cohibido, demuestra con claridad que es nuestro pensamiento y no los factores externos lo que genera la autoestima.

Tómate un momento ahora mismo para realizar el siguiente experimento mental. Piensa en algún momento en el que te sintieras especialmente cohibido. Quizá se trate de una experiencia reciente o de algo que sucedió hace tiempo. En cualquier caso, ve lo mismo que veías, oye lo mismo que oías y siente lo mismo que sentías en aquella ocasión.

Si has conseguido recrear por completo la experiencia de sentirte cohibido, probablemente te estarás sintiendo del mismo modo ahora. Utilicemos esta sensación para introducir algunos cambios. ¿En qué parte de tu cuerpo reside esta sensación de timidez? Tómate unos momentos para localizarla.

Relájate ahora y deja que la sensación de timidez se intensifique poco a poco, hasta que se convierta en una imagen perceptible que puedas visualizar en tu mente. Coge ahora esta imagen y hazla más pequeña, borrosa y en blanco y negro, y aléjala cuanto puedas. ¿Sigues sintiendo lo mismo? ¿Experimentas algo distinto? De momento no trates de valorar lo que sientes, simplemente obsérvalo.

Haz ahora lo siguiente: toma la misma imagen y aproxímala, haz que sea mayor, más brillante y en color. ¿Cómo te sientes ahora? Lo normal es que las personas que realizan este experimento noten un fuerte incremento de su sensación de timidez. Para sentirte más cómodo, vuelve ahora a convertir la imagen en pequeña, lejana, borrosa y en blanco y negro. Cambiando la intensidad de la imagen mediante el uso inteligente de submodalidades, puedes sentirte más o menos tímido. ¿Qué manera de pensar prefieres asociar mentalmente a esta experiencia?

Hábitos de las personas con autoestima

Por lo general, una persona con baja autoestima que no supiera cómo sentirse bien con ella misma reaccionaría a la defensiva si alguien señalara algún defecto en su actuación, en sus valores u objetivos. Se sentiría herida y desamparada si fuera criticada por casi todos. En consecuencia, tendería a «devolver el golpe» verbalmente –trataría de encontrar algún fallo en la otra persona–, en un esfuerzo por mantener su propia autoestima. O quizá se sentiría tan destrozada por el comentario crítico que sería incapaz de escuchar las opiniones de la otra persona. No estaría en condiciones de comprender que todos tenemos nuestra propia y única perspectiva y visión del mundo. No podría comparar objetivamente su opinión con la de la otra persona. Por desgracia, algunas personas con bajos niveles de autoestima llegan incluso a ignorar sus propios sentimientos y valores, tratando de ser «agradables» para complacer como sea a quien las critica, sin importar lo injusto del trato recibido.

Por el contrario, una persona con autoestima alta que se siente bien consigo misma sería capaz, en idéntica situación, de escuchar y evaluar la exactitud del punto de vista de la otra persona. No se sentiría obligada a aceptar o rechazar la perspectiva del otro. Al aceptarse a sí misma tal como es, se sentiría libre para admitir que todos tenemos un modelo distinto e individualmente válido del mundo. Si no obstante se considerara maltratada de algún modo, no experimentaría ningún obstáculo en decirlo con claridad y sin tapujos y en intentar desarrollar una estrategia ganador-ganador, siempre que ello fuera posible.

Se ha dicho que una de las diferencias clave entre los vendedores con éxito y los que no lo tienen consiste en la capacidad para reaccionar de una manera desapasionada ante el reiterado rechazo de ellos mismos y de sus productos. En la práctica cotidiana, el vendedor debe ser capaz de hacer frente y superar de forma eficaz el rechazo, o de lo contrario no podrá permanecer en ventas mucho tiempo. Puesto que los ingresos por ventas están a menudo directamente relacionados con el número de personas con las que se mantiene contacto cada día, quien más rechazo pueda manejar cómodamente, más probabilidades de éxito tendrá.

Utiliza cómodamente la crítica

Has visto ya cómo tu sentido crítico interno puede robarte la confianza en ti mismo. Has aprendido también dos formas distintas para transformar estas voces interiores críticas en aliados positivos: en primer lugar, alineando la localización de una voz en el capítulo 6 y, en segundo reencuadrándola en el capítulo 8. Es importante que aprendas ahora cómo tratar con la crítica externa, puesto que ésta puede resultar asimismo devastadora y se da con frecuencia, tanto en el trabajo como en el hogar.

Tom, el responsable de formación y desarrollo de la organización de un gran banco, se sentía bastante mal consigo mismo debido a algo que se venía repitiendo en su trabajo. Su jefe le criticaba, y él no sabía cómo responder a esta crítica sin ponerse a la defensiva. Se le retorcía el estómago cada vez que era objeto de las críticas de su superior. Se ponía entonces a la defensiva, se deprimía y acababa siendo improductivo el resto del día.

Para solucionar este problema, intentó utilizar una técnica basada en la perspectiva del *observador* del capítulo 7. Retrocedió mentalmente hasta verse a sí mismo y a su jefe, y proyectó una película mental de éste criticándole. Ello le permitió escuchar lo que le decía su superior sin experimentar retortijones ni ponerse a la defensiva. Comparó entonces lo que su jefe le decía que había hecho con lo que él recordaba haber hecho. Su jefe le acusaba de no ser parte del equipo, por haber faltado en algunos momentos a determinadas reuniones. Tom pensó en ello y se dijo: «Pero yo sólo falto a las reuniones cuando no están directamente relacionadas con mi departamento». Al pensar en ello desde esta perspectiva del *observador,* reflexionó: «Sin embargo, debe de parecerles a los demás que no les apoyo; no tienen forma de saber lo que hago cuando no estoy con ellos». Pudo darse cuenta de que parte de la crítica de su jefe era una información útil, sólo que antes no la había podido escuchar porque se ponía enseguida a la defensiva.

Tom reflexionó entonces sobre cómo deseaba responder a su jefe. Elaboró una respuesta adecuada y proyectó una película para ensayar esta nueva interacción con su jefe, prestando suma atención a las reacciones de éste. También se imaginó o bien asistiendo a las reuniones o bien explicando al equipo por qué no lo hacía. Ello le ayudó a programar su mente para seguir el proceso, utilizando de manera positiva la información que su superior le había transmitido con su crítica. Cuando hubo terminado se dio cuenta de que se sentía mucho mejor, tanto en relación consigo mismo como con su jefe.

Reprograma tu cerebro

Lo que Tom no sabía era que, al repensar así su respuesta ante la crítica, había reprogramado su cerebro de tal modo que, en el futuro y ante cualquier crítica externa, daría un paso atrás, evaluaría la crítica, pensaría en una respuesta adecuada, la daría y consideraría el modo de incorporar cualquier información positiva. Tú también puedes reprogramar tu cerebro exactamente como hizo Tom, realizando el siguiente ejercicio.

Ejercicio 37
Responde cómodamente a la crítica

1. *La crítica.* Empieza por recordar alguna crítica reciente ante la que hayas reaccionado mal, una situación ante la que respondieras de modo que no te satisface. Elige una crítica suave para facilitar el aprendizaje de este ejercicio. Retrocede mentalmente hasta el inicio de la experiencia.

2. *Posición del* **observador.** Obsérvate *a ti mismo* a punto de ser criticado por esta persona y observa cómo *ese* «otro tú» se disocia tan pronto como se da cuenta de la crítica. Imagina que cuando este «otro tú» empieza a recibir la crítica, sale de su cuerpo o se protege dentro de una burbuja de plexiglás. También puede servirte visualizar las palabras de crítica dentro de un bocadillo de texto, como en una historieta o un cómic.

3. *La película de la crítica.* Observa cómo ese «otro tú» hace una detallada película sobre el significado de la crítica para entenderla. Si ese «otro tú» carece de suficiente información para poder hacer una película clara, observa cómo pregunta más datos de la persona que emite la crítica, hasta tener una completa comprensión de lo que dice esa persona.

4. *La película de tu experiencia.* Ahora que ese «otro tú» dispone del punto de vista del crítico, observa cómo hace una película de lo que tú recuerdas que sucedió en aquella ocasión y compara a continuación tu película con la de la persona que formuló la crítica.

5. *Compara las películas.* ¿Coinciden ambas películas? Quizá sí, tal vez sólo en parte o quizá nada en absoluto. Después de todo, se trata de posiciones perceptuales distintas. Si no coinciden, obsérvate a ti mismo recabando más datos de la persona

que emite la crítica. Este «otro tú» intenta por todos los medios comprender la crítica.

6. *Elige la respuesta.* Basándote en la comparación de ambas películas que ha hecho el «otro tú», elige una respuesta apropiada. Existen múltiples respuestas posibles, dependiendo de las circunstancias y del grado de coincidencia entre ambas películas. Quizá diga «Lo siento» o «Mi intención era darte a entender que me preocupo por ti» o «Desde mi punto de vista se ve muy distinto». Tal vez responda: «Es una visión interesante de lo ocurrido» o «Quizá lo podría haber hecho de otro modo», o incluso «Gracias por expresarme tu opinión». Observa cómo escoge una respuesta adecuada a esta situación, para que la otra persona entienda que está recibiendo plenamente su comunicación. Mientras te ves a ti mismo respondiendo a la crítica, observa tu reacción. Corrige lo que ese «otro tú» dice y el modo en que lo dice, hasta que te sientas plenamente satisfecho con los resultados.

7. *Planifica el futuro.* A continuación, decide si deseas modificar tu conducta basándote en la información que acabas de recibir. Si es así, obsérvate a ti mismo en una situación similar, utilizando diferentes comportamientos. Este proceso es una manera de programarte a ti mismo, de modo que puedas disponer automáticamente de estos comportamientos cada vez que vuelvas a encontrarte con este tipo de situación.

8. *Practica.* Para asegurarte aún más de que tu respuesta será automática, revisa mentalmente dos o tres situaciones futuras distintas en las que puedas ser criticado y con las que desees poder utilizar esta nueva respuesta. Repite los pasos 1 a 6 del presente ejercicio con cada una de estas situaciones futuras, para que la secuencia sea aún más automática.

9. *Integra.* Cuando hayas terminado, extiende física y realmente tus manos e incorpora en tu interior a esta parte de ti que ha aprendido la nueva estrategia, de modo que todo el proceso de evaluación y respuesta a la crítica se convierta por completo en parte de ti a partir de hoy.

Este proceso para disponer de una cómoda respuesta a la crítica resulta eficaz para desvincularse de ella y descubrir toda la información de valor disponible, sea cual fuere su fuente. También es útil cuando temas que alguien vaya a criticarte o cuando te critiques a ti mismo. Saber que dispones de este proceso para mantenerte abierto a la comunicación y responder de la manera adecuada puede hacer maravillas para incrementar tu autoestima.

El valor de la crítica

Sin la estrategia de respuesta cómoda a la crítica que te proporciona la PNL tal vez te quedes sin opciones para responder a ella. Si intentas reaccionar a la defensiva cada vez que recibes una crítica, quedarás ciego ante cualquier información de valor que la crítica pudiera contener.

Todo comportamiento es útil en algún contexto. Esta importante presuposición de PNL significa que incluso la crítica tiene valor. De hecho, toda crítica contiene información valiosa. Si empleas la estrategia de respuesta cómoda a la crítica y no reaccionas a la defensiva cuando alguien critique tus creencias, tus valores o tu comportamiento, estarás en condiciones de poder escuchar con atención y evaluar con objetividad cuanto te digan, así como utilizar lo que descubras para tus propios fines.

Si la crítica es acertada y eres objetivo con ella, podrás responder dándole cómodamente la razón a tu interlocutor: «Ya veo lo que me quieres decir». Tu reconocimiento no significa, sin embargo, que hayas decidido cambiar algo de ti mismo. Quizá lo hagas, quizá no. La elección es tuya. Lo que has descubierto es que esta persona y tú podéis estar de acuerdo sobre algunas cosas, y que cuando os comunicáis, puedes enfatizar la naturaleza de vuestro acuerdo.

Si crees que, sencillamente, no consigues entender lo que la otra persona quiere decir, puedes pedirle con tranquilidad: «No comprendo lo que me quieres decir. Sé más claro, por favor». Al pedir con objetividad más detalles, aumentas las posibilidades de descubrir más sobre tu interlocutor y sobre ti mismo. Podrás entonces comparar tu experiencia personal con lo que te dice, y descubrir con exactitud dónde coincidís y dónde divergís.

Por último, si no estás de acuerdo con lo que te dicen, puedes manifestar con comodidad tu desacuerdo diciendo objetivamente: «No lo veo así». Habrás descubierto que ambos veis algunos aspectos del mundo de distinta forma. Con esta información en tu mano, estarás mejor preparado para comunicarte con esta persona en el futuro, de modo que te pueda entender mejor. Así son las comunicaciones de una persona con autoestima.

Repasemos lo que has aprendido

En este capítulo te hemos presentado diversos procesos útiles para construir autovaloración y autoestima. En concreto, has aprendido que:

- La autoestima es simplemente el resultado de las imágenes que creas en tu mente y que puedes cambiar: el contenido de la imagen para los sentimientos positivos o negativos, y las submodalidades de la imagen para la intensidad.
- Adoptar la posición del *otro,* experimentar qué se siente siendo alguien que te ama y te aprecia e incorporar estas experiencias a tu propia valoración constituyen poderosos recursos para generar autoestima.
- El patrón de substitución es un modo de construir autoestima positiva y de crear comportamientos nuevos y creativos, destinados a manejar situaciones particularmente conflictivas.
- Puedes proteger tu sentido de autoestima aprendiendo a utilizar la crítica cómodamente, de modo que puedas escuchar la crítica, evaluarla con objetividad y decidir lo que quieres hacer en respuesta a ella.

La autoestima no es algo con lo que se nace, ni algo que nos acontece. Tenemos un papel activo en la creación y el mantenimiento de nuestra autoestima. Crea la mejor para ti mismo.

11

Asegúrate una actitud mental positiva

El impacto de una actitud positiva

Somos muchos los que creemos que conocemos la importancia de una actitud mental positiva, un estado de coherencia mental que nos ayude en los momentos difíciles. Sin embargo, pocos de nosotros la habremos puesto a prueba como lo hizo hace unos doce años el monitor de *NLP Comprehensive* Gary Faris.

Tras participar en un seminario de PNL en Santa Cruz, California, Gary salió a correr. Tenía 38 años y se entrenaba para competir en la categoría máster del cuarto de milla. Ese día decidió correr por un camino rural asfaltado, bordeado por exuberantes campos de alcachofas. Como salido de la nada, un camión que venía detrás de él a 100 kilómetros por hora, y que no le había visto debido a un pequeño cambio de rasante del camino, le embistió. A pesar de que el conductor intentó frenar, el impacto fue terrible y lanzó a Gary a un campo, a casi 40 metros de distancia.

En un primer momento, los médicos de urgencias dudaban incluso de que Gary pudiera sobrevivir. Le practicaron las dos primeras intervenciones quirúrgicas de las seis que llegaría a sufrir. Cuando estuvo fuera de peligro, algunos médicos de urgencias fueron a visitarle. Por una parte le aseguraron que si seguía vivo era gracias a su excelente condición física. Por otra parte, sin embargo, le anunciaron que no podría volver a andar con normalidad, ni por supuesto hacer *jogging* y mucho menos correr.

Durante los dos años siguientes, Gary asistió a recuperación deportiva. Poco a poco reconstruyó su dañado cuerpo, superando tanto increíbles dolores físicos como las dudas de sus médicos. Hoy, Gary corre y se entrena regularmente a nivel de competición.

¿Qué sucedió? De haber estado presente el doctor Bernie Siegel, autor de *Love, Medicine, and Miracles* [Amor, medicina milagrosa], habría dicho que la opinión de los médicos se basaba tan sólo en la evidencia estadística de la que disponían. Cuando Gary estaba ingresado en urgencias, nadie sabía que iba a resultar un paciente excepcional.

Gary es un ejemplo de alguien que ha utilizado la PNL para superar heridas que implican un riesgo para la vida. Ya has visto cómo empleamos la PNL para estudiar a los superrealizadores del mundo, cómo descubrimos las cualidades que hacen posibles los logros de estas personas para enseñarlas después a otras. Gary utilizó los mismos principios para reconstruir su cuerpo, su mente y su espíritu.

Gary había sido siempre un atleta interesado en la condición física deportiva. Tras el accidente, sin embargo, tenía una nueva, personal y extraordinariamente motivadora razón para estudiar la rehabilitación de lesiones deportivas. En lugar de lamentarse por la injusticia de la vida, de preparar una lista de las personas a quienes podía demandar o de barajar altas sumas de indemnización por incapacidad, Gary decidió ir en busca de las características clave de aquellos atletas que hubieran seguido procesos de rehabilitación con éxito. Después de todo, se dijo, cosas así las han sufrido ya otros atletas. ¿Qué hicieron? En concreto, ¿qué hicieron los que se recuperaron por completo? Gary estaba viviendo la presuposición de PNL de que *si una persona puede hacer algo, cualquier otra puede aprender a hacerlo.* Y él estaba decidido a aprender.

Incluso mientras participaba en sus dolorosas sesiones de rehabilitación, hablaba con otras personas que se encontraban en situaciones parecidas. Leyó sobre atletas famosos y sus gestas. Indagó más allá de sus relatos y razones para descubrir las actitudes mentales subyacentes. La tenacidad de sus esfuerzos dio dividendos impresionantes. Con el tiempo, Gary encontró seis patrones mentales, o características, que compartían todos los atletas que se habían rehabilitado por completo y a quienes conocía o de quienes había leído, y decidió aplicárselos a sí mismo.

Cuando comentó sus hallazgos con especialistas en rehabilitación deportiva, quedó gratamente sorprendido por su respuesta positiva. Su investigación llegó a publicarse en revistas especializadas.[1] Al compartir sus descubrimientos con sus colegas de PNL, quedó sorprendido y encantado por la cantidad de llamadas, cartas y conversaciones que su experiencia generó. Al utilizar otras personas los descubrimientos de Gary en los negocios, la salud e incluso la escuela básica, se comprobó que estos seis patrones mentales son de aplicación a una gran variedad de situaciones, tan distintas entre sí como el cuidado de los hijos, el salto con pértiga y la política. Estos seis patrones mentales resultaron ser las características fundamentales de toda actitud mental positiva. Tanto si se estudiaba a atletas como a empresarios o ejecutivos, cuanto más sólida era su actitud mental, más empleaban estos seis elementos. Para Jack Schwager, autor del famoso best-séller *The New Market Wizards* [Los magos del nuevo mercado],[2] estas características eran tan importantes que las incluyó como una de las claves significativas para convertirse en un vendedor de futuros con éxito.

Las seis características de una sólida actitud mental positiva

Examinemos estas seis características de la actitud mental positiva. Al hacerlo, tengamos presente que ninguna de ellas es más importante que cualquiera de las demás. Si bien las presentamos de forma secuencial, es la interacción simultánea de todas ellas actuando en conjunto la que crea la sinergia necesaria para una sólida actitud mental positiva.

I. Motivación interna
El primer elemento que Gary descubrió fue la motivación interna que estos atletas en rehabilitación evidenciaban. Se *acercaban*

a un objetivo muy específico y se *alejaban de* determinadas consecuencias desagradables. No se trataba de un deseo general de ganar estilo películas de Hollywood o tipo imágenes «nueva era», ni tampoco de ser el mejor o de no quedar como un tonto. Estos atletas tenían visiones personales específicas y motivadoras, de objetivos apetecibles y consecuencias desagradables. Por ejemplo, una prometedora nadadora universitaria que se estaba recuperando de una lesión. No tan sólo aspiraba a recobrar la salud, sino que quería competir para obtener una beca. Estaba motivada y dirigida a *acercarse a* su objetivo. Otro caso era el de un hombre de 42 años que hacía rehabilitación para evitar que empeorara su artritis. Su motivación era *alejarse de* las típicas consecuencias de esta enfermedad incapacitante. Sin embargo, los mejores atletas emplean de forma simultánea *ambas* motivaciones. Imaginan vívidamente consecuencias desagradables específicas de las que se quieren alejar, junto con objetivos muy deseables y valiosos que les atraen con fuerza. De este modo, consiguen la máxima motivación.

II. El valor de los objetivos elevados

El segundo elemento que Gary reconoció en estos atletas en rehabilitación era que estaban consagrados a recuperar plenamente la fuerza y la salud. Era su objetivo guía, su primer y último criterio. Su actitud se resumía en considerar como inaceptable cualquier resultado inferior. De hecho, muchos de ellos no sólo aspiraban a recobrar la condición física y el estado de salud, sino que querían aún más. Aspiraban a estar en mejores condiciones que antes de sufrir su lesión. Sabían que eran capaces de conseguirlo y no estaban dispuestos a conformarse con menos. Medían los resultados según sus normas internas. Podrían haberse conformado con algo más razonable, pero nadie lo hizo. Sólo se contentarían con lo mejor.

Leemos a menudo sobre esta obsesión atlética por ser el mejor. Considerémosla un momento. Si te exiges lo mejor de ti mismo cuando no lo puedes dar, podrías estar preparando el terreno para tu propia decepción. Estos atletas, sin embargo, necesitaban un modo de esperar lo mejor –aunque no estuvieran en condiciones de obtenerlo de inmediato–, que les motivara a trabajar para lograrlo en el futuro. Los elementos tercero y cuarto proporcionan las claves para conseguirlo. Es aquí donde se empieza a ver con claridad la importancia crítica de que estos seis elementos trabajen juntos para generar una sólida actitud mental positiva.

III. Fragmentación de objetivos

El tercer elemento clave que estos atletas tenían en común era la capacidad para concentrarse en el proceso de recuperar la salud y la forma física paso a paso. En terminología de PNL, diríamos que sabían decidir a qué «fragmento» de su evolución debían prestar atención. ¿Te has parado a reflexionar sobre el esfuerzo total necesario para superar una lesión grave? El dolor, la frustración, el tiempo, los increíbles esfuerzos necesarios, simplemente para volver a estar donde estabas antes de la lesión. ¿Y qué decir de dirigir un gran proyecto de negocios? Coordinar departamentos, mantener alta la motivación de las personas, seguir los detalles importantes y tratar de atar cabos sueltos. Si te plantearas de golpe todo el trabajo que supone cada proyecto, quedarías fácilmente desbordado. Si fragmentas en cambio el proyecto en «bocados comestibles», es decir, en pasos consecutivos, podrás seguir el proceso y completarlo. En el caso de Gary Faris, para ponerse en pie tenía primero que sobrevivir, ponerse en pie antes que andar, y andar antes que correr.

Los fragmentos con los que trabajaban estos atletas eran, sin embargo, mucho más pequeños. Hacer cinco movimientos en lugar de cuatro antes de quedar exhaustos o aumentar en medio centímetro la flexión de un pie eran para ellos objetivos cotidianos accesibles.

Fragmentar los objetivos en una empresa difícil o compleja presentaba además dos ventajas adicionales. Primera, capacitaba para concentrarse en pequeñas tareas factibles. Segunda, Gary y los demás atletas que estudió obtenían grandes satisfacciones al completar cada uno de estos pequeños pasos. Con fragmentos específicos y mensurables que conseguir, podían experimentar el éxito en cada pequeño hito de su largo camino hacia el objetivo final de gozar de forma física y salud. Cada paso del camino se convertía así en un nuevo objetivo, con la correspondiente satisfacción por su logro. La capacidad para concentrarse en objetivos específicos alcanzables, junto con la satisfacción de conseguirlos uno a uno, mantienen viva la motivación para seguir.

IV. Combinación de marco temporal presente y futuro

El cuarto elemento clave que compartían estos atletas en rehabilitación era su modo de pensar el tiempo, que combina dos habilidades. La primera consiste en mantenerse en el presente, en concentrarse en los pequeños fragmentos y objetivos cotidianos. Piensan en la tarea concreta que están haciendo en cada momento. Arnold Schwarzenegger ha dicho, comentando su entrenamiento, que hacer un ejercicio una vez conscientemente equivale a hacerlo diez veces distraído.

Estos deportistas podían fácilmente distraerse y desanimarse, pensando en lo incierto de su futuro. Planteándose cuestiones sobre el futuro como «¿Llegaré a recuperar todas mis facultades anteriores?» o «¿Tendré éxito?», podían empezar a imaginar dificultades y obstáculos que ni tan sólo estaban allí hasta que pensaron en ellos. Semejantes preguntas generan orientación negativa y merman la motivación. Resulta mucho más positivo preguntarse: «¿Qué debo hacer para alcanzar el próximo hito?». Al experimentar plenamente la situación presente e involucrarse a fondo para hacerlo mejor, emprenden acciones que les benefician. Lo mismo es de aplicación para todos nosotros.

La segunda habilidad relacionada con el tiempo consiste exactamente en lo contrario de estar plenamente en el presente. Se trata de la capacidad de pensar de forma vívida y plena en un futuro positivo. En ocasiones, la orientación hacia el futuro resulta mucho más beneficiosa para la motivación que la focalización en el presente. Un atleta en rehabilitación pasará por momentos muy dolorosos. En situaciones así, es mucho más productivo imaginar las recompensas que el trabajo y el sufrimiento presentes comportarán mañana. Visualizando un cuerpo más sano, una mayor movilidad y la capacidad de volver a hacer lo que uno ama, el dolor y el esfuerzo del momento se ven como un precio insignificante. Mientras tu cuerpo se reconstruye y reaprende en el presente, tu mente disfruta ya del futuro. Este atractivo objetivo a largo plazo tira de ti hacia el futuro, manteniendo sólidamente tu motivación en el presente.

La motivación exitosa combina en realidad ambas habilidades. Mientras que te concentras en realizar la pequeña tarea inmediata, visualizas esa brillante gran imagen de tu futuro ya logrado que tira de ti.

V. Compromiso personal

El quinto elemento para el éxito en la rehabilitación y la actitud mental positiva consiste en el compromiso personal del deportista. Gary descubrió que, cuanto más activamente participaban estos atletas en su propio plan de rehabilitación, más se ayudaban a sí mismos, lo cual a su vez aumentaba en gran medida sus posibilidades de plena recuperación. Incluso con algo tan simple como aplicar hielo a una zona inflamada, el mero hecho de hacerlo ellos mismos reforzaba su sentimiento de participación.

La medicina deportiva, como casi todo en esta era tecnológica, se ha vuelto muy compleja y detallista, con legiones de expertos y autoridades para cada área. Estos médicos, fisioterapeutas, entrenadores, enfermeras y psicólogos del deporte han dedicado la mayor parte de su vida a aprender lo que saben. Su fama es merecida, pero en ocasiones esta avalancha de profesionalidad impulsa a los deportistas a ponerse pasivamente en sus expertas manos. Las investigaciones de Gary demuestran que esto es un error. Ni la entrega pasiva ni la resistencia rebelde constituyen caminos aconsejables para la excelencia personal. Tanto los deportistas como todos nosotros debemos colaborar de forma activa con los expertos si aspiramos a conseguir los resultados deseados.

Si lo piensas un instante verás que tiene sentido. ¿Has formado parte alguna vez de un equipo y te has visto sentado en el banquillo sin poder participar en la competición? Quizá fuera lo más adecuado en aquel momento. Sin embargo, y aunque te emocionaras con el resultado, probablemente no pudiste evitar sentirte excluido de él, como si una invisible pared de cristal te separara de la acción. Estabas presente, pero no participabas. No formabas parte de lo que sucedía. Cuando participamos, influimos en lo que sucede y podemos palpar la diferencia. Ello incrementa nuestro compromiso personal y enfoca nuestra intensidad. Nos hace ser más determinados y activos, lo que nos lleva a un compromiso aún más grande, así como a una mayor participación en nuestro futuro. Actuar para nosotros mismos, por poco que sea, es importante.

VI. Autocomparación

El sexto y último elemento clave para la rehabilitación deportiva y para la actitud mental positiva tiene que ver con el modo en que estos atletas juzgaban su actuación, la clase de comparaciones mentales que establecían. Los comentadores deportivos, las estadísticas de la prensa y los seguidores estimulan a los deportistas a compararse con otros, del presente o del pasado. Si superan la comparación, se sienten espléndidamente; si no, se supone que deben sentirse mal. Esta misma tendencia está muy enraizada en todos nosotros. Muy pronto en nuestra vida descubrimos, o se nos manifiesta explícitamente en casa y en la escuela, que algunos niños son más listos que nosotros, otros más atléticos, algunos más guapos y otros más populares. Quizás estábamos arriba en alguna de las escalas, pero si mirábamos en otra nos encontrábamos en las últimas posiciones. Al integrarnos en el mundo laboral esta tendencia a compararnos con los demás continuó, o quizás incluso se incrementó. Nos encontramos con personas más agresivas, más listas o más hábiles que nosotros en política, informática o en cualquier otra cosa. Como adultos, establecemos a menudo este tipo de comparaciones de forma automática e inconsciente. Nos comparamos con estrellas de cine, con magos de los negocios, con nuestros vecinos y su estilo de vida o con cualquier otra persona del entorno. Los medios de información y la publicidad nos animan constantemente a hacerlo, tanto en el hogar como en el trabajo, y lo continuamos haciendo porque ignoramos los costes.

Los atletas en recuperación sí que conocen los costes. Conocen la importancia crucial de *no* caer en la trampa de este hábito mental. Saben que, debido a sus lesiones presentes, no pueden «dar la talla». Es posible incluso que salieran malparados en una comparación con atletas aficionados. Ello podría resultar muy desalentador y lo saben. Gary Faris descubrió que, en lugar de compararse con otros deportistas de cualquier nivel, los verdaderos triunfadores contemplaban tan sólo su propio progreso. Establecían lo que en PNL denominamos una «autocomparación». Se formulaban preguntas como: «¿Cuánto he progresado desde ayer, o desde la semana pasada? ¿Y desde el mes pasado? ¿Y desde el año pasado?». Todos podemos aprender a hacerlo. Podemos aprender a medir nuestros progresos con nuestro propio desarrollo, ya sea en el deporte, en el trabajo o en casa.

Esta es una de esas cuestiones que no inciden tan sólo en una actitud mental positiva, sino en todos los aspectos de nuestra vida. Algunos de los oradores más motivadores plantean la siguiente cuestión: «¿Qué harías si supieras que no puedes fallar?». Una provocativa y estimulante pregunta, sin duda alguna. Cualquiera que haya probado, aprendido y luego dominado cualquier deporte, profesión o instrumento musical, conoce bien los innumerables fracasos que constituyen la base de todo éxito. ¿Recuerdas la primera vez que cogiste un palo de golf, una raqueta de tenis o una guitarra? Probablemente tu mente estaba inundada de imágenes de éxito. Veías la bola deslizándose elegantemente por el aire o escuchabas hermosas notas musicales fluyendo bajo tus dedos, sin prácticamente esfuerzo alguno por tu parte. Quizá tuviste la suerte de experimentar esta belleza y emoción en las primeras ocasiones. Luego llegó la dura realidad. Era posible, en efecto, alcanzar la belleza con tu instrumento preferido: palo, raqueta, guitarra o teclado. El precio a pagar, sin embargo, era un largo aprendizaje y una fuerte dedicación a la especialidad escogida. Muchos decidimos que el instrumento musical era demasiado difícil, pero nos quedamos, sin embargo, con deportes igualmente difíciles, el golf, el tenis o cualquier otro. Esta elección ha llenado muchas horas de nuestras vidas, proporcionándonos tanto duras frustraciones como recompensas trascendentes. ¿Cuál es la razón para que abandonáramos unas cosas y prosiguiéramos con otras? Gracias a la investigación de Gary, podemos ver que una parte al menos de la respuesta es la rapidez con la que experimentamos algún progreso. ¿Cuánto tardó la bola en deslizarse elegantemente por el aire? ¿Cuándo experimentamos la primera sensación de competencia, el primer sentimiento de progreso genuino? Esta sensación de progreso proviene precisamente de comparar nuestros inicios con nuestros logros presentes. En otras palabras, de una autocomparación.

Cada día, sin embargo, medios informativos, profesores y entrenadores bien intencionados, e incluso otros estudiantes, nos recuerdan, tanto a nosotros como a nuestros hijos, que hay personas mejores y peores que nosotros en algo concreto. Si una niña o niño promete en gimnasia, algunos padres empiezan de inmediato a hacer planes olímpicos. Si los dibujos de algún otro demuestran un talento natural, de inmediato se establecen comparaciones con la obra de Picasso en la cúspide de su carrera.

Puesto que nuestra cultura establece tantas comparaciones externas, algo positivo debe de haber en ellas. En efecto, lo hay. Los logros de otras personas nos demuestran lo que les ha sido posible realizar. Estas personas constituyen también valiosos modelos de cómo conseguirlo. Estudiando sus patrones mentales y su comportamiento físico, podemos descubrir no tan sólo lo que es posible, sino cómo lo es.

Sin discutir su valor, hay, sin embargo, un gran peligro implícito en las comparaciones externas. Al enfrentarnos ante una diferencia abismal en alguna habilidad podemos pensar que «Nunca lo podré hacer» o que «Debe ser cuestión de talento natural». Si un niño no promete mucho en su primer encuentro con las matemáticas o las ciencias, quizá no tenga una segunda oportunidad, porque las comparaciones la abortarán. Se llega así a la prematura conclusión de que «no valgo para esto». Todo ello puede resultar muy desalentador y dar al traste fácilmente con el gozo creativo que animó a superarse una y otra vez a sí mismos en su juventud a Picasso, a Mary Lou Retton, a aquel alumno con dificultades con las matemáticas que se llamó Albert Einstein, e incluso a la estrella del baloncesto Michael Jordan.

Recuerda: el camino real hacia los resultados se mide con *tu propio* progreso. Si permitimos que nuestros hijos disfruten de esta autocomparación, podrán buscar la inspiración en los éxitos ajenos como modelos de excelencia y fuentes de valiosísima información sobre sus propios avances, y no como objetos de su envidia y sus celos. Aprenderán a deleitarse con el éxito ajeno, porque en él encontrarán pautas y modelos para el desarrollo de su propio potencial. Probablemente, se convertirán en su momento en modelos de éxito para las siguientes generaciones. Estarán en condiciones de valorar sus propios éxitos, porque los habrán podido medir plenamente. Enseñar a nuestros hijos a establecer autocomparaciones es, con toda probabilidad, uno de los mayores regalos que les podemos hacer.

Los seis elementos para el éxito en la rehabilitación deportiva y la actitud mental positiva son: motivación interna, el valor de los objetivos elevados, fragmentación de objetivos, marco temporal flexible, compromiso personal y autocomparación. Juntos crean una imagen mental subconsciente y motivadora para el éxito. Con ellos, queda asegurada una actitud mental positiva. Sin ellos, cualquier logro puede resultar difícil.

La actitud positiva en acción

Veamos algunos ejemplos sobre cómo trabajan juntos estos seis elementos, así como sobre lo que sucede cuando no lo hacen. El primero corresponde a un hombre de 31 años de edad que se lesionó de gravedad jugando un partido de softball (una variante del béisbol) entre empresas. Tan pronto como empezó su rehabilitación, su primera pregunta fue: «¿Cuánto tardarán en dejarme en condiciones de volver a mi trabajo?». Esta simple pregunta decía muchísimo sobre sus patrones mentales y su estructura emocional. Su única preocupación era volver al trabajo. Si bien este objetivo es en sí mismo admirable y constituye una motivación del tipo *acercarse a,* es sin embargo tan genérico que no especifica si volverá andando o en silla de ruedas, cojeando o plenamente restablecido. Es también un objetivo muy grande, un bocado excesivo para cuya fragmentación no presenta ningún plan, y que exige, además, un compromiso a terceros acerca del tiempo que será necesario para alcanzar su objetivo. Observarás también que de su lenguaje se desprende falta de compromiso personal, se muestra pasivo. «¿Cuánto tardarán (*ellos*)?», pregunta. Quiere que su fisioterapeuta haga el trabajo por él. No se da cuenta de que es necesaria su participación activa. Si no cambia de actitud, su recuperación será larga, difícil y probablemente insatisfactoria.

Otro caso corresponde a una estrella del fútbol universitario, que se lesionó a mitad de temporada en su año de graduación. Al llegar al hospital, promete con solemnidad que estará sobre el terreno de juego en el siguiente partido. Cuando el médico y su entrenador le ponen al corriente de la gravedad de sus lesiones, se deprime. Los ánimos de sus compañeros chocan con un «¿para qué?». Se queja de que los ejercicios de rehabilitación son demasiado dolorosos, y rehúsa hacerlos, o los hace con desgana. Hasta que recibe la llamada de un seleccionador universitario que le pregunta cuándo estará en condiciones de jugar de nuevo, que se interesa seriamente por su propia rehabilitación y se involucra de forma activa en su recuperación. La motivación efectiva requiere una visión personal convincente ya sea de *alejarse de* alguna consecuencia indeseable, ya de *acercarse a* un objetivo específico deseable. Cuando este joven descubrió que no podría jugar el resto de la temporada, perdió su motivación convincente inicial. Cuando hacía los ejercicios de rehabilitación, carecía de un futuro atractivo que le distrajera de su dolor o le proporcionara una motivación para trascenderlo... hasta que llamó el seleccionador. Desde aquel momento, los cinco elementos restantes que ya estaban presentes, combinados con esta nueva motivación convincente, bastaron para motivarle a trabajar con diligencia en pos de la recuperación.

Estos seis elementos están claramente presentes en las más célebres historias de recuperación en el deporte. La mayoría de estadounidenses prestaban poca atención al ciclismo, hasta que un joven compatriota con apellido francés ganó la prueba más dura y reñida del mundo, el Tour de Francia. Con su victoria de 1989, Greg LeMond situó los récords de ciclismo en una nueva órbita. Regresó a Estados Unidos como un héroe y abrió un nuevo campo en la excelencia deportiva para los jóvenes estadounidenses. Mientras se tomaba unas bien merecidas vacaciones en compañía de su familia, salió a cazar. En un imprevisible accidente, hoy famoso, recibió el impacto de perdigones de caza en el pecho y una pierna, quedando gravemente herido. Incluso después de pasar por cirugía intensiva, algunos perdigones quedaron alojados alrededor de su corazón, de donde resultaba demasiado arriesgado extraerlos. Leyenda del deporte, héroe nacional y víctima de las circunstancias, Greg LeMond podía muy bien haberse dormido en sus laureles y en su recuperación. Casi todo el mundo se hubiera sentido orgulloso y satisfecho con que el joven atleta se recuperara lo suficiente para dedicarse a dar conferencias inspiradoras... pero no Greg LeMond. Durante los dos años siguientes tomó las riendas de su propio programa de recuperación, con el que se colocaba a sí mismo ante el reto de superar sus anteriores proezas. Mientras pasaba del hospital a su casa y de andar a pedalear, cualquier comparación más allá de con sus propios progresos hubiera resultado absurda. Durante muchos meses, cualquier niño le habría podido ganar. Sin embargo, prosiguió, aumentó incluso la duración de sus sesiones y su resistencia. Los comentaristas deportivos y los periodistas escépticos hablaban de que construía castillos en el aire, de que sus esfuerzos eran inútiles y de su cercana humillación en público. Impertérrito ante ello, Greg mantenía en mente su propia visión convincente de lo que quería. Incluso cuando consiguió clasificarse para participar en un nuevo Tour de Francia, muchos comentaristas, si bien admirados ante su evidente fuerza de espíritu, prefirieron mirar hacia otra parte antes que dar cuenta de lo que consideraban como un ridículo inminente. En el tramo final de la carrera y contra todo pronóstico, Greg LeMond, su bicicleta y sus perdigones descendían a toda velocidad por los Campos Elíseos de la ciudad del Sena, consiguiendo el mejor tiempo en toda la historia de esta competición y asegurándose su segunda victoria en la misma.

Esta misma actitud mental positiva sólida sirve de base para el éxito en los negocios. Morrie Mages es un hombre de negocios de Chicago que se convirtió en un héroe popular. Hace años, en un mercadillo de fin de semana al aire libre, en Maxwell Street, Morrie vendía camisas desde el maletero de su coche. Luego empezó a vender ropa deportiva. En pocos años, sus habilidades para la venta y el comercio le proporcionaron uno de los mayores almacenes de artículos deportivos de Chicago. En la «cresta de la ola», como él diría, este gran hombre, gran derrochador y gran amante de la vida, disfrutaba del éxito mientras Chicago disfrutaba con su extravagante estilo de vida. Y de repente, en menos tiempo del que tardó en conseguirlo, lo perdió todo. Muchos en su lugar habrían «desaparecido» o anunciado que se retiraban. En lugar de ello, Morrie volvió a Maxwell Street a vender de nuevo camisas desde el maletero de su coche. Al igual que los atletas que se recuperan de sus lesiones, Morrie Mages volvió a empezar. Hoy en día, es propietario de uno de los mayores y más famosos almacenes de artículos deportivos de la ciudad de Chicago.

Incluso desde esta breve descripción, la historia de Morrie nos proporciona pistas sobre su utilización de los seis elementos de la actitud mental positiva sólida. Desconocemos si tenía una visión convincente de su futuro almacén cuando empezó, pero no hay duda de que cuando lo consiguió, lo mantuvo en su mente. Mientras que otras personas se habrían sentido avergonzadas de volver a vender en la calle, Morrie, al igual que el atleta excepcional, disfrutaba imaginando el resultado futuro de sus esfuerzos, en lugar de quedarse atascado en las dolorosas circunstancias presentes. Vendedor de toda la vida, sabía que vendes a un cliente cada vez, específicamente, al que tienes frente a ti. Este es un excelente ejemplo de cómo prestar atención a la pequeña tarea presente. Por fin, y aunque le rodearan éxitos ajenos, algunos de los cuales incluso llegaron a distraerle en alguna ocasión, tuvo que regresar a su más personal fuente de éxito: él mismo. Viendo a ese hombretón, abierto y dotado de una gran voz, nunca adivinarías sus dificultades pasadas. Pero así es como sucede con las personas cuya actitud positiva está presente, no tan sólo para las dificultades, sino para todas las ocasiones de la vida. Esta es la clase de actitud que te ayudará siempre.

Las actitudes son elecciones. Quizá no estén embotelladas ni las encuentres en la farmacia en forma de pastillas, pero no por ello son menos reales. Todos hemos vivido situaciones en las que una actitud negativa ha hundido en el lodo un proyecto incluso antes de que haya podido ver la luz. Sin duda, habremos experimentado también el modo en que una actitud mental positiva habrá unido a personas y hecho milagros. La técnica de PNL que vamos a enseñarte a continuación está específicamente diseñada para ayudarte a integrar en tu vida los seis elementos para una actitud mental positiva sólida que te acabamos de presentar. Es una oportunidad que te brindamos para que optes por tener una actitud mental que puede marcar una gran diferencia en el resto de tu vida. Se trata de un técnica muy parecida a la que aprendiste en el capítulo 2 para cambiar de estrategia de motivación. En esta ocasión, la emplearemos para convertir en parte natural de tu pensamiento y tu conducta la actitud mental positiva del atleta triunfador. Permite que esta técnica de PNL signifique una gran diferencia para ti.

Ejercicio 38
Adopta una actitud mental positiva

Busca un lugar y un momento tranquilos, en los que nadie te interrumpa durante unos veinte a treinta minutos.

1. *Elige una situación.* Piensa en primer lugar en alguna situación en la que te hubiera gustado tener una actitud mental positiva más sólida. Si tu respuesta es que en todas, piensa entonces en alguna situación concreta en la que hubieras deseado disponer previamente de semejante actitud mental. Quizá se trate de alguna situación familiar del pasado que intuyas que se puede repetir en el futuro y para la que deseas un desarrollo diferente cuando vuelva a suceder. Tal vez, alguna situación que supones que podría ocurrir en un futuro inmediato. Sea cual fuere tu elección, sitúate mentalmente justo antes del inicio de la situa-

ción, de modo que tu nueva actitud mental esté presente antes de que la necesites.

2. *Obsérvate a ti mismo.* Empieza por imaginarte a ti mismo, a otro «tú», justo antes del inicio de la situación. Vas a observar cómo ese «otro tú» aprende el proceso. Deberás estar del todo satisfecho con lo que verás y escucharás antes de integrar en ti lo que ese «otro tú» haya aprendido.

3. *Motivación.* Observa cómo ese «otro tú» decide qué es lo que hay que evitar de esta situación. Ve también cómo le atrae acercarse a los resultados específicos que esperas de esa situación. Contempla tanto lo que deseas evitar como lo que quieres alcanzar, en vívidas películas, excitantes, convincentes y llenas de color. Estás literalmente creando tu futuro, marcando una dirección de motivación y estableciendo objetivos internos.

4. *Estándares altos.* Manteniendo esta imagen del «otro tú» en tu mente, observa ahora cómo perfila su objetivo estableciendo altos estándares para su éxito.

Piensa: «No aceptaré». Contempla a ese «otro tú» lleno del deseo de un éxito completo que, como un imán, le atrae en el camino hacia su objetivo. Notarás la presencia de este valor en él cuando veas aparecer en su semblante una relajada determinación y una chispa de gozo en sus ojos.

5. *Fragmenta los objetivos.* Observa cómo este «otro tú» contempla primero la «gran imagen», para concentrarse acto seguido en algún aspecto específico que pueda conseguir de inmediato. Fíjate en cómo experimenta la satisfacción de completar cada paso en su camino hacia el objetivo global. Mira y escucha todo eso en la película que discurre ante tus ojos.

6. *Combina marcos temporales de presente y futuro.* Observa ahora cómo ese «otro tú» permanece con facilidad en el presente, concentrándose en pequeños fragmentos y tareas parciales. Mientras trabaja en algo difícil o doloroso, sabe también anticipar el futuro disfrute de las recompensas de sus esfuerzos en el presente. Observa cómo pone en práctica de manera espontánea estas habilidades en el manejo del tiempo, una y otra vez. Disfruta de los resultados que observas.

7. *Compromiso personal.* Mira cómo este «otro tú» asume la

responsabilidad de su propia vida, involucrándose personalmente en la resolución de problemas y en el avance hacia el éxito. Fíjate en cómo pone de manifiesto con su participación activa sus crecientes sentimientos de determinación y compromiso personal.

8. *Autocomparación.* Mira y escucha cómo este «otro tú» se pregunta: «¿Cuánto habré progresado desde ayer? ¿Y desde la semana pasada? ¿Y desde la primera fase? ¿Y desde el inicio?». Observa cómo se siente satisfecho y animado por estas mejoras que puede medir.

9. *Ajuste.* Deja ahora que caiga sobre el «otro tú» una espesa niebla que le oculte ante tu vista durante unos momentos. Mientras se encuentra envuelto en ella, la sabiduría de tu mente inconsciente podrá integrar estas habilidades en los demás aspectos de tus pensamientos, de tus sentimientos y de tu vida de modo que produzcan, con la máxima eficacia para ti, una sólida actitud mental positiva. Cada persona necesitará realizar ajustes en el modo específico de llevar estos elementos al mundo real. La mayor parte de dichos ajustes se producirá de manera inconsciente, de modo que no es necesario que pienses conscientemente en nada. Contempla tan sólo la niebla mientras las partes de ti consideran el mejor modo de utilizar la información que ese «otro tú» ha obtenido.

Cuando haya finalizado este proceso de integración, la niebla se irá disolviendo poco a poco y podrás descubrir al «otro tú» en plena posesión de esta nueva actitud que deseas para ti. Tómate el tiempo que necesites. En la mayoría de personas, la mayor parte de los elementos están ya presentes, esperando unirse ahora. Para otras, se trata de nuevos e importantes descubrimientos. Conceder a esta fase del proceso el tiempo adecuado para integrarlos plenamente es el mejor modo para convertirlos en permanentes.

10. *Comprueba.* Mientras observas a ese «otro tú» en posesión de la actitud mental positiva, plantéate si te gustaría convertirte en esa persona, con sus habilidades y actitudes. En caso contrario, deja que regrese la niebla y le envuelva de nuevo, para que las cualidades importantes que falten puedan ser añadidas.

11. *Integra.* Cuando estés plenamente convencido de que quieres convertirte en este «otro tú», haz que avance en tu dirección y penetre en ti, de forma que sus habilidades pasen a ser parte de ti mismo plenamente. Algunas personas encuentran muy efectivo extender las manos y llevar hacia su pecho a ese «otro tú». Otras experimentan algún cosquilleo u otra sensación agradable al acogerle en su interior. Sea cual fuera el modo en que le hayas llevado a tu interior, has completado el proceso y todas estas habilidades son ahora también tuyas.

12. *Planifica el futuro.* Lo único que queda ahora por hacer es decidir cuándo y dónde deseas estar especialmente seguro de que se activará este conjunto de actitudes. ¿Cuándo las necesitas con más intensidad? Observa tu respuesta mientras piensas en esta situación futura, y disfruta de la sensación de disponer de un mayor número de opciones como resultado de esta actitud positiva.

Tras completar este ejercicio, muchas personas desean saber cómo pueden extender este cambio al resto de su vida. Quieren saber si deben realizar este proceso con todos sus recuerdos pasados y todas sus expectativas futuras. En los albores de la PNL, teníamos en ocasiones que repetir las técnicas docenas de veces para registrar un número suficiente de recuerdos y conseguir que los sentimientos y actitudes se generalizaran satisfactoriamente. Gracias a los desarrollos posteriores en este campo, se ha hecho posible transformar, en cuestión de minutos, años de sentimientos desagradables, actitudes inútiles y creencias limitadoras. Todo lo que se necesita es un estado personal de plenitud de recursos y en disposición de actuar, y saber cómo es la organización temporal de cada persona. En el ejercicio siguiente descubrirás cómo organizar tus experiencias en una secuencia temporal que denominamos «línea del tiempo».

Tu línea personal del tiempo constituye el modo básico en el que organizas los acontecimientos y las experiencias que has vivido en el pasado y esperas vivir en el futuro. Por poner un ejemplo, si tu futuro está frente a ti, cuando te marques objetivos los tendrás siempre a la vista. Ello te motivará más que si tu futuro se encontrara en un lado de tu visión periférica, donde apenas podrías percibirlo. Existen muchas otras aplicaciones para las líneas del tiempo y para el modo de cambiarlas para fines específicos.[3] De momento, utilizaremos otro aspecto de la línea personal del tiempo: su continuidad.

La línea del tiempo define con exactitud tu vida como una sucesión de acontecimientos experimentados por una misma persona: tú. Una actitud o cualquier otra característica de la personalidad, positiva o negativa, es algo que persiste en el tiempo. La mayoría de nosotros atravesamos todo tipo de situaciones, experiencias y procesos mentales diferentes y, sin embargo, mantenemos el mismo sentido de nosotros mismos y la misma actitud mental. Tendemos a relacionar con mayor facilidad esta idea con aspectos negativos, como el mal talante o una actitud negativa, pero el proceso es exactamente idéntico para los aspectos positivos. Según la visión de PNL, nuestro cerebro codifica nuestras actitudes o estados de ánimo, tanto positivos como negativos, sobre nuestra propia línea del tiempo. Si deseamos disponer de determinada actitud mental, deberemos añadir el correspondiente código.

Ejercicio 39
Descubre tu línea personal del tiempo

Concédete al menos diez minutos para realizar este ejercicio. Ponte cómodo y relájate.

1. *Tarea diaria.* Tómate un par de segundos para despejar tu mente. Empieza por pensar en algo ordinario que hagas con bastante regularidad, como lavarte los dientes o leer el periódico. Debería ser algo relativamente neutro, sobre lo que no experimentes fuertes sentimientos en ningún sentido.

2. *El pasado.* Cuando lo hayas encontrado, piensa en un momento específico de la semana pasada en que lo hayas hecho, luego remóntate sucesivamente a dos meses atrás, seis meses atrás, un año atrás, tres años atrás y, finalmente, a diez años atrás. Cuando hayas acabado de pensar en cada momento por

separado, piensa en todos simultáneamente y observa cómo se ordenan en tu mente.

Para muchas personas estas imágenes mentales forman una línea en la que los recuerdos más recientes son los más próximos a ellas, mientras que los más antiguos son los más alejados. Muchas personas perciben esta línea a su izquierda, mientras que otras la tienen detrás de sí y deben dar media vuelta para ver su pasado. Otras sienten su pasado a la derecha. Cualquiera que sea tu caso será correcto, puesto que corresponde al modo en que a tu cerebro le resulta más práctico ordenar el tiempo de tu vida.

3. *El futuro.* ¿Dónde está tu futuro? Para saberlo vas a hacer algo muy parecido a lo anterior, sólo que con acontecimientos que esperas que sucedan en el futuro. Vuelve a elegir algo que hagas regularmente e imagina que lo estás haciendo en un momento concreto de la semana próxima, luego dentro de dos meses, seis meses, un año, tres años y finalmente dentro de diez años.

Piensa ahora en todos ellos a la vez y observa cómo se ordenan en el espacio para formar un fragmento futuro de tu línea del tiempo. Algunas personas perciben su futuro a la derecha, otras en frente y algunas a la izquierda. Sea cual sea tu caso, toma nota de cómo se extiende tu línea del tiempo hacia el futuro.

4. *Tu línea personal del tiempo.* En conjunto, tu pasado y tu futuro constituyen tu línea del tiempo, estando tú en el presente. Tu línea del tiempo puede presentar aspecto de V, y tú en el vértice, tus recuerdos a la izquierda y tus expectativas a la derecha. O quizá se parezca más a una línea recta o ligeramente curva, que pasa a través de ti, con tu futuro delante y tu pasado detrás. Algunas personas experimentan incluso líneas del tiempo rizadas o en bucle. Sea cual fuere el modo en que tu propia línea esté organizada, estás en posesión de uno de los instrumentos para el cambio personal más eficaces jamás descubierto.

Reevalúa tu pasado, tu presente y tu futuro

Ahora que ya estás capacitado para visualizar tu línea del tiempo, puedes utilizar esta información para modificar el modo en que piensas y sientes sobre ti mismo a través del tiempo. Esta es la idea que subyace en la siguiente técnica de PNL desarrollada por Richard Bandler, denominada «el destructor de decisiones» porque fue diseñada para ayudar a destruir las decisiones desafortunadas del pasado. Ello se consigue aprendiendo a colocar en el recuerdo una decisión mejor antes de la equivocada, de modo que la neutralice. Vamos a utilizar este principio para colocar en tu pasado, presente y futuro esta sólida actitud mental positiva que acabas de crear. El resultado será que te sentirás como si la hubieras tenido desde hace mucho tiempo, sabiendo además que vas a seguir disfrutando de ella.

En este ejercicio vas a utilizar tu nueva y sólida actitud mental positiva del Ejercicio 38, junto con el conocimiento de tu propia línea del tiempo del Ejercicio 39. Si no hubieras hecho aún estos ejercicios, hazlos antes de empezar el siguiente. Tómate el tiempo necesario. Sigue las indicaciones y disfruta de los resultados.

El ejercicio empieza con una actitud o recuerdo positivo y lo lleva a través de todas tus experiencias vitales, extendiéndolo por toda tu vida, de modo que se convierte aún más en parte de quien eres, a través del tiempo. Esta es la forma en que se construyen de modo natural las sólidas actitudes mentales positivas. Con la PNL puedes recrear tu pasado para convertirlo en aquello que siempre deseaste que fuera, una poderosa reserva de recuerdos positivos de la que disponer para tu éxito en el presente en el que todos vivimos, trabajamos, jugamos y creamos.

Ejercicio 40
El destructor de decisiones[4]

1. *Recuerdo positivo.* Para iniciar este proceso de PNL piensa en algún recuerdo poderoso y motivador. Debe ser tan poderoso que afecte incluso a tu comportamiento presente. Se trata del tipo de experiencia que te demostró una cualidad de ti mismo, como tu condición atlética, tu capacidad de seducción, tu talento o algo parecido. Sabes que es cierta, no te cabe ninguna duda acerca de ella. Estas experiencias suelen producirse en la adoles-

cencia y en la juventud, si bien pueden ocurrir en cualquier momento de la vida. Son experiencias que han dejado una impronta imborrable en tu cerebro. Cuando hayas encontrado esta huella en tu memoria, llévala plenamente al presente, reviviéndola como si estuviera sucediendo aquí y ahora.

2. *Recuerdo normal.* Piensa ahora en algún recuerdo ordinario que no afecte en gran medida a tu vida en un sentido u otro, como comprar ayer en la tienda de comestibles o abrir el correo.

3. *Las submodalidades del recuerdo positivo.* Compara ahora estos dos recuerdos para descubrir las submodalidades que identifican al recuerdo motivador. Quizá descubras que es mayor, más espectacular y más colorido que el ordinario. Imagina que vas a realizar una película sobre él y observa sus cualidades cinematográficas: sus submodalidades visuales y auditivas. Observa el tamaño, brillo y localización de las imágenes interiores y sus cualidades sonoras. Identifica las cualidades visuales y auditivas que hacen de él el importante recuerdo que es. Anótalas si ello va a ayudarte a recordarlas.

4. *Crea la huella mental positiva en forma de recuerdo motivador.* Piensa ahora en la actitud mental positiva que creaste en el Ejercicio 38. Recuerda el momento en que la llevaste hacia ti. Sitúa tus imágenes de la sólida actitud mental positiva en el mismo lugar de tu visión mental en que se halle tu recuerdo motivador. Dale a esta actitud positiva las mismas cualidades, las mismas submodalidades visuales y auditivas que posee esa experiencia que dejó una huella tan positiva en tu recuerdo. Convierte así tu actitud mental positiva en una poderosa huella en tu memoria.

5. *Viaja a través del tiempo.* Ahora ya estás listo para realizar un viaje transformador a través del tiempo. Manteniendo tu actitud mental positiva, imagina que sales de tu cuerpo y flotas sobre tu línea del tiempo, que descubriste en el ejercicio anterior. Quizá retrocedas unos pocos años, o tal vez prefieras regresar a tu primera juventud, en busca de algún momento de tu pasado en el que hubieras deseado disponer de una sólida actitud mental positiva, un momento crucial en el que un cambio afectaría positivamente al resto de tu vida.

Cuando hayas encontrado este momento, desciende sobre tu línea del tiempo a algún lugar anterior a ese recuerdo, siempre conservando contigo la huella de tu actitud mental positiva. Muévete ahora rápidamente hacia delante en tu línea del tiempo. Ve, escucha y siente cómo este acontecimiento del pasado es transformado por la huella de tu actitud mental positiva.

Continúa ahora moviéndote con rapidez hacia el presente a través de todos tus recuerdos pasados. Experimenta cómo todos ellos quedan también instantáneamente transformados y enriquecidos por la huella de tu actitud mental positiva. Sigue moviéndote rápidamente en tu línea del tiempo hasta el presente y detente ahí.

Obsérvate ahora a ti mismo con la huella de tu actitud mental positiva moviéndote a través de tus experiencias futuras, transformándolas también. Es un gran futuro, lleno de sucesos enriquecedores, mejor que nunca puesto que tu nueva actitud está impresa en él.

Algunas personas repiten el ciclo de este ejercicio varias veces, a fin de reforzar aún más sus beneficios.

Repasemos lo que has aprendido

Si has completado los ejercicios del presente capítulo, acabas de crear para ti una potente actitud mental positiva que ha dejado huella en recuerdos y tus expectativas. Esencialmente, acabas de recrear tu vida con muchas más posibilidades de acción. Puedes utilizar esta técnica para aportar otros recursos de éxito y logro a todo cuanto hayas hecho y vayas a hacer, construyendo así una base aún más sólida para tu futuro.

Somos la suma de nuestras experiencias. Cuando aprendemos a cambiar los recuerdos de estas experiencias, cambiamos nuestras vidas. Introduciendo una nueva actitud en nuestro pasado, nos regalamos un nuevo sentido de nuestra historia personal y nos abrimos nuevas posibilidades para nuestro presente. Las viejas creencias erróneas caen por su propio peso, y un nuevo sentido de nosotros mismos emerge de lo más hondo de nuestro ser; un sí mismo naturalmente optimista, positivo y feliz.

En este capítulo has aprendido:

- La importancia de una actitud mental positiva.
- Los seis elementos que crean conjuntamente esta actitud.
- Cómo introducir una actitud mental positiva en tu vida, ahora.
- Cómo transformar las decisiones pasadas equivocadas en recursos positivos y cómo impregnar toda tu vida con ellos.

Algunos dirán: «Pero todo está en la mente, no hemos hecho nada». Por el momento esta afirmación es correcta, pero ¿cómo decides lo que quieres hacer? Tienes una idea, un deseo, un sueño o te cruzas con algo físico en el mundo real y vislumbras unas posibilidades. Y ahí es donde tu actitud mental marca toda la diferencia. Y esa actitud es algo que puedes elegir. La oportunidad para que vivas la vida que has soñado ha llegado. Cada sueño que se transforma en acción, lo hace gracias a una actitud.

12

Consigue tu rendimiento cumbre

Cimas montañosas y rendimiento cumbre

Las montañas han representado desde siempre algo muy especial para las personas, algo majestuoso y hasta cierto punto misterioso. Las montañas, sobre todo las de cimas más elevadas e inaccesibles, constituyen símbolos profundamente importantes para la psique humana. Ante la visión de una montaña, casi todos pensamos en escalarla. Tendemos a imaginar cómo sería ver el mundo desde la cima.

La cima ha venido siendo un típico símbolo estadounidense del éxito desde hace tiempo, ya sea en los deportes, en los negocios, en la universidad o en el mundo del espectáculo. Es lógico. Ver las cosas desde la cumbre es inspirador. Desde allí no hay obstáculos para la visión. La panorámica se extiende sobre la naturaleza y el horizonte parece infinitamente lejano. Desde allí todo se ve más pequeño y manejable. Nos sentimos por encima de las cosas. Nuestro mundo interior de posibilidades se ensancha. Es como si pudiéramos ver más lejos, no tan sólo en la distancia, sino también en nuestra vida. La visión despejada inspira planes más ambiciosos y pensamientos más globales. No es de extrañar que algunos empresarios, altos ejecutivos y muchos niños busquen espacios elevados y abiertos. Aspiran aún a ver el mundo lleno de posibilidades.

En *NLP Comprehensive* conocemos bien la magia de las montañas, ya que nuestra sede central se encuentra en la hermosa ciudad de Boulder, en el estado de Colorado. Situada en un arbolado complejo de oficinas cercano a un riachuelo, disponemos de una vista que se extiende desde la base de las Montañas Rocosas. Desde nuestras ventanas presenciamos el cambio de estaciones y nos beneficiamos de la perspectiva que proporciona estar cerca de las montañas. Si te decides a visitarnos o ir a Colorado para formarte en PNL, debes conducir por la autopista 36 desde Denver en dirección a las montañas. Al principio no parecen montañas, sino más bien nubes bajas grises en el horizonte. A medida que avances por esta ruta, el horizonte gris e irregular se irá haciendo mayor, transformándose en esas grandiosas montañas con sus picos serrados que se recortan contra el cielo, algunos de los cuales nunca abandonan su ropaje de hielo y nieve. Mientras conduces entre las granjas y los campos de pastoreo de ganado y caballos que flanquean la autopista, dejarás atrás tu viaje en avión, el aeropuerto y la Mile High City. Finalmente divisarás los famosos Flatirons, tres espectaculares afloramientos rocosos que marcan el inicio de las Montañas Rocosas y, a sus pies, en un espléndido y verde valle, la ciudad de Boulder. Aquí vienen cada verano alpinistas de todo el mundo a poner a prueba sus habilidades y su determinación subiendo a las cumbres, al tiempo que descubren sus propias cimas interiores de rendimiento.

Si has subido alguna vez a una montaña, en una excursión de un día o en una competición de alpinismo, sabes que hacerlo puede significar horas de esfuerzo. Las preocupaciones cotidianas van quedando olvidadas en el camino, a medida que el esfuerzo de la ascensión va absorbiendo tu concentración. En tu camino hacia la cima pasas por todo tipo de emociones: frustración, miedo, alivio, duda, confianza y triunfo. La ascensión condensa en pocas horas experiencias que ocurrirían en semanas, meses e incluso años de la vida «normal».

Durante la ascensión llega un punto, quizás hacia la mitad del recorrido, en el que evalúas tu progreso y tu estado mental. Tienes ya una clara percepción de aquello en lo que te has involucrado. ¿Cuánto falta para llegar? ¿Cuánto más de ti mismo estás dispuesto a dar, física y emocionalmente? Es la misma clase de sentimiento que tienes cuando has estado muy comprometido en un proyecto durante meses y meses y te encuentras una vez más trabajando hasta que se ha hecho muy tarde. Reflexionas sobre cómo tu esfuerzo te ha llevado hasta donde estás, y te preguntas cuánto esfuerzo más va a ser necesario para llegar hasta el final. Miras al pasado, hacia tus inicios. Puedes comprobar los logros y las habilidades que has ido adquiriendo. Puedes también mirar hacia tu futuro, anticipando las dificultades que te esperan y los esfuerzos necesarios, así como los objetivos y sus recompensas... todo tan real como subir a la cima de una montaña.

Cada uno de nosotros es una exclusiva combinación de talentos y recursos naturales. En algún momento de nuestra vida escogemos un camino o nos encontramos en él, y empezamos a subir. Quizá lo recorramos solos o tal vez con otros. Quizás incluso decidamos llevar la carga de los demás. Fuera cual fuere el camino elegido, sabemos que es en el que estamos y que, a menos que lo cambiemos por otro, deberemos cumplir sus exigencias y deleitarnos con sus recompensas. Sabemos ya que tú, que has viajado hasta aquí con nosotros, estás decidido a seguir tu camino lo mejor que sepas. Sabemos que eres de los que miran hacia las cimas. Te lo has demostrado a ti mismo leyendo este libro y siguiendo su nueva tecnología del éxito. Podrías estar sentado ante tu televisor, pero en lugar de ello buscas tu propia excelencia.

En el capítulo anterior aprendiste a acceder a una sólida actitud mental positiva. Esta actitud puede ser la base para tus logros futuros. Quizá quieras ahora saber cuál es la diferencia entre los que logran algo y aquellos que consiguen alcanzar la cima de su rendimiento. Vamos a descubrirla.

Modela el rendimiento cumbre

El rendimiento óptimo ha sido estudiado con profusión. El resultado de estos estudios proporciona una prometedora orientación para el logro de mayores niveles en la excelencia humana. Parte del trabajo más conocido en este sentido ha sido realizado por Charles Garfield. Como programador informático principiante en la Grumman Aerospace Corporation durante la campaña estadounidense para mandar un hombre a la Luna, Charles pudo presenciar con asombro cómo mujeres y hombres inspirados buscaban lo mejor en ellos mismos y en los demás. Ejecutivos que se clasificarían por debajo del 50 por ciento de la media, pasaron a ocupar lugares entre el 15 por ciento más alto en menos de dieciocho meses. Si bien no era a la sazón más que un estudiante acabado de graduar, Charles tenía la suficiente experiencia en la vida para darse cuenta de que aquello no era lo normal, de que estaba presenciando algo extraordinario. Sus investigaciones, informales al principio, dieron paso al interés de toda una vida por el logro, así como a una licenciatura en psicología. Hoy en día, el doctor Garfield es una de las primeras autoridades del país en rendimiento cumbre. En su libro *Peak Performers: The New Heroes of American Business* (Realizadores máximos: los nuevos héroes de la empresa estadounidense)[1] expone su original investigación sobre las cualidades que dan como fruto a los realizadores máximos. Empleando un enfoque muy distinto al de la PNL, ha descubierto también patrones de excelencia. Como sucede con la PNL, su trabajo pone de relieve los pensamientos, actitudes y comportamientos que son comunes entre los grandes realizadores.

El doctor Garfield descubrió que todos los casos estudiados compartían una serie de características clave. Evidenciaban compromiso con una misión mayor que ellos mismos: actividad llena de propósito, con resultados reales y mensurables; construcción de equipos y trabajo en común; capacidad para corregir el rumbo –un camino flexible que mantiene la dirección cambiando de gestión–; mantenimiento del impulso, y capacidad de cambiar con los tiempos.

Analizando las características clave del doctor Garfield verás que en los ejercicios de este libro te hemos enseñado cómo integrar en ti mismo un buen número de ellas. En los capítulos 3 y 4 te mostramos la importancia de la misión y te ofrecimos los ejercicios adecuados para descubrir y desarrollar la misión de tu vida. En estos mismos capítulos, te presentamos las condiciones para la consecución de objetivos y la evidencia del éxito, las bases para marcar objetivos significativos y evaluar resultados reales. En los capítulos 5 y 6 conociste la sintonía y el poder de persuasión y te enseñamos cómo formar tu equipo, tanto dentro como fuera de ti. En los capítulos 1 y 2, pudiste comprobar la importancia de tener una línea de acción, y aprendiste cómo utilizar la PNL para mantenerte en ella. Por lo que se refiere al cambio de gestión, la PNL es la tecnología más avanzada de comunicación que existe para crear y gestionar cambio. Todos los ejercicios que has hecho siguiendo este libro han incrementado tu flexibilidad y tus recursos.

El doctor Garfield descubrió, además, otra característica menos tangible, pero igualmente crucial. Tanto si hablaba con científicos especializados en cohetes como si lo hacía con personas que se recuperaban de un cáncer, descubrió que todas ellas compartían un convencimiento total en la probabilidad de su respectivo éxito. Creían en sí mismas. Sabían que marcarían la diferencia. El doctor Garfield descubrió que esta cualidad proviene en ocasiones de nuevas oportunidades, como cuando el presidente Kennedy anunció que un ciudadano de Estados Unidos caminaría sobre la Luna antes del final de aquella década. En otras ocasiones eran los retos personales, como un accidente o un cáncer, los que generaban un rendimiento cumbre. A la vista de todo ello, llegó a preguntarse si la aparición del rendimiento no sería tan sólo cuestión de circunstancias. Descartó esta posibilidad al comprobar que los realizadores sobresalientes en los deportes, en las artes, en el mundo del espectáculo y en los negocios estaban motivados internamente. ¿Crees que fueron tan sólo las circunstancias las que produjeron una leyenda del baloncesto como Michael Jordan, un coreógrafo de fama mundial como Twyla Tharp o un cantautor como Bruce Springsteen? Por más que las circunstancias hayan podido contribuir, todas estas personas estaban internamente motivadas por su deseo de marcar la diferencia. Garfield descubrió que este deseo y la capacidad para estar en la cumbre de la montaña, en tu propia cima, están presentes en todos y cada uno de nosotros sin excepción.

Las raíces de la impotencia

Siendo así, ¿cómo es posible que tantos de nosotros nos sintamos impotentes? Por los programas de variedades de televisión, las historias que leemos en los periódicos y las personas que nos rodean, sabemos que son muchas las que no se sienten capaces de cambiar sus circunstancias, y mucho menos de alcanzar su rendimiento cumbre. ¿Por qué existe un vacío tan profundo entre quienes se sienten con poder y quienes no? El doctor Michael Lerner, del Instituto Nacional de Salud Mental, decidió averiguarlo. A mediados de los años ochenta dirigió un proyecto de investigación para descubrir en qué se basa la sensación que tienen las personas de que gobiernan su propia vida. Él y su equipo entrevistaron a miles de personas, procedentes de todos los estamentos de la vida estadounidense. Técnicos de alto nivel, obreros, empleados de servicio, profesionales liberales, funcionarios y empleados autónomos fueron interrogados sobre cuánto poder experimentaban en y sobre sus vidas. Los resultados de la investigación fueron publicados en el libro titulado *Surplus Powerlessness* (Exceso de impotencia).[2] Dichos resultados son sorprendentes y merecen una difusión mucho más amplia.

En primer lugar, y nada sorprendente, observó que vivimos tiempos de poder económico y político desigual. En segundo lugar, su investigación demostró que la percepción que de esta desigualdad tenía la mayoría de personas no se correspondía con la realidad y era mucho mayor que ésta. El doctor Lerner descubrió que eran muchas las personas que se sentían con poco o ningún poder para cambiar las cosas, con lo que generaban en sí mismas un «plus de impotencia». Lo denominó «impotencia emocional» porque correspondía a la percepción que tenían de la situación y no a la realidad de la misma. En tercer lugar, su trabajo ofreció abrumadora evidencia de que la mayoría de personas estaban profundamente identificadas con su falta de poder. A pesar de que estos sentimientos de impotencia corrompían sus vidas y los aislaban, los hacían desconfiados y mutilaban su plenitud, no cuestionaban esos sentimientos. En lugar de ello, actuaban como si se tratara de algo inevitable o merecido.

En realidad, los sorprendentes descubrimientos del doctor Lerner quedan confirmados por los trabajos del doctor Garfield, que estudió los cambios en personas con niveles de rendimiento medio que se convertían en personas con rendimientos cumbre. Descubrió que con frecuencia decían que tanto ellos mismos como sus capacidades habían crecido. El doctor Garfield sacó la conclusión de que demasiadas personas restringen su propio potencial, pensando en sí mismas muy por debajo de sus verdaderas posibilidades. Un cambio rápido y drástico en sus circunstancias desencadena a menudo la liberación de las antiguas limitaciones, con lo que descubren que tienen mucho más poder de lo que pensaban. Para expresarlo en términos de PNL, sus limitaciones no estaban en sus capacidades ni en el mundo, sino en sus creencias, pensamientos y sentimientos sobre sí mismas.

El hecho de proporcionarte en este libro técnicas específicas de PNL para integrar las características clave de los realizadores cumbre, ha sido deliberado. Deseábamos subrayar las diferencias entre teoría y práctica, ideas y acción. Existe gran cantidad de valiosa información disponible sobre muchas áreas de la excelencia humana: cómo comer saludablemente, cómo ejercitarse para optimizar los resultados, las características clave de los ganadores, técnicas de estudio para triunfar en la escuela y métodos de negociación, por citar sólo algunas. No nos faltan posibilidades para el rendimiento cumbre, ni modelos reales de excelencia humana. Lo que faltaba hasta hace poco era un método fiable para transformar todas esas grandes ideas en acción. Ya sabes lo que deberías comer para estar sano. ¿Comes así? Sabes que el ejercicio es bueno para ti. ¿Lo haces voluntariamente, con gusto? Para la mayoría de personas, media un abismo entre lo que saben que les conviene y lo que realmente hacen. A menudo media un abismo similar entre lo que sueñan y desean para sí mismas y para quienes aman, y lo que hacen realmente para conseguirlo. Cruzar estos abismos y convertir los sueños y deseos en realidades constituye el verdadero compromiso de la PNL. Uno de sus objetivos prioritarios es brindar a cada cual la posibilidad de lograr lo mejor. A través de este libro te hemos ofrecido abundantes técnicas de PNL para enriquecer y expandir tu vida. La excelencia humana es innata en cada uno de nosotros. Con ella podemos lograr lo que queramos. Con la PNL te anticipamos que te sentirás con la capacidad para emprender las acciones necesarias para que tu vida sea incluso más de lo que esperas. Todos nosotros, no importa cual sea nuestro nivel de éxito, podemos mejorar en gran medida nuestras vidas y las de los demás.

Cada vez que impartimos formación en PNL, vemos cómo más y más personas dejan de lado su sensación de impotencia y conectan con las tremendas cualidades y capacidades que siempre estuvieron latentes en su interior. Formamos a personas de todas las esferas de la vida: gerentes, estudiantes, vendedores, médicos, enfermeras, psiquiatras, terapeutas, abogados, empresarios, educadores y simples curiosos. Vienen por multitud de razones distintas: mejorar su capacidad para comunicarse, acelerar el aprendizaje, enriquecer sus relaciones, mejorar sus resultados o aprender nuevas habilidades. Sin embargo, cuando aplican una y otra vez las técnicas de PNL que les enseñamos para alcanzar con éxito sus objetivos individuales, vemos cómo se va produciendo un cambio mucho mayor. Si bien los hombres de negocios acudían en principio para aumentar su efectividad, los maestros para obtener nuevas estrategias de educación y los terapeutas para descubrir técnicas más efectivas para generar cambio, cuando llegan aproximadamente a la mitad del período de formación todos ellos han ampliado sus posibilidades hasta abarcar su propio desarrollo personal. La tímida maestra decide abrir su propia escuela. El reservado programador informático decide trabajar como voluntario en un centro para momentos de crisis. La empresaria decide enseñar técnicas de PNL a quienes trabajan con ella, en lugar de utilizarlas tan sólo ella. El gerente de empresa descubre que las habilidades de PNL para la gestión son igualmente útiles para el ejercicio de la paternidad. Una y otra vez, los horizontes de nuestros participantes se amplían. Descubren más y más de sí mismos al establecer contacto directo con su potencial. Siempre estuvo allí. Sólo había que creer en él. Más importante aún, tenía que ser despertado en un modo en el que todos ellos pudieran creer.

El convencimiento total del rendimiento cumbre

Volvamos ahora nuestra atención a esa característica, menos tangible pero igualmente crucial, del máximo realizador que había identificado el doctor Garfield: la fe absoluta en la *probabilidad* del propio éxito. Si bien un simple ejercicio en un libro no puede reemplazar un período de formación en PNL, tu atención concentrada en el proceso siguiente puede proporcionarte grandes recompensas. Vamos a emplear de nuevo el patrón de substitución. Se trata de la misma técnica que utilizaste en el capítulo 10 para aumentar tu autoestima. Constituye una técnica muy adecuada para toda ocasión en la que quieras cambiar un hábito mental. El patrón de substitución es una de las técnicas de PNL más fáciles y, sin embargo, más profundamente poderosas. Ello se debe a que se sirve del propio problema para desencadenar un proceso mediante el cual te conviertes de forma automática en una persona que no tiene ese problema. Cuanto más practiques esta técnica, más usos descubrirás para ella. En esta ocasión, vamos a emplearla para proporcionarte más recursos y mayor sensación de poder.

Ejercicio 41
El patrón de substitución para la autopotenciación

1. *Identifica la imagen clave.* Piensa en algún momento de tu vida en el que sentiste que carecías de poder. Si bien algunas personas tienden a pensar de inmediato en alguna experiencia dramática de su vida, puede resultar incluso más eficaz escoger un momento más corriente, con un sentimiento de impotencia más familiar. Ello se debe a que al cambiar este sentimiento cotidiano, todas tus experiencias similares cambiarán también. Asegúrate de que se trate de un recuerdo específico, de algún momento en el que te sentiste incapaz de mejorar las cosas.

Introdúcete momentáneamente en ese recuerdo, viendo lo que viste con tus propios ojos justo *antes* de experimentar el sentimiento de impotencia. Ésta es la imagen clave que utilizarás más adelante. Déjala ahora temporalmente a un lado.

2. *Crea una imagen propia llena de recursos.* Tómate ahora uno o dos minutos para crear frente a ti una imagen de ti mismo, tal como te gustaría ser tras haber resuelto ese problema. Se trata de un «tú» poderoso y en plenitud de recursos. Es como una fotografía de estudio de ti mismo, sin decorado de fondo. No es necesario que sepas cómo has llegado a ser así. Observa simplemente cómo exuda las cualidades de poder, quizá por el brillo de sus ojos y su sonrisa confiada. Tómate el tiempo que necesites para desarrollar por completo esa imagen. Asegúrate de que te resulta real y de que te sientes atraído con fuerza a convertirte en ella. Disfruta de esta imagen de «ti».

3. *Practica la expansión de la imagen propia en plenitud de recursos.* Toma ahora la imagen llena de recursos y colócala en un diminuto punto luminoso en el espacio frente a ti. Deja que el punto florezca y crezca rápidamente, haciéndose grande, brillante y lleno de color hasta que puedas ver a ese «tú» en plenitud de recursos en tamaño real y frente a ti. Contempla ahora una pantalla en blanco en tu mente. Repite este proceso varias veces, hasta que se convierta en automático.

4. *Coloca la imagen propia en plenitud de recursos dentro de la imagen clave.* Sitúa ahora este diminuto punto luminoso en el centro de la imagen clave que has descubierto en el Paso 1.

5. *Intercambia las imágenes (substitúyelas).* A medida que la imagen clave disminuye y se desvanece rápidamente, deja que el punto luminoso se expanda y revele la imagen de plenitud de recursos en todo su esplendor, vívida y en tamaño real.

6. *Contempla una pantalla en blanco.*

7. *Repite diez veces.* Repite ahora los pasos 4 a 6 un poco más rápido. Sitúa el diminuto punto luminoso en el centro de la imagen desagradable. A medida que ésta se desvanece y se desintegra con rapidez, observa cómo tu propia imagen se hace rápidamente mayor y más brillante, mayor y más brillante, hasta que... la imagen de plenitud de recursos substituye por completo a la imagen clave. Contempla de nuevo la pantalla en blanco. Repite el proceso diez veces.

8. *Multiplica la imagen propia de plenitud de recursos.* Puesto que esta imagen del «tú en plenitud de recursos» te será proba-

blemente de utilidad en muchas otras situaciones, te resultará de la máxima utilidad ver esta imagen positiva de ti mismo mires donde mires: al pasado, al presente o al futuro.

Imagina que puedes sostener físicamente al «tú en plenitud de recursos» en tus manos. Extiende tan sólo tus manos y tómalo entre ellas. Cuando lo toques empezará a brillar. Multiplica ahora esta imagen, haciendo miles de fotocopias en color de «ti mismo en plenitud de recursos», una tras otra, como en un inmenso mazo de cartas, relucientes y en color.

Deja ahora una de esas imágenes frente a ti y lanza todas las demás al espacio. Mira cómo caen y se depositan en círculos concéntricos alrededor de ti hasta allí donde alcance tu visión, en todas direcciones... en tu pasado, tu presente y tu futuro. Imagina que ves círculo tras círculo de imágenes de «ti mismo en plenitud de recursos». Deja que los buenos sentimientos te bañen y te inunden.

9. *Comprueba tu trabajo.* Ahora que ya has repetido este proceso varias veces, es importante que compruebes el resultado de tu trabajo. Tómate un momento para observar qué sientes al intentar evocar en tu mente esa desagradable imagen inicial. Si no consigues experimentar de ninguna manera los sentimientos desagradables que te causaba, o incluso te cuesta evocarla, es que has triunfado.

Si te quedara algún sentimiento desagradable al evocar dicha imagen, basta con que repitas el proceso prestando atención a cada paso hasta que estos sentimientos desaparezcan.

Lo que acabas de hacer es dirigir tu cerebro en una nueva dirección, como si entrara en un cambio de vías. Cada vez que tu cerebro se encamine en la dirección del sentimiento de impotencia y carencia de recursos, tu «desvío mental» cambiará automáticamente de agujas para entrar en la vía directa hacia la autopotenciación. Cuanto más te induzca el mundo exterior a sentirte impotente, más práctica adquirirá tu cerebro en desviarte hacia la autopotenciación. El patrón de substitución te ayuda a organizar tus recursos inconscientes y a acceder a ellos, de modo que entres en contacto con tus mayores capacidades.

Expresarás esta nueva autopotenciación con el deseo de emprender un viaje de autodescubrimiento, un viaje que se ampliará y se hará más y más agradable a medida que avances. Tu cerebro puede realizar proezas sorprendentes. Si aspiras a una vida positiva de rendimiento cumbre, tu cerebro puede encarrilarte hacia ella.

Amplía las capacidades naturales de tu cerebro

Todos hemos oído relatos que ilustran el sorprendente potencial que yace en nuestro interior. Aquí tienes algunos de nuestros favoritos:

Hace unos años, un estudiante se quedó dormido en la clase de matemáticas avanzadas. Cuando la campana de final de clase lo despertó, vio varios problemas escritos en la pizarra, de modo que los copió rápidamente para hacerlos en casa y se fue a la clase siguiente. Durante el fin de semana, se puso a trabajar en ellos. Quedó sorprendido por su dificultad. Llegado el lunes, sólo había conseguido resolver uno por completo y otros en parte. Decidió que sería mejor reconocer su siestecilla en clase y pedir ayuda a su profesor. Imagínate cuál fue su sorpresa cuando el profesor le dijo que había escrito los problemas en la pizarra como ejemplos interesantes de problemas aún sin resolver en su campo.

Las persianas del aula están bajadas y suena una hermosa música barroca. El profesor de lenguaje habla despacio, con claridad, y sonríe agradablemente a sus estudiantes. Cada uno de ellos tiene un nombre y una identidad en el idioma que están estudiando. El profesor formula una pregunta y mira a un estudiante, al que dice, dándole ánimos: «Por supuesto que conoces la respuesta, Paulo. Has vivido allí mucho tiempo. Ocurre que lo has olvidado momentáneamente. Ya empiezas a recordar, ¿verdad?». En la mayoría de ocasiones, funciona. La «Sugestopedia» del doctor Lozanov ha supuesto una revolución mundial en la enseñanza del lenguaje y ha puesto en cuestión las ideas más fundamentales sobre el aprendizaje.

Los médicos explicaron a una mujer que las probabilidades de sobrevivir a su enfermedad eran mínimas. Había un nuevo fármaco en el mercado que podía ayudar, pero estaba en fase experimental. Sólo se lo podrían administrar si aceptaba formar parte del experimento. Dio su conformidad. Muchos años después, completamente recuperada, descubriría que la habían incluido en el grupo «testigo» y que no le habían administrado más que inocuas píldoras de azúcar.

Los tres hechos relatados son ejemplos de lo que se conoce como «efecto placebo». Los placebos son preparados sin ningún elemento activo que se administran en pruebas experimentales de nuevos fármacos para proporcionar una línea básica sobre la que poder evaluar el fármaco en estudio. Por lo general no contienen más que azúcar o harina.

Cuando la persona recibe el placebo, lo hace con el pleno convencimiento de que se trata de algo que la ayudará. Aunque no contiene ningún principio activo, un considerable número de personas mejoran con él, en lo que se conoce como «efecto placebo». Están preparadas para un cambio positivo, que sus cerebros anticipan haciendo que mejoren. En el caso del estudiante de matemáticas, dio por sentado que los problemas de la pizarra eran trabajo para casa, que cualquiera de sus compañeros de clase debería estar en condiciones de resolver. Al suponer que eran solucionables, sus recursos internos despertaron ante la ocasión que se les brindaba. En el caso de los estudiantes de lenguas extranjeras, creían que conocían ya el idioma. Cuando no conseguían invocar alguna palabra o cuestión gramatical, daban por sentado que la recordarían de inmediato. En el ejemplo literal del efecto placebo, la enferma no dudaba de que el nuevo fármaco la ayudaría. En realidad lo hizo, la ayudó a acceder a sus propios recursos internos para combatir la enfermedad y recuperar la salud.

Richard Bandler y John Grinder, cofundadores de la PNL,

decidieron estudiar todos los datos existentes sobre el «efecto placebo». Descubrieron que estaba demostrado que los placebos eran efectivos en un 20 por ciento de los casos. Ello significaba que mejoraban 20 de cada 100 sujetos de pruebas de fármacos experimentales, a menudo de enfermedades difíciles o peligrosas, tras haber tomado placebos, comprimidos sin ningún valor médico.

El enfoque científico-médico actual tiende a descartar el efecto placebo, ya que los médicos y los científicos trabajan en la investigación de medicamentos que funcionen, con independencia de lo que los pacientes piensen con respecto a ellos. Ésta es sin duda la mejor línea de acción para desarrollar medicamentos verdaderamente eficaces. Desde esta perspectiva se han obtenido muchos de los fármacos «milagrosos» de nuestros tiempos, como la penicilina o la vacuna contra la poliomielitis.

El objetivo de Richard Bandler y John Grinder era, no obstante, distinto, por lo que contemplaban los mismos datos desde otro ángulo. Veían en el efecto placebo una capacidad humana sin explotar. Dicho efecto demostraba la capacidad inherente del cerebro para sanar el cuerpo y sobrepasar las expectativas en determinadas circunstancias. El convencimiento puede a menudo superar problemas difíciles, o aparentemente insolubles. La cuestión era saber cómo.

Al principio, Bandler y Grinder bromeaban entre ellos y se decían que lo podrían conseguir vendiendo directamente píldoras placebo. Después de todo, puesto que dichas píldoras contendrían únicamente ingredientes inocuos, no podrían ser consideradas como fármacos ni como medicinas. Cada frasco de «placebo» incluiría un librito de instrucciones, que indicaría al usuario cómo imaginar las propiedades beneficiosas para la salud que tenían los comprimidos, así como cuántos debía tomar y con qué frecuencia, para alcanzar los efectos deseados. Podría anunciarse, sin faltar a la verdad, que el placebo era efectivo en un 20 por ciento de los casos. No obstante, sus quimeras se derrumbaron cuando empezaron a imaginar la reacción de la agencia estatal que controla la comercialización de drogas y medicamentos, así como los esfuerzos internacionales para prohibir el placebo.

En el vuelo de su fantasía, se vieron testificando ante una comisión del congreso, tras haber puesto en el mercado el Placebo Plus, «ahora incluso con más ingredientes inertes».

Los vuelos de la fantasía tal vez sean muy divertidos, pero pueden también conducir a nuestro cerebro por inesperadas y fructíferas sendas, así como incitarnos a formular diversas preguntas. ¿Qué imagen de sí mismo tenía el estudiante de matemáticas cuando empezó a trabajar en casa con sus problemas? Probablemente se veía resolviéndolos. Al verse a sí mismo como un nativo del país originario de la lengua que está estudiando, y pensar que ha olvidado tan sólo momentáneamente una palabra o una frase, el estudiante de idiomas puede acceder a recuerdos que de otro modo quedarían sin utilizar. Al participar en el proyecto de investigación farmacológica, la enferma probablemente se vio cada vez más sana, a medida que el supuesto nuevo fármaco surtía efecto en ella. Si bien quizá nunca llegaremos a conocer con exactitud cómo consigue el placebo sus resultados, sabemos que afecta a lo que pensamos, al modo en que pensamos en ello y a nuestras creencias sobre lo que es posible. El patrón de substitución proporciona un camino para conseguirlo con rapidez, con facilidad y de modo mucho más fiable que cualquier placebo. Después de todo, muchas personas que reciben un placebo continúan siendo pesimistas, viéndose a sí mismas como fracasadas, como tontas, o como enfermas sin remedio.

En el ejercicio siguiente vamos a utilizar los descubrimientos de la PNL sobre la naturaleza de los placebos para crear una técnica que consiga lo mismo: influir en lo que piensas, en cómo lo piensas y en tus creencias acerca de lo que es posible.

Ejercicio 42
Imprime una huella de rendimiento cumbre

Este ejercicio utiliza de nuevo el destructor de decisiones de Richard Bandler. En el Ejercicio 36 lo empleaste para conseguir una sólida actitud mental positiva a lo largo de toda tu vida. En esta ocasión lo utilizarás para imprimir un rendimiento cumbre sobre todos tus recuerdos para disponer de él en el presente.

Antes de empezar, dedica un instante a evocar la huella de actitud positiva que creaste en el capítulo 11. Cuando la hayas experimentado de nuevo plenamente, déjala por el momento a un lado.

1. *Recuerdo de rendimiento cumbre.* Piensa en algún momento excepcionalmente positivo de tu pasado, una ocasión en la que sentiste que estabas dando lo mejor de ti mismo. Quizá se trate de una situación en la que demostraste una gran creatividad, una brillante percepción, una concentración excepcional o tal vez una constancia sin límites. Quizá sucedió en la práctica de un deporte, en la escuela, en el trabajo o en casa, con la familia. Lo importante es que se trate de una ocasión en la que te sentiste que «funcionabas», con un rendimiento extraordinario del que te sentiste plenamente satisfecho y orgulloso. Cuando la encuentres, entra en ella y ve lo que viste, escucha lo que escuchaste y siente de nuevo estas excepcionales sensaciones, reviviendo la situación como si estuviera sucediendo aquí y ahora.

2. *Recuerdo normal.* Piensa ahora en algún recuerdo ordinario, que no afecte en gran medida a tu vida en un sentido u otro, como contestar el teléfono o trabajar en el jardín.

3. *Las submodalidades del recuerdo de rendimiento cumbre.* Compara ahora estos dos recuerdos para descubrir las submodalidades del recuerdo del rendimiento cumbre que provocaron en ti este estado. Mientras experimentas de nuevo aquellas imágenes, sonidos y sensaciones, imagina que vas a realizar una película sobre él y observa sus cualidades cinematográficas: sus submodalidades visuales y auditivas. Observa el tamaño, el brillo, la localización, la riqueza de los detalles de las imágenes interiores y sus cualidades sonoras. Haz un rápido inventario de todo ello. Éste es el modo particular que tiene tu cerebro para codificar este momento de tu vida en el que diste lo mejor de ti mismo.

4. *Añade la actitud mental positiva.* Vamos ahora a sobrecargar tu rendimiento cumbre añadiéndole la huella de actitud positiva que creaste en el Ejercicio 38. Cuando la creaste, le conferiste las cualidades de una experiencia viva mayor, más audaz, más real y más importante que el resto de tu vida. Empieza a experimentar

de nuevo tu rendimiento cumbre, pero añadiéndole esta vez esas mismas cualidades visuales y auditivas. Contempla cómo el recuerdo de tu rendimiento cumbre se hace mayor, más audaz, más real y más importante. Estás combinando tu actitud mental positiva con un rendimiento excepcional para crear una «huella de rendimiento cumbre/actitud positiva».

5. *Planifica el futuro.* Puedes utilizar esta combinación para realizar cosas sorprendentes. ¿Qué te parecería experimentar este estado la próxima vez que hicieras una presentación? ¿O cuando alguien necesitara lo mejor de ti? ¿Y qué tal en esos momentos tan especiales con la familia o los amigos?

6. *Viaja a través del tiempo.* Ahora ya estás preparado para utilizar este nuevo estado, para transformar tus recuerdos en un recurso supercargado para tu presente y tu futuro. Manteniendo esta huella de rendimiento cumbre/actitud positiva en tu mente y en tu cuerpo, imagina que sales de tu cuerpo y flotas sobre tu línea del tiempo hacia tu pasado. ¿En qué momento crucial de tu pasado habría significado este tremendo recurso un cambio que afectara positivamente al resto de tu vida? Cuando lo hayas encontrado, desciende sobre tu línea del tiempo en algún lugar anterior a ese momento en el que necesitabas el recurso. Muévete ahora rápidamente hacia delante en tu línea del tiempo y observa cómo todos tus recuerdos pasados quedan también de manera instantánea transformados en otros llenos de recursos. Cuando llegues al presente, obsérvate a ti mismo y a tu extraordinario recurso viajando hacia tu futuro.

Muchas personas le sacan aún más provecho a este proceso repitiéndolo varias veces, ya sea con el mismo recuerdo o con otros. Con él puedes reprogramar literalmente tu pasado y tu futuro en cuestión de minutos. Empléalo cada vez que desees añadir una actitud, una sensación o un estado de excelencia a toda tu vida. Te recomendamos que te tomes tiempo para todo ello. Con el rendimiento cumbre a tu disposición, vivirás mucho más de tu propia vida.

Cuando sabemos que el rendimiento cumbre no es tan sólo un sueño, sino una posibilidad real, podemos preguntarnos: «¿Y qué hay más allá de la cima?». Parece que forma parte de la naturaleza humana luchar en ocasiones por algo con tanta fuerza y determinación que acabamos por olvidar el porqué de su importancia. Con tantas exhortaciones constantes a nuestro alrededor para que seamos lo mejor que podemos ser y demos lo mejor de nosotros mismos, no es de extrañar que algunas personas estén convencidas de que la cumbre, ya sea en los deportes, en los negocios, en la política o en el mundo del espectáculo, es el único lugar donde vale la pena estar. Puesto que toda su energía está concentrada en llegar a las cimas más altas, cuando no consiguen llegar hasta ellas, paso a paso, lo consideran como un fracaso personal extremo. Y cuando lo consiguen, la siguiente pregunta en labios de cada comentarista de televisión es: «¿Cuánto tiempo logrará mantenerse ahí?».

Volviendo a nuestra comparación entre las cimas montañosas y el rendimiento cumbre, te habrás dado cuenta del esfuerzo que requiere ascender a la cima, un esfuerzo similar al necesario para alcanzar la cumbre en cualquier carrera o profesión. Cuando lo consigues, te invade un bien merecido sentimiento de exaltación, de logro y de satisfacción. ¿Y luego qué? Miras en todas direcciones, contemplas las vistas. Si estás en compañía de amigos, compartes con ellos el panorama y la emoción. Quizás incluso grites tu triunfo a los cuatro vientos. Si llevas una cámara, tomarás fotos como recuerdo. Tras disfrutar de tu logro, te das cuenta de que existen muchas otras cimas y de que para poder subir a ellas, primero tienes que bajarte de donde estás. Te das también cuenta de que la cima es un lugar para visitar, no para vivir. La misma noción de cima, ya se trate de una montaña o de logros humanos, indica que se trata de un lugar muy distinto a la base, a la mitad, o incluso a las dos terceras partes del camino de subida. Una cima se define en comparación con lo que no lo es y, proporcionalmente, en una montaña hay mucho más de «no cima» que de cima.

Sin embargo, muchas personas siguen construyendo sus carreras y su felicidad alrededor de la idea de una cima permanente de perfección. Esta idealización de la cumbre les lleva a pensar que para ser felices necesitan tener toda su vida en perfecto orden. Todo sería maravilloso *si tan sólo* tuvieran la casa perfecta, el coche ideal, la relación del todo satisfactoria, la carrera gratificante, el proyecto apasionante, el ayudante eficiente, el traje hecho a medida, la reunión matinal increíblemente productiva y la taza de *cappucino* perfecta. Sólo cuando alcancen estos objetivos y los ordenen a la perfección, se sentirán en la cumbre y podrán ser real, profunda y completamente felices.

Al celebrar sólo la cima, corren el riesgo de convertir el resto de su vida en una penosa y agotadora persecución. Por añadidura, su «verdadera felicidad» durará tan sólo los breves instantes que tarde en salir algo mal: se estropea la fotocopiadora, se bloquea el ordenador, llaman de la guardería, se produce una discusión, la máquina de café está fuera de servicio o cualquier otra imperfección que interfiera con su visión de la perfección cumbre. Con un poco de suerte, quizá lleguen a gozar de unos veinte minutos de pura felicidad. Después, deberán volver a dedicar todo su tiempo y sus esfuerzos a trabajar, construir y reordenarlo todo, para que sea como piensan que debe ser. Una vez más, iniciarán su duro ascenso por la montaña de una vida imperfecta para, quizá dentro de dos o tres años, alcanzar de nuevo alguna cima de perfección y ser verdaderamente felices durante otros veinte minutos.

¿Cuántas personas conoces cuya vida es, con alguna variante, como la que hemos descrito? Te dirán que serán felices tan pronto como pierdan peso, cambien de trabajo, encuentren una nueva pareja o puedan comprarse ese nuevo... lo que sea. Todas ellas son variaciones de: «No estoy aún lo bastante cerca de la cima para empezar a disfrutar de mi vida». Desde luego, es posible que si pierden peso, cambian de trabajo, encuentran una nueva pareja o puedan comprarse el nuevo coche lleguen a sentirse felices. Es decir, al menos hasta que vuelvan a engordar, su nuevo jefe resulte ser un tirano, su pareja empiece a refunfuñar o el coche tenga un arañazo. Empezarán entonces a deslizarse de nuevo pendiente abajo hacia la infelicidad.

Es posible, no obstante, que exista una ruta alternativa para subir esa montaña. Tal vez sea posible ser feliz ocurra lo que ocurra en el mundo. Quizá la felicidad no dependa de lo que hagan o dejen de hacer los demás, o de lo que uno mismo tenga o deje de tener. Tal vez sea posible ser una persona feliz en cualquier situación. Entonces, si llegas a tener la casa perfecta, puesto que ya eres feliz, lo serás aún más. Y si llegas a disfrutar de una relación satisfactoria, también serás más feliz aún. En lugar de luchar por ser feliz durante unos efímeros momentos, lo puedes ser siempre, incrementando la plenitud de tu vida.

¿Es esto realmente posible? Si quieres, sí. Deberás ser capaz de gobernar tus experiencias en vez de evitar que la vida simplemente transcurra para ti. Significa cambiar de forma deliberada el modo en que valoras lo que te sucede, de manera que puedas percibir los acontecimientos de forma más positiva y significativa. No quiere decir que no vayas a tener «días malos», sino que será el día el que sea «malo» y no tú. No equivale a decir que debas convertirte en un ciego optimista. Significa que asumirás la responsabilidad de crear tu propio entorno interior; un mundo en el que logro, rendimiento cumbre y felicidad podrán coexistir, e incluso prosperar.

Si deseas conseguirlo, deberás saber que no existen para ello portentosas técnicas instantáneas. Puedes empezar por darte cuenta de lo que aprecias en los acontecimientos simples, cotidianos y ordinarios de tu vida. ¿Qué quieres conservar y recordar de ellos? ¿Qué es lo que más aprecias: el aroma del café, el tacto de la seda, la sonrisa del camarero o la paciencia del empleado de reservas? Contempla tu experiencia como mirarías un dibujo hecho por un niño pequeño para ti. Descubre el regalo que hay en ella. Descubre lo que tiene de apreciable.

Cuando hayas practicado un poco con esto, desplaza tu atención a una faceta más competitiva de tu vida. Ganes o pierdas, practica la actitud de prestar atención a aquello que hayas hecho exquisitamente. Descubre lo que hay de admirable en tu competidor. Cuando seas capaz de hacerlo, habrás alcanzado el estado mental adecuado para tomarte la vida lo suficientemente a la ligera como para tomártela en serio. Animándote a ti mismo y enalteciendo a los demás, tus sentidos se han abierto y relajado. Te habrás encontrado sin duda a ti mismo adquiriendo las habilidades de los demás, sin siquiera proponértelo. Estarás en condiciones de ganar más a menudo, sabiendo al mismo tiempo que hacerlo no es ya crucial para tu experiencia. ¿Te preguntabas qué hay más allá de la cima? Aquí tienes la respuesta a tu pregunta.

Visualiza tu futuro

Has experimentado el rendimiento cumbre como un proceso activo y participativo. Cuando incrementas tu rendimiento total, éste se convierte en tu nueva línea de partida. ¿Recuerdas la autocomparación que establecían los atletas? Considera ahora cuán lejos has llegado desde que empezaste a leer este libro. Si has realizado todos los ejercicios hasta aquí, habrás tomado el control de tu propia motivación, habrás puesto en claro y desarrollado tu misión, programado tu futuro, dispondrás de mejores relaciones contigo mismo y con los demás, habrás superado dificultades pasadas, aumentado tu autoestima y la confianza en ti mismo, creado una actitud mental positiva y aprendido a acceder a tu rendimiento cumbre; todo lo cual no es poco.

Vamos a avanzar aún otro paso. Vamos a estudiar lo que Mihaly Csikszentmihalyi, psicólogo de la Universidad de Chicago, denomina la «experiencia del flujo»,[3] en la que todo carece de esfuerzo y el tiempo se expande. «Flujo» es lo que las estrellas del deporte denominan estar «en la zona». Cuando la pelota va hacia ellos y tienen la sensación de que es inmensa y se mueve despacio, cuando sienten que podrían seguir corriendo todo el día sin fatigarse. Es lo que Arnold Palmer comparó con la experiencia que siente un músico en medio de una gran actuación. Es lo que los músicos de jazz llaman «estar en la onda». El hecho de que tantas personas diferentes en tantos campos distintos describan esta experiencia da fe de su existencia. El gran pianista de jazz Keith Jarrett conoce tan bien este estado mental que no empieza a tocar en un concierto hasta que no lo experimenta.

Con las técnicas de PNL hemos explorado la experiencia del flujo. Hemos descubierto que el flujo aparece cuando la persona concentra toda su atención en la tarea en curso. En los estados de conciencia más corrientes, o bien nos retenemos o bien simplemente nos distrae lo que nos rodea. En el estado de flujo, toda la atención está puesta en lo que se está haciendo. El «ser» desaparece en el «hacer». El palo de golf y el jugador se funden. El músico siente que la música le interpreta, tanto como él interpreta a la música.

Hemos descubierto que este estado de flujo está libre de toda preocupación, confiere una libertad virtual para hacer cualquier cosa. Quienes se encuentran en él ven la «gran imagen» y, a partir de ella, desarrollan una perspectiva liberadora. Su mente queda liberada y su creatividad y talento pueden acudir allí donde se les necesita. Alcanzan el éxito precisamente gracias a esta actitud. Al igual que los máximos realizadores, despliegan su rendimiento cumbre. El siguiente ejercicio está pensado para aproximarte mucho a esta perspectiva.

Ejercicio 43
Libera tu perspectiva para el logro ilimitado

Parte 1: La gran imagen-espacio

1. *Observa la conciencia de ti **mismo***. Busca un lugar y un momento adecuados y comienza por tomar plena conciencia del aquí y ahora. Siente tu cuerpo, la sensación de tu piel y de las partes de ti que tocan la silla, la mesa e incluso este libro. Observa ahora en qué lugar de tu cuerpo reside habitualmente la conciencia de *ti mismo*. ¿Te sientes, por ejemplo, más en la cabeza, en el pecho o en el vientre? Deja que tu conciencia se desplace y observa los cambios.

2. *Sal de tu cuerpo*. Deja que tu conciencia abandone poco a poco tu cuerpo. Pronto te sentirás flotando cómodamente alrededor y por encima de él. Imagina que desde donde estás puedes verte ahí abajo, a ti mismo y a la habitación, con gran claridad y detalle.

3. *Elévate*. Flota ahora más alto todavía, casi hasta tocar el techo. Sigue ascendiendo, por encima del tejado, hasta que veas todo el edificio y sus alrededores. Elévate cada vez más

deprisa hasta que veas toda la ciudad y los campos, bosques y ríos que la rodean. Sigue subiendo más y más alto, a través de las nubes, tan arriba que puedas percibir el perfil de los continentes, los océanos y, por fin, toda la Tierra flotando en la inmensidad del oscuro espacio. Contempla el Sol y las estrellas que brillan como diamantes alrededor de ella. Contempla la superficie de la Tierra, cómo se desplazan las nubes sobre ella. Este es tu hogar. Contémplalo, admira este mundo sin fronteras, observa que es verdaderamente un solo mundo. Quizás algún día puedas ver lo mismo desde la ventana de una estación espacial.

4. *Utiliza esta perspectiva.* Desde esta perspectiva no puedes siquiera ver tu cuerpo, tan diminuto, sobre la superficie del gran planeta azul. Piensa ahora en algún problema que tenga esa persona ahí abajo, tú mismo, y considéralo desde esta perspectiva. ¿Qué ideas o posibilidades ofrece esta posición a esa persona en su búsqueda de soluciones? Explora la utilidad de esta perspectiva tanto tiempo como desees, asegurándote de retener lo que descubras para podérselo ofrecer más tarde, de vuelta a la superficie de la Tierra, a esa persona, a ti mismo.

5. *Desciende.* Empieza ahora a descender, aproximándote cada vez más a la superficie de la Tierra. Verás primero el perfil de los continentes, reconocerás tu país, tu ciudad y tu barrio. Por fin te aproximas a tu edificio, entras por el tejado y te detienes justo encima de ti mismo.

Parte 2: La gran imagen-tiempo

6. *Contempla tu línea del tiempo.* Parpadea un par de veces y empieza a ver tu propia línea del tiempo debajo de ti. Contempla tu pasado y la dirección que sigue, partiendo de tu cuerpo sentado. Contempla luego tu futuro y la dirección que sigue.

7. *Viaja hacia el futuro.* Empieza a viajar ahora sobre tu línea del tiempo hacia tu futuro. Al hacerlo, te irás encontrando con algunos de los objetivos que colocaste en ella en ejercicios anteriores. A medida que viajas por el mañana, verás cómo ha mejorado tu futuro al haber conseguido estos objetivos. Contempla tu sentimiento de logro y satisfacción. Mira aún más adelante

en tu futuro y comprueba cómo la consecución de estos objetivos ha hecho posible alcanzar otras metas. Contempla estas nuevas oportunidades para una vida aún mejor.

Quizá quieras introducirte en alguna de estas experiencias futuras. Cuando entres en ella y la toques, experimentarás algunas de esas grandiosas sensaciones que te están aguardando. Estas sensaciones servirán para recordarte que un día tus sueños se realizarán. Con la creciente sensación de satisfacción que produce saber que tus sueños se verán realizados, empieza a desplazarte cada vez más rápido y más lejos sobre tu línea del tiempo hacia tu futuro.

8. *Explora el final.* Si tu línea del tiempo acaba antes de lo que quisieras, puedes tomarla en tus manos y extender tu futuro más allá de cien años de salud y felicidad. Percibe una vida plena y productiva hasta el fin de tu línea del tiempo. Detente ahora, justo antes del final. Lo que te encontrarás allí es algo desconocido para todos nosotros. Para algunos es una puerta; para otros, un muro de fuego, y para otros, incluso, una inefable y deslumbrante presencia luminosa. Acepta lo que encuentres, sea lo que sea, y descubre qué puedes aprender de ello.

9. *Contempla tu sabiduría de anciano.* Se dice que, pasados los treinta, las líneas de nuestro rostro empiezan a reflejar la trayectoria de nuestra vida. Mira hacia el final de tu línea del tiempo y contempla la sabia persona en la que te has convertido. Mira profundamente esta faz y observa, reflejada en ella, toda la riqueza de las experiencias que has planificado para ti. Observa y escucha atentamente por si esta personificación tuya, mayor y más sabia, tuviera algún mensaje especial para ti o alguna indicación. Incluso si no los comprendes en su totalidad, muestra el mayor respeto en tu respuesta y agradece a ese tú, viejo y sabio, el encuentro y su mensaje.

10. *Revisa tu vida.* Mira ahora hacia atrás, a lo largo de tu línea del tiempo, sobre todos los años de tu pasado, y revisa toda tu vida por completo. Considera con el corazón tanto como con la cabeza, si has vivido la vida que realmente querías vivir. Son pocas las personas que se toman el tiempo necesario para averiguar, sobre todo en retrospectiva, si la vida que han planeado de

manera inconsciente es satisfactoria y merece la pena. Tómate todo el tiempo que necesites para hacerlo.

11. *Realiza los cambios deseados.* Si crees que debes efectuar cambios en tu línea del tiempo, permite que tu mente inconsciente te ayude. Deja que la niebla cubra tu historia futura. Deja que en esta niebla entren en combinación tus deseos conscientes con la sabiduría de tu mente inconsciente. Los destellos de varios colores que verás emergiendo de tu línea del tiempo a través de la niebla serán testigos de los profundos cambios que están en curso. Te sorprenderá la rapidez con la que se completa este proceso y quedarás fascinado cuando tu nueva vida se revele ante ti.

12. *Regresa al presente.* Empieza ahora a regresar sobre tu línea del tiempo hacia el presente. Al hacerlo, quizá quieras revisar tu nuevo futuro. Experimenta las nuevas opciones en tu camino hacia el presente.

13. *Mira en tu pasado.* Cuando te encuentres de vuelta en el presente, tómate un momento para mirar en tu pasado. Observa a ese «tú» más joven que en algún momento anticipó su existencia. Mira entonces hacia el mañana y contempla a ese «tú» futuro que deseas ser. Recuerda que está esperando que tú lo hagas real. Ahora, introdúcete de nuevo en tu cuerpo del presente. Llevas contigo todo lo que acabas de aprender. Respira profundamente. Siente las yemas de tus dedos y tus pies. Abre los ojos.

Cumbres más altas

Cada año, el cofundador de PNL John Grinder dedica parte de su tiempo a aprender lo que él llama un «nuevo juego». Una vez fue acrobacia aérea, otra fue observar y seguir la pista de animales salvajes. Un año se dedicó a aprender técnicas de escalada. Como es típico en él, para esta afición buscó el mejor instructor que pudo encontrar, alguien que se encontrara entre los mayores realizadores de su campo, un modelo de excelencia. Durante varias semanas, estudiaron los aspectos técnicos y de seguridad de dicho deporte y realizaron algunas escaladas. Cuando faltaba poco para acabar el curso, el instructor informó a sus alumnos de que habría clases más avanzadas, pero que para entrar en ellas los interesados deberían realizar una última escalada que evaluaría su pericia.

Llegado el día de la prueba, los estudiantes se concentraron en el lugar previsto. Allí se encontraron con alguien que les dijo que el instructor llegaría tarde y que debían empezar sin él. La ruta era larga y difícil, e iba a requerir todas las habilidades que habían aprendido durante el curso.

Tras varias horas de ascenso agotador, cada alumno alcanzó lo que desde abajo parecía el final del trayecto. Sin embargo, a medida que tiraban de sí mismos para alcanzar este último tramo, descubrían que en realidad aún no habían alcanzado la cima de la montaña. El instructor, que permanecía oculto, observaba atentamente la expresión de aquellos rostros al descubrir que la ascensión no había terminado. Muchos suspiraban con disgusto al comprobar lo que aún les quedaba por subir. Unos pocos, sin embargo, miraron hacia arriba con gusto y anticipación al descubrir nuevas alturas que alcanzar. Éstos fueron los elegidos por el instructor para pasar a la clase avanzada. Quería escalar con gente que se sintiera atraída por cumbres cada vez más altas, fuera y dentro de sí mismos.

Repasemos lo que has aprendido

En el presente capítulo te hemos ofrecido algunas de las técnicas que puedes emplear para alcanzar tu rendimiento cumbre, así como para inspirarlo en otras personas.

Específicamente, en este capítulo has aprendido a:

- Obtener o recuperar sentimientos de poder mediante el patrón de substitución.
- Colocar el rendimiento cumbre en tus recuerdos, utilizando el destructor de decisiones.
- Construir la base para la felicidad, el éxito y el propio aprecio.

- Liberar tu perspectiva para tener un mayor acceso a tu estado de rendimiento cumbre.
- Ver los límites y las oportunidades de pensar bajo el prisma de cimas que alcanzar.

De hecho, en este libro te hemos transmitido técnicas para que puedas elaborar, sistemáticamente, cualidades que mejorarán tu rendimiento en todas las áreas de tu vida. Los primeros dos capítulos prepararon tu mente para los nuevos procesos de pensamiento en PNL. En los capítulos 3 y 4 creaste para ti un futuro apasionante. Los capítulos quinto y sexto enriquecieron este espléndido futuro con habilidades relacionales. Los capítulos 7, 8 y 9 solucionaron problemas causados por recuerdos del pasado y prepararon el terreno para crear seguridad en ti mismo y autoestima positiva. Finalmente, en estos últimos capítulos te hemos enseñado cómo construir actitudes duraderas y cómo crearte nuevas posibilidades.

Ahora, cerca ya del final, queremos dedicar unas líneas a darte las gracias a ti, lector y compañero de viaje, por habernos acompañado en esta singladura. No nos hemos relacionado personalmente y, sin embargo, parece que nos conozcamos, eres uno de los nuestros. Y lo sabemos por varias razones. Somos conscientes de que hemos exigido mucho de ti en este viaje. Desde el principio hemos solicitado tu participación activa. Es posible que hayamos desafiado a menudo algunas de tus creencias básicas y, a pesar de ello, has seguido junto a nosotros. Te hemos ofrecido nuevos mundos llenos de posibilidades y has aceptado el reto de explorarlos. Probablemente partiste en esta aventura con expectativas muy distintas a lo que en realidad has experimentado. Esperamos haber recompensado con creces tus esfuerzos y tu atención, ofreciéndote tanto una introducción global a la PNL como las habilidades y rasgos característicos que hemos descubierto en las mentes de grandes realizadores.

Por último, queremos recordar al personaje de Don Juan del escritor Carlos Castaneda, quien nunca precipita las cosas y sabe bien que una buena partida es tan importante como una buena llegada. Don Juan nos recuerda que, sean cuales sean las habilidades y técnicas que llevemos en nuestro viaje, y fuera cual fuera su poder, lo importante es saber si en nuestro camino hay lugar para el corazón. Como dice Don Juan: «El camino sin corazón nunca es gozoso. Debes esforzarte incluso para seguirlo. El camino con corazón en cambio es fácil, no debes esforzarte para que te guste... Antes de embarcarte en él, pregúntate: ¿Tiene corazón este camino?». En *NLP Comprehensive* hemos encontrado nuestro camino con corazón. Deseamos sinceramente que el tiempo que hemos compartido contigo haya enriquecido también el tuyo y que, si éste es tu deseo, nuestros caminos se encuentren en el futuro.

Programa PNL de 21 días
para el logro ilimitado

Este capítulo está pensado para que lo leas cuando hayas acabado el resto del libro. En él se da por sentado un conocimiento funcional de los principios y las técnicas de PNL descritos en el libro y los aplica en nuevas formas.

En PNL tenemos un dicho: Si sólo tienes una forma de hacer una cosa, eres un robot. Si sólo tienes dos, estás en un dilema. Necesitas al menos tres opciones distintas para empezar a disponer de algo de verdadera flexibilidad, de auténtica capacidad de elección. Acabas de terminar este libro, que te ha ofrecido una enorme variedad de nuevas opciones para diversas áreas de tu vida. Este programa de 21 días sigue una línea distinta a la del libro; te proporciona un modo adicional para aprender y aplicar esta tecnología pionera. ¿Y qué hay de la tercera opción? Será la que crees tú, con tus propias innovaciones y descubrimientos, a medida que vayas aplicando en tu vida estos nuevos conocimientos.

Tampoco hay ninguna norma que te impida realizar más de un ejercicio al día, a condición de que dediques a cada uno toda tu atención. Una vez que hayas completado este programa, quizá desees repetir el ejercicio de algún día que te haya resultado especialmente provechoso o apreciable. O tal vez decidas insistir en algún otro del que no hayas obtenido el provecho que esperabas, en cuyo caso es muy aconsejable repetirlo. También es posible que optes sencillamente por repetir todo el programa desde el principio. Haz cualquiera de estas cosas tan a menudo como desees, o hasta que hayas realizado tus objetivos o hayas descubierto todo lo que este programa puede brindarte.

Semana 1 - Ve tras tus objetivos

Día 1: Descubre tus coordenadas actuales

Como base y guía para el resto del programa, te pedimos que hagas inventario de tu vida. Para conseguir lo que sea, debes saber hacia dónde quieres ir. No obstante, también es importante que conozcas dónde estás ahora. Sólo así podrás trazarte el camino que te llevará desde donde estás hasta donde quieres ir: desde aquí hasta la realización de tus sueños.

Casi todos nosotros, probablemente sin darnos siquiera cuenta de ello, hemos dividido nuestra vida entre lo que nos gusta y lo que no nos gusta. El cofundador de la PNL Richard Bandler ha señalado que, si bien tenemos claro lo que nos gusta y lo que no, probablemente no nos hemos dado cuenta de que podemos subdividir estos dos grandes bloques: lo que nos gusta o queremos, pero no tenemos –por ejemplo, un coche nuevo, unas vacaciones o una promoción–, y lo que no nos gusta ni queremos, pero tenemos, como, por ejemplo, exceso de peso, mal genio o unos hijos mal educados.

Para empezar, ¿qué es lo que realmente te gusta de tu vida? Quizá sean los acontecimientos épicos, como marcar el gol de la victoria, conseguir ese premio o aquella promoción; pero también pueden ser los momentos sencillos, como contemplar el sueño de un niño, escuchar el murmullo de las olas o saborear un helado de chocolate. Haz tu propia lista, tan larga y completa como tu tiempo te permita, y titúlala: **Quiero y tengo**. Utiliza para ello las columnas que hemos preparado a tal efecto y que encontrarás más adelante (p. 332).

Pasemos ahora a la pregunta más esperada: ¿qué tienes y no quieres en tu vida? Muchas personas dedican de un modo u otro gran parte de su vida a esta cuestión. Dedícale unos minutos. Quizá se trate de aquellos kilos de más, de unos hábitos poco recomendables, de quedar atascado en el tráfico, de los días en que tu jefe está insoportable, o de cualquier otra cosa que «arruine tu fiesta». Haz también tu propia lista, tan larga y completa como tu tiempo te permita, y titúlala: *No quiero y tengo.* Utiliza asimismo para ello las columnas que te hemos preparado.

Vamos con la pregunta de PNL: ¿qué quieres para tu vida que no tengas? Esta es la ocasión para que redactes la relación de tus deseos. Empieza por donde quieras: trabajo, hogar, amor, finanzas, lo que sea. Incluye en ella tus sueños importantes, pero no olvides algunos de tus sueños cotidianos, por ejemplo, un día soleado, camisas limpias o café recién hecho. Tómate también tiempo para hacer esta lista. Titúlala: *Quiero y no tengo.* Utiliza para ello la columna correspondiente.

La columna que queda está reservada a una categoría que en pocas ocasiones se tiene en cuenta: lo que no quieres pero tampoco tienes en tu vida. Si eres como la mayoría de personas, no habrás dedicado mucho tiempo a explorar esta posibilidad, así que concédete ahora unos minutos para hacerlo. Existen muchas cosas obvias, como una enfermedad temible, una deuda aplastante, un hijo disminuido, mala salud, incapacidad para trabajar, etc. Hay también muchas otras cosas que nunca has deseado ni ansías probar, como el ala delta, una sentencia de cárcel, una excursión a un vertedero tóxico, etc. Incluye también algunas de ellas en tu lista y titúlala: *No quiero y no tengo.* Anótalo en la columna correspondiente.

Asegúrate de que cada uno de los puntos anotados es real y específico y de que dispones de varios para cada categoría.

Quiero y tengo	Quiero y no tengo	No quiero y tengo	No quiero y no tengo

Cuando hayas completado este proceso, tómate unos minutos para observar:

- ¿Qué lista es la más larga y cuál la más corta?
- ¿Cuál ha sido la más fácil y cuál la más difícil de confeccionar?
- ¿Cuáles te resultan más familiares/menos familiares?
- Al repasar las listas, ¿comparas temas de igual importancia, o crees que en alguna hay «montañas» mientras que en otra hay «colinas»?
- Ahora mismo, ¿cuál de ellas llama más tu atención?

¿Te sientes satisfecho de tus respuestas? ¿Te gustan los puntos de tus listas o quieres introducir algún cambio? Cuando vayas a dormir esta noche, deja que tu mente especule sobre cómo son las cosas y cómo te gustaría que fuesen.

Día 2: Descubre tu dirección de motivación y tus prioridades

Ayer descubriste tus coordenadas actuales. Hoy vas a concentrar tu atención en dos de las listas que confeccionaste ayer: lo que **Quieres y no tienes** y lo que **No quieres y tienes.** ¿Cuál de ellas ocupa más tu atención en el presente? ¿Recuerdas la dirección de motivación? La lista del **Querer y no tener** es otra forma de describir una motivación *acercarse a,* mientras que la de **No querer y tener** lo es de describir una motivación *alejarse de.* Observa cuál de estas dos listas es más importante para ti. Empieza por esta lista, recorriendo sus puntos y dándoles prioridad. ¿Cuál deseas cambiar con mayor intensidad? ¿Y después? Emplea la escala que desees: A, B, C; 1, 2, 3; máximo, medio, mínimo, etc. Cuando hayas acabado de marcar tus prioridades en la primera lista, haz lo mismo con la segunda.

Permítenos ofrecerte ahora un modo adicional de establecer tus prioridades, para cuando hayas acabado de ordenar ambas listas. Considera qué cambio, si pudieras realizarlo, produciría en tu vida la *mayor* diferencia. Quizás esté ya en cabeza de tu lista, o tal vez te parezca en principio un cambio menor. Por ejemplo, ¿qué diferencia imprimiría sobre el resto de tu vida el hecho de que empezaras cada mañana de buen humor? ¿Qué pequeño pero significativo cambio que provocara esto podrías introducir ya en tu día? ¿Un buen desayuno, una hermosa taza, buena música, conversación, una corbata o un accesorio elegante? Busca de nuevo entre tus prioridades para descubrir aquellos puntos que, de cambiar, sean a su vez susceptibles de producir los mayores cambios. Señálalos con un asterisco.

Día 3: Convierte tus temores en sueños

Mira de nuevo tu lista ordenada por prioridades de lo que **No quieres y tienes.** Si se trata de una de las más largas, este ejercicio te resultará doblemente interesante. Cuando alguien tiene una dirección de motivación *alejarse de* bien desarrollada, presta de forma natural mucha más atención a lo que *no* le gusta y a lo que *no* quiere. Si bien esto puede resultar en principio motivador, en última instancia no produce gran satisfacción. Al alejarse de lo que le disgusta, obtendrá alivio y disminuirá su estrés, pero no sentirá estímulo ni satisfacción. Para experimentar plenitud, es necesario reorientar la atención. Esto se puede lograr desviando la atención de lo que no se desea a lo que sí se desea. Esto es lo que harás con el siguiente ejercicio, utilizando los puntos de tus listas.

Copia en la página siguiente tu lista de lo que **No quieres y tienes** que acabas de ordenar por prioridades. Toma luego cada uno de sus puntos y piensa en una frase positiva que signifique lo mismo para ti, pero que sea algo que **No tienes y quieres.** Por ejemplo, si *no quieres y tienes* unos kilos de más, lo que probablemente *no tienes y quieres* es un cuerpo esbelto y más musculoso. Si *no quieres y tienes* un trabajo sin perspectivas, probablemente *no tienes y quieres* un trabajo con más oportunidades. Transforma cada uno de los *no quiero y tengo,* en un nuevo *no tengo y quiero* que te satisfaga. Anota todas esas transformaciones para futura referencia.

No quiero y tengo	Transformado en un nuevo	No tengo y quiero

Día 4: *Transforma tus sueños y deseos en objetivos alcanzables*

Echa un vistazo simultáneamente a tu lista original de deseos o de **No tengo y quiero** y a tu nueva lista de ayer de **No quiero y tengo**. Júntalas de acuerdo a tus nuevas prioridades. Quizá desees copiarlas en un nuevo orden. Considérate en libertad para añadir más puntos si se te ocurren.

Toma ahora alguno de tus objetivos de máxima prioridad y recorre con él las condiciones para un objetivo bien formado. Quizá desees repasar el capítulo 5. Utiliza las siguientes «Preguntas sobre resultados» para ayudarte a convertir cada punto de tu lista de **No quiero y tengo** de deseo o sueño a objetivo alcanzable. Hazlo por completo con cada punto. Recorrer toda tu lista te tomaría probablemente más de un día, de modo que selecciona hoy los cinco o diez puntos más importantes, y haz uno más cada uno de los próximos días, añadiéndolo al programa correspondiente a ese día.

Preguntas sobre resultados	*Condiciones para un objetivo bien formado*
¿Qué quieres?	1. Objetivo formulado en positivo.
	2. Objetivo iniciado y mantenido por ti.
¿Cómo sabrás que lo has alcanzado?	3. Evidencia del logro de tu objetivo.
¿Qué verás, escucharás y sentirás en el momento del logro?	
¿Qué evidencia tendrás del logro de tu objetivo?	
¿Cuándo, dónde, con quién?	4. Situación deseada para tu objetivo.
¿Qué efecto tendrá (este cambio) en el resto de tu vida, en la familia, en el trabajo?	5. El objetivo vale la pena y es ecológico para tu vida.

Día 5: Haz que tus objetivos sean irresistibles

Lo que nos resulta atractivo llama nuestra atención y dirige nuestras acciones. Ahora que ya has convertido tus sueños y deseos en objetivos alcanzables, puedes hacerlos tan irresistibles que te sentirás atraído de manera natural por ellos. Recuerda que debes emplear lo que sigue *sólo* con objetivos que hayas depurado por completo a través de las condiciones para un objetivo bien formado. Es posible que resulten irresistibles objetivos poco prudentes o imposibles. El amor no correspondido y los sueños quijotescos son dos buenos ejemplos de ello. Puedes hacer un uso mejor de esta tecnología. Aplícala con prudencia.

Toma un objetivo de alta prioridad de tu lista y empieza a visualizarlo en tu mente, así como a ti mismo habiéndolo alcanzado. Si el objetivo no es ya una película, dale ahora este formato. Aumenta el tamaño y el brillo de sus imágenes, añadiendo colores vívidos y dimensión. Observa que al hacerlo se intensifica la atracción que experimentas por el objetivo. Sigue incrementando el tamaño, el brillo y el color mientras aumente paralelamente tu atracción, luego déjalos así. Añade banda sonora a la película de tu objetivo. Ponle música optimista en estéreo. Escucha las voces de ánimo que te apoyan en el camino hacia tu futuro. Disfruta de todo ello. Repite luego el proceso con todos los demás objetivos, uno tras otro.

Día 6: Crea éxito inevitable

Crear éxito inevitable significa situar tu cerebro en el camino hacia tu objetivo, de modo que esté trabajando sobre él día y noche, aunque no seas consciente de ello. Cuando hayas imaginado vívidamente que ya has alcanzado tu objetivo y hayas previsto un posible camino para llegar a él, recorrerlo deviene mucho más fácil. Es el proceso de fragmentar el camino en los pasos reales que debes dar para completarlo. Para conseguirlo debes imaginar que avanzas hacia el futuro para convertirte en el tú que ya ha alcanzado su objetivo. Cuando te conviertes temporalmente en ese «tú» futuro que ya ha alcanzado el objetivo, puedes mirar hacia atrás y ver los pasos y acciones que inevitablemente condujeron a su logro. Manteniendo en mente este camino, regresa a tu presente para planificar en él tu futuro y emprender las acciones oportunas.

Utiliza las instrucciones detalladas del Ejercicio 19 («*Desarrolla un plan*», capítulo 5, p. 145). Realiza este ejercicio por completo con cada uno de tus objetivos bien formados.

Día 7: *Aprecia el descanso en tu vida*

Todas las religiones y tradiciones espirituales del mundo tienen establecidos períodos de descanso. Tanto si este tiempo de asueto está dedicado a alabar al Creador como a reenfocar la mente y el espíritu del discípulo o, simplemente, a permitir que el cuerpo descanse, lleva siempre implícita la apreciación del regalo de la vida y de la capacidad del ser para apreciarlo. En los tiempos que corren y bajo las incesantes demandas de la vida moderna, muchos hemos desertado de este tiempo de descanso, para hacer en él lo que no hemos sido capaces de completar durante el resto de la semana. Quizá nos parezca que hemos relegado al olvido una tradición arcaica, volviéndonos más modernos y eficientes, pero si lo hacemos, ¿cuándo nos desengancharemos de la noria? ¿Cuándo encontraremos tiempo para nosotros mismos? ¿Cuándo podremos apreciar el regalo que es nuestra vida? ¿Cuándo tendremos tiempo para apreciar la creación y, a nuestro modo o en nuestra propia tradición, apreciar al Creador?

El ejercicio de hoy es tan importante como cualquier otro de los restantes días del programa. Provee la base para la acción y la apreciación positivas. Volviendo al Día 1, verás una lista titulada «*Tengo y quiero*». Es la relación de las cosas que quieres para tu vida y que ya tienes. En tu carrera por conseguir, tener y poseer más, resulta fácil olvidar cuán lejos has llegado ya. Tómate hoy tiempo para repasar esta lista en detalle. Recréate en aquellos puntos que te deleitan. Saboréalos. Observa lo que te gusta de tu vida. Si esto te mueve a telefonear a alguien, a mandar una nota de agradecimiento, a meditar o rezar o a hacer algo para que estos puntos aparezcan más a menudo en tu futuro, deja que tu corazón te guíe. Siéntete con libertad para ampliar la lista siempre que quieras.

Cuando hayas repasado por completo tu lista de **Tengo y quiero,** mira hacia la semana pasada o el mes anterior, y comprueba lo que has hecho con este libro y este programa para mejorar la calidad de tu vida y de ti mismo. Observa los ejercicios que has realizado y contempla los resultados que de ellos has obtenido. Aunque es posible que crucen por tu mente algunas dudas sobre si los habrás hecho absolutamente bien, si podías haber hecho más o si alguien lo habrá hecho mejor que tú, deja que estos pensamientos hagan simplemente esto: *cruzar por tu mente sin distraer tu atención de lo que has realizado.* Apréciate a ti mismo por haberte tomado el tiempo para hacer lo que has hecho, incluyendo este ejercicio. Considera qué podrías hacer para celebrar tus progresos. Muchos de los placeres de la vida están esperando a ser disfrutados. Un paseo por el parque, una cerveza exótica, una visita a un amigo, un buen libro, una merienda o un partido. Empieza ahora.

Semana 2 – Comunicación persuasiva

Día 8: Descubre y transmite tu misión

Comunicar la misión de tu vida es hablar de lo que anida en tu corazón. Los hombres y mujeres que viven su misión en esta vida son carismáticos de forma natural. Su elocuencia surge de su visión. Cualquier técnica de comunicación palidece frente a las simples palabras de alguien que realmente cree en lo que dice.

Antes de empezar el ejercicio de hoy es necesario que al menos cinco de tus objetivos prioritarios hayan pasado a través del proceso de condiciones para un objetivo bien formado. Asimismo, deberás haberlos convertido en futuros apasionantes, enriqueciéndolos visual y auditivamente. Si aún no lo has hecho, conviértelo en tu ejercicio de hoy.

Cuando hayas terminado, coloca todos estos objetivos a un

tiempo en tu mente y pregúntate: «¿Qué tienen en común? ¿Qué temas o elementos aparecen en todos o la mayoría de ellos? ¿Cómo expresan la pasión de mi vida? ¿Cómo manifiestan mis valores y principios más profundos?». Escribe, dibuja, garrapatea, baila o escenifica tus respuestas. Estás a la búsqueda de la misión de tu vida. No se trata de nada que debas decidir, sino de algo que emerge desde dentro de ti. Tómate tiempo para averiguar qué es lo que en realidad te motiva y te resulta más importante. Para instrucciones más detalladas, repasa los ejercicios sobre Misión y visión del capítulo 4 (pp. 87-116). Es posible que necesites más de un día para hacerlo. Empieza ahora y ve descubriendo qué es lo que «burbujea» ante ti, tanto hoy como durante los próximos días y semanas. Las visiones surgen de los sueños, de los ensueños y de los pensamientos espontáneos. Mantén viva la curiosidad por el modo de descubrir las tuyas.

Cuando tengas una primera impresión sobre tu misión, compártela con alguien. Expresarla te ayudará a mejorar su formulación en palabras, y servirá además como invitación a otros. ¿Quién estaría dispuesto a participar en tu misión, o al menos a animarte en ella, si conociera su existencia? Explícala. Dedícales tiempo y te verás infinitamente recompensado. Dejar que otros conozcan tu misión y lo que en realidad te motiva, constituye la mitad del secreto de la gran comunicación.

Día 9: Escucha con sintonía

Escuchar es la otra mitad del secreto de la gran comunicación. ¿Pero qué manera de escuchar se requiere? Una consiste tan sólo en esperar a que el otro se detenga para continuar hablando nosotros. Otra forma de escuchar consiste en prestar atención a las palabras del otro, sólo para encontrar el modo de rebatir sus argumentos. Pero existe también el modo de escuchar consagrado a comprender el corazón y la mente de la otra persona. La magia de la sintonía se encuentra en esta última modalidad de escuchar, en la atención exquisita al modo en que la otra persona ve, oye, siente y piensa.

Esta forma profunda de escuchar empieza por prestar atención al modo en que el otro entiende el mundo: lo visto, lo oído y lo sentido. Para profundizar en tu ejercicio de escuchar e incrementar la magia de tu capacidad para construir sintonía, empieza por simplificar el entorno de tu información. Cuando estás cara a cara con alguien, circula una increíble cantidad de información a través de palabras, gestos, emociones y pistas inconscientes. Puedes empezar ensayando la sintonía auditiva a través del teléfono. Practica el hablar con el mismo ritmo o tempo que emplee la persona al otro extremo del hilo. Practica utilizando sus patrones de entonación. Utiliza tu voz de modo parecido al de la persona con la que hablas. Si su voz es plana, prueba de nivelar la tuya. Si es expresiva, intenta hablar más expresivamente. Coloca la siguiente relación de palabras de «proceso» cerca de tu teléfono, y empieza a «realimentar» a tus interlocutores con sus mismas palabras. Para más detalles sobre la práctica de sintonía, consulta el capítulo 6 (pp. 151 y ss.).

Genéricas (No especificadas)	*Visuales*	*Auditivas*	*Cinestésicas*
saber	ver	oír	sentir
comprender	mirar	escuchar	tocar
creer	aparecer	decir	asir
sentir	imaginar	preguntar	atrapar
descubrir	perspectiva	sonidos	contacto
comunicar	revelar	afinado	empujar
	Palabras que implican visualización	*Palabras que implican sonidos*	*Palabras que implican sentidos y sensaciones*
	color	disonancia	sopesar
	chispa	crujido	curioso
	claro	silencio	cálido
	destello	orquestar	blando

Día 10: La magia del alineamiento físico

Se sabe que el 93 por ciento de la comunicación cara a cara es noverbal o, por decirlo de otro modo, que las palabras representan tan sólo el 7 por ciento de la comunicación. Demuéstratelo a ti mismo hoy. Practica imitando los ritmos corporales y las posturas de todas las personas con las que te encuentres. Si se mueven lenta y deliberadamente, hazlo tú también. Si se mueven rápidamente y gesticulan mucho, haz lo mismo.

Si eres ya un practicante adelantado, haz primero lo contrario de lo que hace la persona (muévete rápido si lo hace despacio, gesticula si no lo hace, etc.) y después, cuando empiece a decaer la sintonía, restablécela de nuevo igualando tus ritmos y gestos con los de la otra persona.

Día 11: El secreto para los sentimientos hermosos

Dedícate hoy en secreto a hacer que todo aquel que se encuentre contigo se sienta mejor. Puedes utilizar una palabra sincera y amable, un gesto, una sonrisa, un ofrecimiento o un regalo. Innova y crea según las circunstancias. Al final del día, anota los resultados. Continúa con el experimento mientras te resulte gratificante.

Puedes también aplicártelo a ti mismo. ¿Qué emoción, de poderla experimentar al menos varias veces cada día, haría tu vida más fácil y más agradable? ¿Qué puedes hacer para invocar esta emoción en ti mismo? Empieza hoy.

Día 12: Comprende los valores del corazón

En *Los siete hábitos de la gente altamente efectiva,* el best-séller de Stephen R. Covey,[1] el hábito 5 es: «Antes de intentar que te comprendan, intenta comprender». Practica hoy tus habilidades de PNL para escuchar y comprender los valores íntimos de los demás. Escucha sus objetivos y sus valores. Repite en voz alta lo que oigas sobre ellos, para darles la oportunidad de confirmar o aclarar lo que hayas entendido. Pregúntales qué es lo importante de conseguir sus objetivos y sus valores. Al hacerlo, te estás interesando por sus valores más elevados y profundos, los valores de su corazón. Escucha con atención. Hay infinidad de valores cordiales, cada uno de ellos sumamente importante para la persona que lo tiene. Quizá te sientas inspirado a abrir un archivo de los valores cordiales de quienes te rodean, puesto que estos son los valores por los que estas personas viven y trabajan. Estos son los valores que aspiran a ver completados antes de comprometerse por completo. Una de las cosas que más poder te puede dar es ayudar a quienes te rodean a encontrar modos para expresar sus valores del corazón. Cuando las personas pueden expresar lo que hay en su corazón, sus talentos pueden también manifestarse.

Nombre _____

Objetivos _____

_____

Valores _____

_____

Valores del corazón _____

Día 13: Descubre la motivación e imprime una dirección

Un padre, un presidente o cualquier otra autoridad sabe dar a quienes se encuentran bajo su responsabilidad objetivos claros y positivos, con evidencia mensurable de su logro. Todos los involucrados necesitan conocer cuáles son los objetivos y cómo saber cuándo éstos han sido alcanzados. Un líder así demuestra cómo los objetivos y valores de la empresa están alineados con los objetivos y valores del corazón de todos los interesados. Un líder eficaz no ve esto como una carga adicional a sus responsabilidades de gestión, sino más bien como la razón primordial para ser líder. El líder eficiente respeta individualmente a cada miembro del equipo. Hombres y mujeres pueden haber sido creados iguales, pero no responden del mismo modo ante la misma dirección de motivación.

Volvamos a tu archivo de objetivos, valores y valores del corazón. Pregunta a estas personas qué representa para ellas el cumplimiento de sus objetivos, sus valores y sus valores del corazón, y escucha en sus palabras la expresión de su dirección de motivación. ¿Quieren ganar, alcanzar o lograr algo *acercándose a*, o buscan alivio, liberación y relajación *alejándose de*? Observa si están interesadas en resolver problemas (motivación *alejarse de*) o más bien en perseguir objetivos (motivación *acercarse a*). Emplea esta información tanto cuando impartas instrucciones como cuando ofrezcas orientación, hablándoles del modo en que te puedan comprender más fácilmente y apreciar mejor lo que les dices. Con la PNL estas habilidades se convierten en un compendio de buena comunicación. Para más detalles, repasa el capítulo 6 (pp. 151 y ss.).

Día 14: *Aprecia el amor del mundo hacia ti*

En este día de descanso, tómate unos momentos para reflexionar sobre las personas que en tu vida te aman y se preocupan por ti. Evidentemente, has influido en sus vidas. Concédete unos minutos para cada una de ellas e imagina en tu mente cómo debe de ser estar en su lugar y apreciar lo que aprecian en ti. En primer lugar, te darás cuenta, con toda probabilidad, de lo que has hecho y has sido hasta hoy para esta persona amada. Quizá recuerdes acontecimientos dramáticos en los que os habéis visto envueltos. Tómate también tiempo para evaluar las formas en las que tu presencia –en el silencio, en la diversión, en la seriedad, o simplemente estando allí– haya podido afectarla. Cuando te hayas dado a ti mismo la oportunidad de apreciar su perspectiva, continúa repitiendo el proceso con cada una de las demás personas amadas en tu vida. Cuando hayas terminado de hacerlo, observa sus patrones de apreciación. ¿Son distintos de los que suponías antes de hacer el ejercicio? Tómate algunos momentos más de sosiego y permítete absorber tanto como sea humanamente posible del amor, del reconocimiento y del aprecio que acabas de descubrir. Si ello te mueve a telefonear a alguien, a mandar una nota de agradecimiento, a meditar o rezar o a hacer algo para que estos sentimientos aparezcan más a menudo en tu futuro, deja que tu corazón te guíe. Para un recordatorio de cómo acceder a estos estados de amor, consulta el capítulo 10 (pp. 245 y ss.).

Semana 3 – Programa para el rendimiento cumbre

Día 15: Cambia limitaciones por recursos

Cuando piensan en cómo alcanzar su máximo rendimiento, muchas personas dirigen su atención hacia los obstáculos del camino. Henry Ford se refería a ello diciendo: «Tanto si piensas que puedes como si piensas que no puedes, estás en lo cierto». Alcanzar el rendimiento cumbre tiene mucho más que ver con cómo *pensamos* acerca de nuestra experiencia, que con la propia experiencia.

Para demostrártelo a ti mismo, empieza por observar cómo «codificas» mentalmente los recuerdos positivos y negativos de tu vida. ¿Te sientes asociado (a los acontecimientos pasados como si te estuvieran sucediendo ahora) o más bien disociado (viéndote a ti mismo en la televisión o en la pantalla de un cine) con tus recuerdos? Tómate el tiempo suficiente para seleccionar al menos diez recuerdos. Quizá prefieras relacionarlos por escrito. Muy a menudo las personas descubren que, inadvertidamente, han codificado muchos de sus recuerdos negativos en el modo asociado, por lo que los reviven con fuerza junto con sus correspondientes sentimientos negativos en los momentos más inoportunos. Por ejemplo, recuerdan vívidamente un golpe fallido al levantar el palo de golf, reviven su incomodidad al dirigirse a una audiencia o recuerdan rechazos anteriores al iniciar una nueva relación.

Veamos ahora la otra cara de la moneda. Comprueba si estás asociado a tus recuerdos positivos. Demasiado a menudo las personas codifican estos recuerdos en modo disociado, con lo que sus correspondientes recursos les resultan inaccesibles. Ambas codificaciones pueden ser transformadas para tu bien.

Comienza por pensar en un recuerdo específico y asociado. Cuando empieces a experimentarlo, imagina vívidamente que saltas fuera de él y que lo contemplas desde cierta distancia, dentro de un marco grande y negro y tras un grueso cristal que lo aísla del exterior. Examina esta imagen fuertemente enmarcada para comprobar que, en efecto, un tú más joven está en ella mientras que tu yo actual queda fuera. Tómate el tiempo que necesites para repetir este proceso con cada recuerdo negativo asociado que desees cambiar. Si fueran muchos, plantéate cambiar diez cada día, hasta que acabes con todos ellos.

Cuando hayas completado este proceso con tus recuerdos negativos, desplaza tu atención a los positivos. Si descubres que algunos de ellos están codificados como experiencias disociadas, comienza tomando un recuerdo positivo concreto, salta a su interior y envuélvete con él de modo que puedas experimentarlo como si te estuviera ocurriendo ahora mismo, a pleno color y en tamaño real. Déjalo en este modo asociado y repite el proceso con cada uno de los recuerdos positivos disociados que descubras. Si fueran muy numerosos, cambia diez de ellos cada día, hasta que hayas completado la transformación.

Al practicar cada día este proceso de salir de los recuerdos negativos y entrar en los positivos, empezarás a enviar a tu cerebro el mensaje de cómo quieres que codifique todos tus recuerdos. Continúa con el proceso, y dentro de algunas semanas te despertarás un día descubriendo que todos tus recuerdos se han transformado en esta útil forma. Para más detalles sobre la transformación de recuerdos, consulta los capítulos 7 y 8 (pp. 173 y ss.).

Día 16: Amplifica lo excelente

Un modo para alcanzar la excelencia consiste en retirar los obstáculos e inconvenientes del camino que conduce a ella. Otra forma consiste en amplificar la excelencia, de modo que estos obstáculos se conviertan en pequeños baches del camino. Selecciona un área de tu vida en la que hayas alcanzado ya la excelencia. Escoge un acontecimiento real y específico, un recuerdo de excelencia personal que te resulte especialmente agradable evocar y revivir. Cuando empieces a revivirlo, amplifícalo. Hazlo mayor y más brillante, con mayor colorido y más apasionante. Puesto que experimentas con plenitud esta excelencia, ¿cuándo desearías experimentarla en el futuro inmediato? Imagina vívidamente que esto sucede ahora. ¿Y cuándo en tu futuro más lejano te gustaría experimentarla? Tómate tiempo y observa cuán real te resulta ahora esta excelencia futura. Continúa colocando excelencia en todos los momentos que desees de tu futuro. Cuando la hayas «esparcido» a placer, evoca otro recuerdo de excelencia personal y repite el proceso. Amplificando más y más momentos de excelencia y colocándolos sobre tu futuro, elevas la calidad de tu vida y tu nivel de rendimiento, convirtiéndolos en habituales en ella. Para más detalles en el uso de submodalidades y anclas, consulta el capítulo 2 (pp. 29 y ss.).

Día 17: Acelera tu aprendizaje

Ante cada nuevo reto debes aprender nuevas habilidades. La eficiencia y la eficacia con que las aprendas puede marcar tremendas diferencias. Dos áreas de crucial importancia son: cómo adquirir buenos hábitos desde el principio, y cómo reprogramar con éxito los malos hábitos generados por los errores habituales.

Son bastante conocidos los experimentos en que estudiantes con diversos grados de preparación mental y práctica real lanzaron tiros libres en baloncesto. No sorprendió a nadie que el rendimiento de los que no habían realizado práctica alguna no mejorara. Lo que sí resultó sorprendente fue que los que habían dividido su tiempo entre la práctica mental y la física estaban a un solo punto de distancia de los que se habían dedicado por completo a esta última. Fue una de las primeras pruebas irrefutables de que la visualización marcaba diferencias. Con la PNL comprendemos cómo es eso posible. El ensayo mental estimula y refuerza los mismos caminos neuronales y movimientos micromusculares que la propia actividad. Mente y cuerpo aprenden, recuerdan y desarrollan hábitos por ambos caminos.

Tanto si tu actividad es un golpe de golf, una actuación o una presentación ante la junta puedes sacar partido de ello. Si tu actuación es extraordinaria, puedes incrementar la probabilidad de repetirla dedicando unos momentos a ensayar mentalmente tu excelencia. Puesto que acabas de realizarla, los patrones están frescos en tu mente y en tu cuerpo. El ensayo mental te permitirá acceder otra vez a estos caminos cada vez que revivas la experiencia, el mismo día, el día siguiente o dentro de varias semanas. Repetir tu excelencia la convierte en un patrón de actuación cada vez más regular y habitual.

Por otra parte, si has desarrollado un hábito que ya no te resulta útil, ya sea una mala postura en un deporte o un patrón inútil de comportamiento, como la ansiedad antes de la actuación, puedes eliminarlos «escribiendo sobre ellos».

Para hacerlo, revisa primero la experiencia indeseable desde una posición disociada. Obsérvate a ti mismo en la película todavía con el hábito por eliminar. Manteniendo el mismo inicio para la película, ¿cómo desearías que se desarrollara el resto de ella? Mira de nuevo la película desde el principio, sólo que ahora con un tú en ella dotado de una respuesta más útil. Ensaya varias alternativas y escoge la que más te satisfaga. Entra entonces en esta película revisada como en una experiencia real y asociada. Comienza desde el principio y experiméntala vívidamente hasta su nuevo final, como si te estuviera sucediendo ahora mismo. Cuando hayas terminado, te habrás abierto un nuevo camino con una nueva respuesta natural. Para más detalles, consulta en el Ejercicio 33 del capítulo 9 (p. 236) cómo pasar de la frustración a la flexibilidad.

Día 18: Convierte la cumbre en parte habitual de tu vida

Otra forma de generar rendimiento cumbre consiste en hacerle saber a tu cerebro que lo quieres alcanzar. Ya sabes que puedes cambiar un hábito mostrándole a tu cerebro una imagen de ti libre de dicho hábito, aunque no sepas cómo llegaste a conseguirlo. En PNL solemos decir que «no hace falta que seas malo para ser mejor». Puedes emplear el patrón de substitución para ascender a nuevas cotas de rendimiento.

Evoca algún momento específico en el que se debilitara tu rendimiento. Lleva este recuerdo vívidamente ante tu imaginación y dótalo de un punto luminoso en su centro. En este punto está la imagen de un tú que ya ha superado tus niveles habituales de éxito. No sabes cómo lo ha conseguido, sólo que lo ha hecho. Cuando la imagen se acerca, puedes ver tu sonrisa de satisfacción y el brillo de tus ojos, que te indican que lo has hecho dentro de las reglas del juego y que, además, hacerlo ha mejorado tu salud. Observa cómo la experiencia de rendimiento limitado se aleja de ti, haciéndose cada vez más pequeña, oscura, borrosa y lejana, hasta que pierde toda significación. Simultáneamente ese punto luminoso florece hacia ti, haciéndose cada vez más grande, brillante y real, hasta que te encuentras cara a cara con este tú excepcional. Deja tu pantalla interna en blanco y repite este proceso de principio a fin al menos media docena de veces. Observa luego si la imagen del rendimiento limitado desaparece de forma natural, y/o aparece automáticamente la imagen del «tú excepcional». Repite el proceso del patrón de substitución hasta que ocurra esto sin necesidad de esfuerzo consciente por tu parte. Repítelo con otras experiencias similares para maximizar su efecto. Para más detalles sobre el patrón de substitución, consulta los capítulos 10 y 12.

Día 19: Crea una mente penetrante

Ni el corredor británico Roger Bannister cuando rompió el récord de la milla, ni los levantadores de pesas rusos cuando pudieron con más de 500 libras [226 kg], sabían que lo habían hecho. En ambos casos, sus entrenadores habían conspirado para ocultarles incluso que lo iban a intentar. En entrevistas posteriores, los preparadores fueron muy explícitos sobre sus razones para haberlo hecho así, e incluso sus declaraciones, aunque separadas por varias generaciones, fueron coherentes entre sí. Argumentaron que sus atletas habían dado suficientes pruebas de que podían hacer algo que hasta entonces ningún atleta había conseguido. Señalaron que la diferencia entre 4 minutos y menos de 4 minutos era de 1 centésima de segundo, y que la diferencia entre 500 libras y más de 500 libras era inferior a 1 onza [28 g]. Por lo tanto, concluían, las limitaciones no estaban en los atletas, sino en el significado que los números tenían para sus mentes. Ello quedó confirmado en ambos casos, puesto que pocos meses después de sus logros otros atletas repetían sus proezas, consideradas hasta entonces como barreras infranqueables.

Para romper una barrera deportiva o personal no necesitas buscar un entrenador que te engañe, sino cambiar tus propias limitaciones mentales. Con el destructor de decisiones del capítulo 11 (pp. 297-299) hacerlo es tarea fácil.

Empieza por pensar en algo que decidieras hace años que era imposible para ti. Quizás hayas tenido una experiencia que te indique que así era, o hayas creído que no te resultaría posible debido a los comentarios de otras personas. Quizá se trate de ganar mucho dinero, de conseguir un gran éxito en un breve período de tiempo, tal vez de una cuestión relacionada con la salud o incluso de tu capacidad para dominar rápidamente y sin esfuerzo algo complejo y difícil. Manteniendo esta limitación presente en tu mente, pregúntate qué experiencia –de haberla tenido *antes* de adquirir esta creencia o tomar esta decisión– hubiera transformado la «imposibilidad» en alta probabilidad. Tómate un momento para crear en tu mente esta experiencia capacitadora. Puede ser semejante a algo que haya ocurrido más adelante en tu vida o que quizá nunca te ha ocurrido aún. No importa. Sólo tienes que crearla vívidamente, con las submodalidades de la impresión de una huella de rendimiento cumbre del capítulo 12 (p. 315). Para muchas personas, las experiencias con huella son panorámicas, mayores que la vida real, en vívidos colores y con altísima resolución. Convierte las cualidades de submodalidad de tu experiencia capacitadora en tus submodalidades de huella y luego regresa con ella sobre tu línea del tiempo, justo antes del inicio de tu recuerdo de limitación. Muévete ahora por tu línea del tiempo armado con este nuevo recuerdo y viaja hacia delante, transformando todos sus efectos limitadores en efectos positivos hasta llegar a tu presente, revitalizando tu historia personal con esta nueva huella poderosa. Comprueba que tu antigua limitación ha desaparecido por completo. Repite el proceso para reforzar tu nueva huella, si lo estimas necesario. Esta huella no te asegura el éxito, pero te garantiza que las limitaciones estarán en el mundo, no en tu mente. En PNL pensamos que cualquiera puede hacer cualquier cosa. Si no es posible, el mundo de la experiencia nos lo dirá. Lo descubriremos al hacerlo, no al pensar que no lo podemos hacer.

Día 20: La práctica de amar lo que haces

Por más que transformes lo negativo, incrementes lo positivo, te orientes hacia la excelencia y plantees nuevas expectativas, siempre queda la necesidad de practicar. De hecho, George Leonard, autor del famoso libro *Mastery* [Maestría],[2] ha señalado que una de las diferencias cruciales entre un realizador y un maestro consiste en que el primero apunta a un objetivo y su práctica es algo que *hace* para alcanzarlo, mientras que el segundo apunta a la excelencia y su práctica es algo que *tiene* y que *es*. «En última instancia» dice Leonard, «la práctica *es* el camino hacia la maestría».

Es cierto para casi cualquier ámbito de la excelencia que los que realmente la logran, los maestros del juego, aman la práctica. El gran jugador de baloncesto Magic Johnson tiene su propia cancha de tamaño real. Larry Bird buscaba una allí donde estuviera, durante sus etapas entre temporadas, y pasaba horas en ella cada día. Los grandes del rock Eric Clapton y Bruce Springsteen tocan la guitarra tanto si están de gira como si no. Los maestros del ajedrez estudian y repiten constantemente partidas ya jugadas. El gran arquitecto estadounidense Frank Lloyd Wright acostumbraba a reconstruir anualmente su propio estudio para ensayar nuevas ideas. Estos grandes personajes y muchos otros como ellos se sienten atraídos por la práctica. Intentan descubrir algo que les haya pasado por alto. Quieren averiguar qué pueden hacer que nunca antes hayan hecho.

Puedes incrementar el atractivo de la práctica en las áreas importantes de tu vida con una sencilla técnica de PNL. Si has decidido hacer algo que valga la pena para ti, será mucho mejor que disfrutes haciéndolo. La mayor parte de las personas hacen las cosas por sus resultados. Sin embargo, todos hacemos algunas cosas simplemente porque disfrutamos haciéndolas. Busca un ejemplo de algo que hicieras por los resultados, pero que te resultara pesado de hacer. Preparar la declaración de la renta surte efecto con la mayoría de personas. Piensa ahora en otra actividad que realices tan sólo por el placer que te comporta hacerla y no por los resultados que esperas obtener de ella. Para muchas personas, los juegos y los puzzles tienen esta cualidad. Entra ahora en estas experiencias y desempeña el papel de director de cine para descubrir las respectivas submodalidades que las identifican, visuales y auditivas. Recorre ambas experiencias en busca de estas submodalidades que las diferencian. Utiliza la página de enfrente para anotar estas diferencias. Descubre unas cuantas. Asóciate en la experiencia de búsqueda de resultados y, manteniendo constante el contenido de sus imágenes, transforma sus submodalidades en las que has descubierto en la experiencia con la que disfrutas. Observa el efecto que ello produce en la primera de ambas experiencias. Asóciate ahora en la práctica de alguna habilidad que desees dominar, para mejorar y transformar sus submodalidades con las que identifican tu disfrute. Repite el proceso con todas las prácticas de las que quieras disfrutar.

Quiero los resultados	Disfruto haciéndolo

Día 21: *La vida es maravillosa... si te das cuenta de ello*

En este día de descanso quizá te estés felicitando por haber seguido este curso hasta el final. Todos nosotros marcamos alguna diferencia –de hecho, muchas– en la vida de otras personas. El clásico del cine *Qué bello es vivir* (*It's a Wonderful Life*), de Frank Capra, nos recuerda que nuestras vidas están íntimamente interconectadas. Sin embargo, y aunque la película se proyecta varias docenas de veces al año, pocos de nosotros nos tomamos el tiempo necesario para darnos cuenta de la extensa trama de interconexiones que conforma el tapiz de nuestra vida.

Así que tómate ahora unos minutos para viajar mentalmente por tu pasado y descubrir pequeños y grandes modos en los que has afectado de forma positiva al mundo que te rodea. Quizás ayudaste a tus hermanos con sus deberes, le ganaste un partido a un futuro atleta, aconsejaste a un amigo en una encrucijada crucial, ayudaste a alguien sin hogar, diste alguna opinión que detuvo un proyecto mal planteado o contribuiste a alguna causa justa. Busca las ocasiones en las que has influido en las vidas de otras personas, con tus palabras o con tus obras. Prepara una lista de ellas y de sus consecuencias, incluso si los efectos no se hicieron evidentes hasta pasados varios años. Algunas veces nuestras acciones más valoradas por otros no lo son por nosotros mismos. Expande tu vara de medir para que abarque lo importante que hayas sido para otros, así como aquello que ha sido importante para ti. Un codazo «en el momento oportuno» puede significar una gran diferencia. Desde esta evidencia de la importancia incluso de tus actos más cotidianos, tómate unos momentos para anotar las acciones que te gustaría emprender en el futuro, destinadas a mejorar el mundo y la vida de los demás. Mientras las escribes, ensaya dónde las realizarás y disfruta de tu participación en el mundo.

Palabras o acciones realizadas	Efectos positivos en la vida de otros	Acciones que emprenderé en el futuro

Eres parte de la experiencia que el universo está teniendo ahora mismo, mientras lees. Date cuenta de lo importantes que han sido tus acciones individuales para mover este universo hasta donde se encuentra en este momento. Considera lo que has aprendido con este libro, así como cuánto más activamente podrás participar en tu mundo en las semanas, meses y años venideros. Empieza a desear, anhelar y soñar. Si quieres, puedes iniciar un nuevo ciclo mañana. Hoy haz algo que realmente te deleite. Aspira el aroma de las flores, contempla la puesta de sol, siente la lluvia, baila al son de la música y toca otro corazón. Date las gracias a ti mismo y dáselas al Creador. Vive ese milagro llamado vida. Te lo mereces.

Notas

Agradecimientos
1. NLP Comprehensive, *NLP: The New Technology of Achievement* (audiocasetes), Nightingale-Conant, Chicago, 1991.

Capítulo 2: ¿Qué es la PNL?
1. Edward T. Hall, *The Silent Language*, Fawcett Publications, Greenwich (Conn.), 1959.
2. Connirae Andreas y Steve Andreas, *Change Your Mind—and Keep the Change*, Real People Press, Moab (Utah), 1987. Estas concisas técnicas de PNL, desarrolladas por su cofundador Richard Bandler, son adaptaciones de este libro.
3. «Richard Burton muere a los 58 años», *Chicago Tribune*, 6 de agosto de 1984.

Capítulo 3: Motívate
1. Richard Bandler, *Using Your Brain—for a Change*, Real People Press, Moab (Utah), 1985. [Hay trad. cast.: *Use su cabeza para variar*, Cuatro Vientos, Santiago de Chile, 1988.]

Capítulo 4: Descubre tu misión
1. «In Quest of the Universe» [En busca del Universo], Discover Channel, 15 de agosto de 1993.
2. Russell Schweickart, entrevistado por Kelly Patrick Gerling, 1 de julio de 1983.
3. Hank Whittemore, *CNN: The Inside Story*, Little, Brown & Company, Boston, 1990.
4. *I, Michelangelo Sculptor: An Autobiography Through Letters*, Irving y Jean Stone, eds., trad. inglesa de Charles Speroni, Double Day & Company, Nueva York, 1962.

5. Studs Terkel, *Working: People Talk About What They Do All Day and How They Feel About What They Do*, Pantheon Books, Nueva York, 1974, pp. xi y xii.
6. Ibíd., p. xxiv.
7. Susan Butcher, entrevistada por Kelly Patrick Gerling, 22 de octubre de 1990.
8. Ibíd.
9. Ibíd.
10. «I Dream for a Living», *Time*, 15 de julio de 1985, pp. 58 y 62.
11. Whittemore, ob. cit.
12. Ibíd., p. 11.
13. Ralph Aguayo, *Dr. Deming: The Man Who Taught the Japanese About Quality*, Simon & Schuster, Nueva York, 1990, pp. 98 y 99.
14. Ibíd., pp. 98 y 99
15. John R. Wooden y Jack Tobia, *They Call Me Coach*, Word Inc., Waco (Tejas), 1972, p. 60.
16. Whittemore, ob. cit.
17. Donald W. Robertson, *Mind's Eye of Richard Buckminster Fuller*, St. Martin's Press, Nueva York, 1974, p. 45.
18. Hugh Kenner, *Bucky: A Guided Tour of Buckminster Fuller*, William Morrow & Company, Nueva York, 1973.
19. Russell Schweickart, entrevistado por Kelly Patrick Gerling, 1 de julio de 1983.
20. Alden Hatch, *Buckminster Fuller: At Home in the Universe*, Delta Book, Nueva York, 1974, p. 91.
21. «I Dream for a Living», ob. cit., p. 57.
22. Ibíd., p. 57.
23. Irving y Jean Stone, eds., 1962.

Capítulo 5: Alcanza tus objetivos
1. Ralph Aguayo, ob. cit. (4, 13), pp. 98-100.
2. Joseph R. Domínguez y Vicky Robin, *Your Money or Your Life: Transforming Your Relationship with Money and Achieving Financial Independence*, Penguin Books, Nueva York, 1992.
3. Ewing Kauffman, entrevistado por Kelly Patrick Gerling, 4 de junio de 1991.
4. Kelly Patrick Gerling y Charles Sheppard, *Values-Based Leadership*, The Leadership Project, Shawnee Mission, Kansas, 1993.
5. Susan Butcher, entrevista de Kelly Patrick Gerling ya citada.
6. Carol S. Pearson, *Awakening the Heros Within: Twelve Archetypes to*

Help Us Find Ourselves and Transform Our World, Harper, San Francisco, 1991.
7. Morris Berman, *Coming to Our Senses*, Simon & Schuster, Nueva York, 1989.

Capítulo 6: Crea sintonía y sólidas relaciones
1. Richard Bandler y John Grinder, *Frogs into Princes*, Real People Press, Moab (Utah), 1979. [Hay trad. cast.: *De sapos a príncipes*, Cuatro Vientos, Santiago de Chile, 1982.]

Capítulo 7: Poderosas estrategias de persuasión
1. Connirae Andreas, *Aligning Perceptual Positions*, NLP Comprehensive, Boulder (Colorado), 1991 (videocasete).
2. Connirae Andreas con Tamara Andreas, *Core Transformation: Reaching the Wellspring Within*, Real People Press, Moab (Utah), 1979.

Capítulo 8: Elimina tus miedos y fobias
1. Gerald Rosen, *Don't Be Afraid: A Program for Overcoming Your Fears and Phobias*, Spectrum Books/Prentice-Hall, Englewood Cliffs (Nueva Jersey), 1976.
2. Connirae Andreas y Steve Andreas, *Heart of the Mind: Engaging Your Inner Power to Change with Neuro-Linguistic Programming*, Real People Press, Moab (Utah), 1989. [Hay trad. cast.: *Corazón de la mente*, Cuatro Vientos, Santiago de Chile, 1991.]
3. Richard Bandler, *Using Your Brain*, ob. cit. (**3**, 1).
4. R. Bandler y J. Grinder, *Frogs into Princes*, ob. cit. (**6**, 1).

Capítulo 9: Genera autoconfianza
1. R. Bandler y J. Grinder, *Frogs into Princes*, ob. cit. (**6**, 1).

Capítulo 10: Genera autovaloración y autoestima
1. John Bradshaw, *Healing the Shame That Binds You*, Health Communications Inc., Deerfield Beach (Florida), 1988.
2. Leslie Cameron-Bandler, *Solutions*, Future-Pace Inc., San Rafael (California), 1985. (Edición revisada y aumentada de *They Lived Happily Ever After*, Meta Publications, 1978.)
3. Richard Bandler, *Using Your Brain*, ob. cit. (**3**, 1).
4. Connirae Andreas y Steve Andreas, *Change Your Mind*, ob. cit. (**2**, 2) y *Heart of the Mind*, ob. cit. (**8**, 2).

Capítulo 11: Asegúrate una actitud mental positiva
1. Gary J. Faris, «The Power of Positive Thinking: The Psychological Profile of the Successful Athletic Rehabilitation Patient», *Clinical Management Magazine*, vol. 9, n° 6, 1989.
2. Jack D. Schwager, *The New Market Wizzards: Conversations with America's Top Traders*, HarperBusiness, Nueva York, 1992.
3. Connirae Andreas y Steve Andreas, *Change Your Mind*, ob. cit. (**2**, 2), y *Heart of the Mind*, ob. cit. (**8**, 2).
4. Steve Andreas, *The Decision Destroyer*, NLP Comprehensive, Boulder (Colorado), 1990 (audiocasete).

Capítulo 12: Consigue tu rendimiento cumbre
1. Charles Garfield, *Peak Performers: The New Heroes of American Business*, Avon, Nueva York, 1987.
2. Michael Lerner, *Surplus Powerlessness*, Institute of Labor and Mental Health, Oakland, 1986.
3. Mihalyi Csikszentmihalyi, *Flow: The Psychology of Optimal Experience*, Harper & Row, Nueva York, 1990.

Programa PNL de 21 días para el logro ilimitado
1. Stephen R. Covey, *The 7 Habits of Higly Effective People*, Simon & Schuster, Nueva York, 1989. [Hay trad. cast.: *Los siete hábitos de la gente altamente efectiva*, Paidós Ibérica, Barcelona, 1997.]
2. George Leonard, *Mastery*, Dutton, Nueva York, 1991.

Glosario

Acompañar (también **Compartir**) (*Pacing*): Igualar el comportamiento, postura, lenguaje y predicados de otra persona, en orden a conseguir sintonía con ella.

Agudeza sensorial (*Sensory Acuity*): El desarrollo de una capacidad cada vez más refinada para detectar diferencias sutiles en lo que vemos, oímos y sentimos.

Alineación (*Alignment*): Igualar o emparejar el comportamiento o la experiencia de otra persona, colocándose en su mismo ángulo de visión y/o pensamiento.

Ancla (*Anchor*): Un estímulo específico –visión, sonido, palabra, olor o sensación táctil– que evoca automáticamente un determinado recuerdo y un estado corporal y mental. Por ejemplo, «nuestra canción».

Asociado (*Associated*): Ver el mundo a través de tus propios ojos. Experimentar la vida en el propio cuerpo. *Véase también **Primera posición**.* Contrastar con **Disociado** y **Tercera posición**.

Auditiva (*Auditory*): **Modalidad sensorial** de escucha y habla, incluyendo sonidos y palabras. *Véase **Sistemas de representación**.*

Cinestésicas (*Kinesthetic*): **Modalidades sensoriales** del tacto y tensión muscular (sensaciones), así como de emociones (sentimientos). Sentido por el que se percibe el movimiento muscular, la posición, el peso, etc., del propio cuerpo.

Claves de acceso (también **Pistas de acceso**) (*Accessing Cues*): Com-

portamientos inconscientes –incluyendo respiración, gestos y movimientos de cabeza y ojos– que indican qué modalidades sensoriales
específicas están siendo utilizadas para pensar, o para el procesamiento interno de información.

Claves de acceso ocular (*Eye-Accessing Cues*): Movimientos oculares
inconscientes que denotan el procesamiento interno de información
y que nos permiten saber si una persona está viendo imágenes internas, escuchando sonidos internos o experimentando emociones.
Véase también **Claves de acceso, Modalidades sensoriales** y **Sistemas
de representación.**

Comportamiento (*Behavior*): Cualquier activación muscular, incluyendo movimientos micromusculares tales como las **Claves de acceso**.

Comportamiento externo (*External Behavior*): El comportamiento
aparente, visible a todos.

Condiciones adecuadas para el logro de objetivos (*Well-Formed Goal
Conditions*): Cinco condiciones que deben cumplirse para que un
sueño o deseo se convierta en un objetivo asequible. El objetivo tiene
que: 1) estar formulado de forma positiva; 2) ser iniciado y continuado por uno mismo; 3) estar basado en los sentidos; 4) estar especifi-
cado en forma de para (o con) quién, dónde y cuándo; y 5) ser ecológico respecto a las demás personas y al sistema (familia, empresa) en
cuyo seno vive uno.

Congruencia (*Congruence*): Estado en el que objetivos, pensamientos y
comportamientos están de acuerdo entre sí.

Contenido (*Content*): El quién y el qué de una situación. Contrastar
con **Proceso**.

Contexto (*Context*): El cuándo y el dónde de una situación.

Creencias (*Beliefs*): Generalizaciones sobre uno mismo y/o sobre el
mundo.

Criterios, Valores (*Criteria, Value*): Rasero o estándar según el que se
evalúa algo. Se obtienen con la pregunta: ¿Qué es importante para ti?

Descripción basada en los sentidos (*Sensory-Based Description*): Describir un suceso como algo que puede ser visto, oído y palpado.

Dirección de motivación, Metaprograma (*Motivation Direction, Meta-Program*): Programa mental que determina que una persona tienda a *acercarse a* o *alejarse de* determinada experiencia.

Disociado (*Dissociated*): Visión o experiencia de una situación desde fuera del propio cuerpo. *Véase también **Tercera posición**.* Por ejemplo: verse a sí mismo en una pantalla de cine o flotando por encima de un acontecimiento. Contrastar con **Asociado**.

Ecología (*Ecology*): Tomado de la ciencia de la biología. Análisis de la globalidad de la persona u organización, como un sistema equilibrado e interactuante. Cuando un cambio es ecológico, se benefician de él la persona, la organización o la familia en su totalidad.

Estado (*State*): Fisiología y neurología, positivas o negativas, de una persona y sus habilidades.

Estado de recursos (*Resource State*): Experiencia positiva, enfocada a la acción y llena de potencial en la vida de una persona, si bien toda experiencia puede constituir un estado de recursos.

Estado de ruptura (*Break State*): Abrupta interrupción del estado normal, por lo general para interrumpir los estados denominados negativos o sin salida.

Estrategia (*Strategy*): Programa mental elaborado para producir un resultado específico. Por ejemplo: responder de forma relajada a una crítica.

Flexibilidad (*Flexibility*): Disposición de elección de comportamiento en determinada situación. Requiere un mínimo de tres alternativas posibles. Con una sola posibilidad eres un robot; con dos, un dilema.

Flexibilidad de comportamiento (*Behavioral Flexibility*): La capacidad de modificar las propias acciones en orden a provocar determinada reacción en otra persona.

Gustativa (*Gustatory*): **Modalidad sensorial** del gusto.

Incongruencia (*Incongruence*): Estado en el que objetivos, pensamientos y comportamientos están en conflicto entre sí. Ejemplo: cuando una persona dice algo y hace lo contrario.

Inducir (*Elicitation*): Técnicas de PNL para conseguir información.

Instrucción negativa (*Negative Command*): Decir a alguien lo que no debe hacer, lo que le conduce a pensar en ello. Ejemplos: «No te preocupes», «No te relajes del todo hasta que no estés cómodamente sentado».

Intención (*Intention*): El deseo u objetivo subyacente en un comportamiento, presumiblemente positivo.

Línea del tiempo (*Timeline*): Forma no consciente en que están dispuestos los recuerdos del pasado y las esperanzas del futuro de una persona. Usualmente se habla de una «línea» de imágenes.

Marco «como si» («*As If*» *Frame*): Pensar desde la suposición de que algo es posible o ha tenido lugar.

Metamodelo (*Meta-Model*): Conjunto de particularidades y cuestiones lingüísticas que denotan, a partir de su lenguaje, el **Modelo del mundo** de una persona.

Metaobjetivo (*Meta-Outcome*): El máximo valor conseguido por determinado comportamiento (el valor por encima de todo valor).

Metaprograma (*Meta-Program*): Programa mental que opera a través de múltiples contextos distintos de la vida de una persona.

Modalidades sensoriales (*Sensory Modalities*): Los cinco sentidos a través de los cuales absorbemos las experiencias: vista, oído, olfato, gusto y tacto. *Véase también* **Sistemas de representación.**

Modelado (*Modeling*): Proceso de PNL para el estudio de ejemplos de excelencia humana, en orden a descubrir las distinciones esenciales que uno debe establecer para obtener los mismos resultados.

Modelo (*Model*): Descripción de las características esenciales de una experiencia o capacidad.

Modelo del mundo (*Model of the World*): La descripción del mapa mental de la experiencia de una persona.

Objetivo (*Outcome*): Resultado, deseo o sueño que cumple las cinco *Condiciones adecuadas para el logro de objetivos.*

Olfativa (*Olfactory*): *Modalidad sensorial* del olfato.

Partes (*Parts*): Término que describe el sentimiento de que dentro de uno mismo hay distintos comportamientos, objetivos e intenciones, organizados alrededor de valores específicos tales como seguridad, creatividad, «ir a por ello», etc. Ejemplo: «Una parte de mí anhela seguridad, mientras que otra simplemente quiere ir a por ello».

Patrón de substitución (*Swish Pattern*): Técnica de submodalidades donde la imagen clave (negativa) se convierte en el desencadenante que permite superar esa dificultad.

Predicados (*Predicates*): Palabras que indican qué sistema de representación está siendo conscientemente empleado. Ejemplos: «Tal como yo lo veo», «Le pedí que me escuchara», «Notaron que no estaban en contacto».

Primera posición (*First Position*): Visión o experiencia del mundo a través de los propios ojos y del propio cuerpo. *Véase también Asociado.*

Proceso (*Process*): El cómo de una situación.

Programación Neurolingüística, PNL (*Neuro-Linguistic Programming, NLP*): Proceso de creación de modelos de excelencia humana, en el que la utilidad y no la autenticidad es el criterio más importante para el éxito. Estudio de la estructura de la experiencia subjetiva.

Realimentación (*Feedback*): Información visual, auditiva y cinestésica que vuelve a nosotros como respuesta a nuestro comportamiento. La *Realimentación positiva* anima a continuar con los mismos comportamientos, mientras que la **Realimentación negativa** indica diferencia y anima al cambio de comportamientos.

Reencuadre *(Reframing):* Cambiar el marco o el significado de un acontecimiento.

Reflejar *(Mirroring):* Colocarse en la posición de otra persona para sintonizar con ella. Proceso espontáneo de comunicación.

Segunda posición *(Second Position):* Ver o experimentar un acontecimiento desde la perspectiva y la experiencia de la persona con la que estamos interactuando.

Sintonía *(Rapport):* Proceso natural de emparejarse y alinearse con otra persona.

Sistema de representación preferido *(Preferred Representational System):* La **Modalidad sensorial** más desarrollada y utilizada por una persona.

Sistemas de representación *(Representational Systems):* Las **Modalidades sensoriales** visual, auditiva, cinestésica, olfativa y gustativa. Se denominan de representación por ser las formas en que el cerebro humano representa los recuerdos e ideas.

Situarse en el futuro *(Future Pace):* Proceso que tiene como objetivo conectar **Estados de recursos** con claves específicas del futuro, de modo que tales recursos emerjan de forma automática en presencia de dichas claves. *Véase también* **Ancla, Estado de recursos.**

Submodalidades *(Submodalities):* Componentes de una modalidad sensorial. Por ejemplo: en la submodalidad visual, las **submodalidades** incluyen color, brillo, enfoque, dimensiones, etc.

Submodalidades críticas *(Critical Submodalities):* Aquellas que, al ser modificadas, provocarán automáticamente cambios en las restantes submodalidades. *Véase también* **Patrón de substitución.**

Tamaño del fragmento *(Chunk Size):* Cantidad de información o nivel de especificidad considerado en cada momento. Las personas orientadas al detalle utilizan «fragmentos pequeños». En cambio, aquellas que piensan en términos generales, lo hacen mediante «fragmentos grandes», ven la gran panorámica. George Miller estableció que los seres humanos estaban capacitados para manejar simultáneamente 7 ± 2 fragmentos de información; de ahí la extensión de los números de teléfono.

Tercera posición *(Third Position):* Ver o experimentar un suceso como un observador que estuviera fuera.

Triple descripción *(Triple Description):* Considerar algo desde las tres posiciones perceptuales básicas: ***Primera, Segunda*** y luego ***Tercera posición***.

Valores *(Values): Véase* **Criterios**.

Variedad requerida *(Requisite Variety):* La teoría de sistemas postula que el elemento de un sistema dotado de la mayor flexibilidad de comportamiento será el elemento que controle el sistema.

Visual *(Visual):* ***Modalidad sensorial*** de la vista.

Bibliografía

Andreas, Connirae, *Aligning Perceptual Positions*, NLP Comprehensive, Boulder (Colorado), 1991. Videocasete.

Andreas, Steve, *The Decision Destroyer*, NLP Comprehensive, Boulder (Colorado), 1990. Audiocasete.

Andreas, Connirae, y Steve Andreas, *Change Your Mind—and Keep the Change*, Real People Press, Moab (Utah), 1987.

— *Heart of the Mind: Engaging Your Inner Power to Change with Neuro-Linguistic Programming*, Real People Press, Moab (Utah), 1989. [Hay trad. al castellano: *Corazón de la mente*, Cuatro Vientos, Santiago de Chile, 1991.]

Amdreas, Connirae, con Tamara Andreas, *Core Transformation: Reaching the Wellspring Within*, Real People Press, Moab (Utah), 1994.

Bandler, Richard, *Using Your Brain—for a Change*, Real People Press, Moab (Utah), 1985. [Hay trad. cast.: *Use su cabeza para variar*, Cuatro Vientos, Santiago de Chile, 1988.]

Bandler, Richard, y John Grinder, *Frogs into Princes*, Real People Press, Moab (Utah), 1979. [Hay trad. cast.: *De sapos a príncipes*, Cuatro Vientos, Santiago de Chile, 1982.]

— *Reframing: Neurolinguistic Programming and the Transformation of Meaning*, Real People Press, Moab (Utah), 1982.

Bagley III, Dan S., y Edward J. Reese, *Beyond Selling*, Meta Publications, Cupertino (California), 1987.

Cameron-Bandler, Leslie, *Solutions*, Future-Pace Inc., San Rafael (California), 1985.

Dilts, Robert, y cols., *Beliefs: Pathways to Health and Well-Being*, Metamorphous Press, Portland (Oregón), 1990. [Hay trad. cast.: *Las creencias. Caminos hacia la salud y el bienestar*, Edic. Urano, Barcelona, 1996.]

Tools for Dreamers, Meta Publications, Cupertino (California), 1991.

Faulkner, Charles, y Lucy Freedman para NLP Comprehensive, *NLP in Action*, Nightingale-Conant, Chicago, 1993. Videocasete.

Faulkner, Charles, y Robert McDonald para NLP Comprehensive, *Success Mastery with NLP*, Nightingale-Conant, Chicago, 1992. Audiocasete.

NLP Comprehensive, *NLP: The New Technology of Achievement*, Nightingale-Conant, Chicago, 1991. Audiocasete.

O'Connor, Joseph, y John Seymour, *Introducing Neuro-Linguistic Programming*, Harper & Row, Nueva York, 1990. [Hay trad. cast.: *Introducción a la PNL*, Ed. Urano, Barcelona, 2ª ed. rev. y ampl., 1995.]

Biografías

Steve Andreas

Junto con su esposa y asociada Connirae Andreas, Steve fundó *NLP Comprehensive* en 1979 con la intención de ofrecer la formación en PNL de mejor calidad en el mundo. Fueron los primeros en ofrecer un certificado oficial de acreditación para practicar PNL. Juntos han editado y publicado muchos de los libros que han ayudado a conformar este campo, incluyendo el best-séller *Frogs into Princes.* Son coautores de *Heart of the Mind, The NLP Trainer Training Manual* y del avanzado libro *Change Your Mind—and Keep the Change,* que incluye su descubrimiento de las líneas del tiempo. El libro de Steve sobre Virginia Satir es un estudio en el marco de la PNL sobre esta famosa terapeuta familiar. Vive con su familia en Boulder, Colorado.

Charles Faulkner

Charles es arquitecto y coautor de los programas de audiocasetes de Nightingale-Conant *NLP: The New Technology of Achievement Success Mastery with NLP,* así como del vídeo *NLP in Action.* Monitor autorizado de PNL, experto modelador y consultor internacional, su modelo para comerciantes en futuros se incluye en textos de gran éxito como *The New Market Wizards.* Con sus *Metaphors of Identity* y *The Mithic Wheel of Life* estableció un nuevo paradigma para el cambio, con aplicaciones tanto individuales como colectivas. Activo empresario, es cofundador de

E.P.I.C. Golf, Mental Edge Trading Associates, NLP Innovations Atlanta e Influential Communications, Inc. de Chicago

Kelly Patrick Gerling

La misión de Kelly Gerling es desarrollar líderes. Agente de cambio con quince años de experiencia en PNL, psicólogo y consultor, lleva la revolución del liderazgo a empresas y organizaciones académicas. Es cofundador de la consultora The Leadership Project y cocreador de Value-Based Leadership, un proceso destinado a incorporar valores al mundo de la empresa. Es también cofundador de la entidad sin ánimo de lucro Enthusiasm for Learning Foundation (ELF). El ELF Model es un sistema educativo completamente nuevo para niños o futuros líderes. Kelly ha participado en los capítulos «Descubre tu misión» y «Alcanza tus objetivos» de este libro. Vive en el área de Kansas City, en Shawnee Mission, Kansas.

Tim Hallbom

Tim es cofundador de Western States Training Associates/NLP de Utah. Es coautor de *NLP: The New Technology of Achievement,* de la cinta de audio *How to Build Rapport* y del libro *Beliefs: Pathways to Health and Well-Being.* En asociación con el prestigioso innovador en PNL Robert Dilts y su colega Suzi Smith, Tim encabeza las nuevas aplicaciones de la PNL en el campo de la salud. Junto con sus colegas está creando la NLP World Health Community for the 21st Century, con base en Salt Lake City, Utah, donde trabaja y vive con su esposa e hijos.

Robert McDonald

Robert es un autor internacionalmente reconocido, conferenciante y monitor de PNL. Es coautor de *NLP: The New Techno-*

logy of Achievement y de *Success Mastery with NLP.* Es pionero en la aplicación de la PNL en los campos de la adicción, la codependencia, las relaciones y la espiritualidad. Desde 1970, viene organizando y dirigiendo seminarios altamente efectivos sobre comunicación, actuando como facilitador de profundas transformaciones personales para individuos y grupos. Es también el creador de numerosas herramientas de PNL que incluyen: *The Belief Exchange, The Coupled Heart, The Heart's Reunion y Self-Parenting.* Su *Releasing Emotional Enmeshment Process* se incluye como parte destacada en el libro de John Bradshaw *Homecoming.* Vive en Santa Cruz, California.

Gerry Schmidt

Gerry acumula una experiencia de más de veinte años como consultor, monitor y profesor en técnicas de comunicación para el cambio personal y corporativo. Como psicoterapeuta ha trabajado con individuos, parejas y familias, utilizando modelos de PNL desde hace más de diez años. Es coautor del programa de Nightingale-Conant *NLP: The New Technology of Achievement.* Gerry es en la actualidad el director de formación de una consultora internacional especializada en la generación de transformaciones culturales en organizaciones. Colabora con NLP Comprehensive en el diseño de estrategias de formación. Tiene su hogar en el campo, en las afueras de Denver, Colorado, donde vive con su esposa y sus dos hijos.

Suzi Smith

Durante los diez últimos años Suzi ha estado involucrada en la formación en PNL, así como en la consultoría para empresas y organizaciones gubernamentales. Es coautora de los programas de audiocasetes de Nightingale-Conant *NLP: The New Technology of Achievement,* del libro *Beliefs: Pathways to Health and Well-Being,* así como de varios otros programas de audio y vídeo. Es cofundadora de Western States Training Associates/NLP de Utah, con base en Salt Lake City. Recientemente colabora con Tim Hallbom y Robert Dilts en la creación de la NLP World Health Community for the 21st Century. Reparte su tiempo entre la formación y el descanso en Idaho.

Índice alfabético

Libros Heart of Re Mind: Connirea Andreas

miedo: 201
Yo ser per yo y ello. p21
Para combuar p 25

Inri!: ?
Colecion: ?
chinco ??